■ 高等职业技术院校公路类专业教材 ■

公路养护技术

主　编　邝青梅
主　审　张　栋

中国劳动社会保障出版社

简介

本书主要内容包括公路养护基本知识、公路技术状况评定、路基养护、沥青路面养护、水泥混凝土路面养护、桥涵养护、交通安全设施养护、公路绿化与环境保护。重点讲解了公路技术状况的评定、公路养护维修作业的方法和施工工艺等知识。

本书由邝青梅主编，朱博明、林永星、马尉倘、邝达明、陈玲娜、包军、容向前、卢小漫、邹韵参加编写，张栋主审。

图书在版编目(CIP)数据

公路养护技术/邝青梅主编．—北京：中国劳动社会保障出版社，2012
高等职业技术院校公路类专业教材
ISBN 978-7-5167-0001-3

Ⅰ.①公…　Ⅱ.①邝…　Ⅲ.①公路养护-高等职业教育-教材　Ⅳ.①U418

中国版本图书馆 CIP 数据核字(2012)第 247761 号

中国劳动社会保障出版社出版发行
（北京市惠新东街 1 号　邮政编码：100029）
出 版 人：张梦欣

*

北京市科星印刷有限责任公司印刷装订　　新华书店经销
787 毫米 × 1092 毫米　16 开本　18.5 印张　415 千字
2012 年 11 月第 1 版　　2025 年 6 月第 10 次印刷
定价：35.00 元

营销中心电话：400-606-6496
出版社网址：http://www.class.com.cn
http://jg.class.com.cn

前言

随着我国公路交通的高速发展，公路施工、养护、工程测量等岗位从业人员的数量日益增多，对其具备的知识和能力的要求也在不断提高。为了更好地满足各类职业院校对公路类专业高技能人才的培养需求，全面提升教学质量，人力资源和社会保障部教材办公室组织全国有关院校的教学专家、行业企业专家，在充分调研学校教学情况和企业生产实际的基础上，精心编写了高等职业技术院校公路类专业教材，包括公路类专业基础平台课教材《公路概论》《公路工程识图》《公路CAD》《工程力学基础》《土质与筑路材料》，以及公路类专业课教材《路基路面施工技术》《桥涵工程施工技术》《公路养护技术》《公路工程测量》《公路勘测及简单设计》《公路工程现场测试技术》《公路工程施工组织与概预算》《公路施工养护机械》《公路施工安全》。

在教材的编写过程中，力求做到以下几点：

1. 采用模块化设计，合理构建专业教材体系

针对公路类专业培养目标和企业对岗位能力的不同需求，本套教材分为公路施工养护模块、公路工程测量模块、公路试验检验模块、公路施工组织与管理模块等。教师可以在专业基础平台上组合不同的能力模块实施教学，以达到公路（桥梁）施工、养护、工程测量等专业方向的能力培养要求。

2. 以国家职业标准为依据，以能力培养为目标组织教材内容

教材编写以筑路养护工、工程测量工、桥梁工、隧道工等职业的国家职业标准为依据，注重企业对公路施工、养护、工程测量等岗位从业人员的能力要求，坚持实用、够用的原则，合理组织教材内容，有效解决了公路类教材存在的理论性过强的问题。

3. 贯彻先进的教学理念，根据教学内容的不同精心选择编写模式

本次教材编写贯彻了职业教育的先进教学理念，对于理实一体化和工程实践操作性较强的课程，采用了任务驱动的编写模式；对于理论性较强的课程，采用了理论与工程实践相结合的编写模式。在教材的表现形式上，尽量采用以图代文、以表代文的表达方式，增强教材的可读性，激发学生的学习兴趣，引导学生自主学习。

为方便教学，与《公路概论》《公路工程识图》《工程力学基础》《土质与筑路材料》《公路工程测量》《公路工程施工组织与概预算》相配套，开发了习题册；与《公路概论》《公路工程识图》《公路 CAD》《工程力学基础》《土质与筑路材料》《路基路面施工技术》《桥涵工程施工技术》《公路工程测量》《公路工程现场测试技术》相配套，开发了多媒体教学课件，可进入中国人力资源和社会保障出版集团网站（http://www.class.com.cn）免费下载。

在本套教材的编写过程中，得到了有关省市教育部门、人力资源和社会保障部门以及一批高等职业技术院校的大力支持，教材的主编、主审等有关人员做了大量的工作，在此表示衷心的感谢！同时，恳切希望广大读者对教材提出宝贵的意见和建议，以便修订时加以完善。

人力资源和社会保障部教材办公室

2012 年 6 月

目录

模块一

公路养护基本知识

任务一　公路养护作业内容及安全认知

◆ 了解公路养护的目的和方针。
◆ 熟悉公路养护工程的分类。
◆ 了解公路养护工程的作业内容。
◆ 熟悉并遵循公路养护作业安全的相关规定。

一、公路养护的目的和方针

1. 公路养护的目的

公路养护就是运用先进的技术和科学的管理方法，合理地分配和使用养护资金，通过养护和维修使公路在设计使用年限内保持完好状态，并有计划地改善公路的技术指标，以提高公路的服务质量，最大限度地发挥公路运输的经济效益。公路养护的目的如下：

（1）保持公路及其沿线设施处于完好状态，及时修复损坏部分，保障行车的安全、舒适与畅通。

（2）采用正确的技术措施，提高养护工作质量，延长公路的使用年限。

(3) 防治结合，治理公路存在的病害与隐患，以提高公路的抗灾能力。

(4) 对原有技术标准过低的路段和构造物以及沿线设施进行分期改善和扩建，逐步提高公路的质量和服务水平。

2. 公路养护的方针

公路养护工作应贯彻“预防为主，防治结合”的方针，加强预防性养护，保持公路及其沿线设施处于良好的状态。

公路养护工作应切实贯彻“科技兴交，科学养路”的方针，大力推广和应用先进的养护技术、机械装备和科学的管理方法。

公路养护工作应注重资源节约和环境保护，注重养护生产作业安全问题以及减少对通行车辆的影响。

二、公路养护工程的分类及作业内容

我国对公路养护工程按其工程性质、技术复杂程度和规模大小，可分为小修保养、中修工程、大修工程、改建工程四类。

1. 小修保养

对公路及其沿线设施经常进行维护保养和修补其轻微损坏部分的作业。

2. 中修工程

对公路及其沿线设施的一般性损坏部分进行定期的修理和加固，以恢复公路原有技术标准的工程。

3. 大修工程

对公路及其沿线设施的较大损坏进行周期性的综合修理，以全面恢复到原有技术标准的工程。

4. 改建工程

对公路及其沿线设施因不适应现有交通量增长和荷载需要而进行全线或逐段提高公路技术等级，提高公路通行能力的较大工程项目。

各类养护工程的具体作业内容参见表1—1—1。

表1—1—1　公路养护工程作业内容

工程项目	小修保养	中修工程	大修工程	改建工程
路基	保养： 1. 整理路肩、边坡，修剪路肩、分隔带草木，清除杂物，保持路容整洁 2. 疏通边沟，保持排水系统畅通 3. 清除挡土墙、护坡生长的有碍设施功能发挥的杂草，修理伸缩缝，疏通泄水孔及清除松动石块	1. 局部加宽、加高路基，或改善个别急弯、陡坡、视距 2. 全面修理、接长或个别增建挡土墙、护坡、护坡道、泄水槽、护栏	1. 在原路技术等级内整段改善线形 2. 拆除、重建或增建较大挡土墙、护坡等防护工程	整段加宽路基、改善公路线形，提高技术等级

续表

工程项目	小修保养	中修工程	大修工程	改建工程
路基	小修： 1. 小段开挖边沟、截水沟或分期铺砌边沟 2. 清除零星塌方，填补路基缺口，处理轻微的沉陷和翻浆 3. 桥头接线或桥头、涵顶跳车的处理 4. 修理局部损坏的挡土墙、护坡、护坡道、泄水槽、护栏和防冰雪设施等 5. 局部加固路肩	3. 清除较大塌方，处理大面积翻浆、沉陷 4. 整段开挖边沟、截水沟或铺砌边沟 5. 过水路面的处理 6. 平交道口的改善 7. 整段加固路肩	3. 大塌方的清除及善后处理	整段加宽路基、改善公路线形，提高技术等级
路面	保养： 1. 清除路面泥土、杂物，保持路面整洁 2. 排除路面积水、积雪、积冰、积沙，铺防滑料、灭尘剂或压实积雪维持交通 3. 砂土路面刮平，修理车辙 4. 碎砾石路面匀、扫面砂，添加面砂，洒水润湿，刮平波浪，修补磨耗层 5. 处理沥青路面的泛油、拥包、裂缝、松散等病害 6. 水泥混凝土路面日常清缝、灌缝及堵塞裂缝 7. 路缘石的修理和刷白 小修： 1. 处理砂石路的局部翻浆变形，添加稳定料 2. 碎砾石路面修补坑槽、沉降，整段修理磨耗层或扫浆铺砂 3. 桥头、涵顶跳车的处理 4. 沥青路面修补坑槽、沉陷，处理波浪、局部龟裂、啃边等病害 5. 水泥混凝土路面板块的局部修理	1. 砂土路面处理翻浆，调整横坡 2. 碎砾石路面局部路段加厚、加宽，调整路拱加铺磨耗层，处理严重病害 3. 沥青路面整段封层罩面 4. 沥青路面严重病害的处理 5. 水泥混凝土路面严重病害的处理 6. 水泥混凝土路面接缝材料的整段更换 7. 整段安装、更换路缘石 8. 桥头搭板或过渡路面的整修	1. 整段用稳定材料改善土路 2. 整段加宽、加厚或翻修重铺碎砾石路面 3. 翻修或补强重铺铺装、简易铺装路面 4. 补强、重铺或加宽铺装、简易铺装路面	1. 整线整段提高公路技术等级，铺筑铺装、简易铺装路面 2. 新铺碎砾石路面 3. 水泥混凝土路面病害处理后，补强或改造为沥青混凝土路面
桥梁涵洞隧道	保养： 1. 清除污泥、积雪、积冰、杂物，保持桥面清洁 2. 疏通涵管，疏导桥下河漕 3. 伸缩缝养护，泄水孔疏通，钢支座加润滑油，栏杆刷油漆	1. 修理、更换木桥损坏较大的构件及防腐 2. 修理更换中小桥支座、伸缩缝及个别构件 3. 大中型钢桥的全面油漆除锈和各部件的检修	1. 在原技术等级内加宽、加高、加固大中型桥梁 2. 改建、增建小型桥梁和技术性简单的中桥	1. 提高公路技术等级，加宽、加高大中型桥梁 2. 改建、增建小型立体

续表

工程项目	小修保养	中修工程	大修工程	改建工程
桥梁涵洞隧道	4. 桥涵的日常养护 5. 保持隧道内及洞口清洁 小修： 1. 局部修理、更换桥栏杆和修理泄水孔、伸缩缝、支座和桥面的局部轻微损坏 2. 修补墩、台及河床铺底和防护圬工的微小损坏 3. 涵洞进出口铺砌的加固修理 4. 通道的局部维修和疏通修理排水沟 5. 清除隧道洞口碎落岩石和修理圬工接缝，处理渗漏水	4. 永久性桥墩、台侧墙及桥面的修理和小型桥面的加宽 5. 重建、增建、接长涵洞 6. 桥梁河床铺底或调治构造物的修复和加固 7. 隧道工程局部防护加固 8. 通道的修理与加固 9. 排水设施的更换 10. 各类排水泵站的修理	3. 增改建较大的河床铺底和永久性调治构造物 4. 吊桥、斜拉桥的修理与个别索的调整更换 5. 大桥桥面铺装的更换 6. 大桥支座、伸缩缝的修理及更换 7. 通道改建 8. 隧道的通风和照明、排水设施的大修或更新 9. 隧道的较大防护、加固工程	交叉 3. 增建公路通道 4. 新建渡口的公路接线、码头引线 5. 新建短隧道工程
交通工程及沿线设施	保养： 标志牌、里程碑、百米桩、界碑、轮廓标等的埋置、维护或定期清洗 小修： 1. 护栏、隔离栅、轮廓标、标志牌、里程牌、百米桩、防雪栏栅等的修理、油漆或部分添置更换 2. 局部路面标线的补画	1. 全线新设或更换永久性标志牌、里程碑、百米桩、轮廓标、界碑等 2. 护栏、隔离栅、防雪栏栅等的全面修理更换 3. 整段路面标线的画设 4. 通信、监控、收费、供配电设施的维修	1. 护栏、隔离栅、防雪栏栅等增设 2. 通信、监控、收费、供配电设施的更新	1. 整段增设护栏、隔离栅等 2. 整段增设通信、监控、收费、供配电设施
绿化	保养： 1. 行道树、花草的抚育、抹芽、修剪、治虫、施肥 2. 苗圃内幼苗的抚育、灭虫、施肥、除草 小修： 1. 行道树、花草缺株的补植 2. 行道树冬季刷白	更新、新植行道树和花草，开辟苗圃等		

三、公路养护安全作业规定

1. 公路养护安全作业的基本要求

（1）养护维修作业单位应按国家规定成立安全生产机构，配备专职或兼职安全生产管理人员。

（2）在进行养护维修作业前，应结合施工组织设计，制定安全保障方案，并报有关部门批准。

（3）养护维修作业单位负责养护维修作业人员的安全培训和教育，养护维修作业人员应掌握安全技术操作规范并遵照执行。

（4）养护维修作业单位应加强养护施工车辆的管理，保证施工作业车辆车况良好，灯光齐全，杜绝安全隐患。

（5）公路管理机构应加强养护维修安全作业的管理，应对养护维修作业进行监督和检查。

（6）养护维修作业的安全设施应始终处于良好的工作状态，在未完成养护维修作业之前，任何人不得撤除或改变安全设施的位置、扩大或缩小其控制区范围，以保证养护维修作业控制区安全控制的有效性。

2. 公路养护维修安全作业

（1）凡在公路上进行养护维修作业的人员必须穿着带有反光标志的橘红色工作装，管理人员必须穿着带有反光标志的橘红色背心。

（2）养护维修现场严格按照《公路养护安全作业规程》（JTG H30—2004）规定摆设安全设施，并指派专人负责维持交通秩序。

（3）当进行养护维修作业时，应顺着交通流的方向设置安全设施。当作业完成后，应逆着交通流的方向撤除为养护维修作业而设置的有关安全设施，恢复正常交通。作业人员不得在控制区外活动或将任何物体置于控制区以外。

（4）在事故多发地点、视距条件较差的路段进行养护维修作业时，应设专人指挥交通，警告区相应增加长度并增加相关设施。

（5）坑槽修补应当天完成，若不能完成须按照《公路养护安全作业规程》（JTG H30—2004）规定布置养护维修作业控制区。

（6）隔夜的养护维修作业控制区必须设置施工警告灯号，夜间作业必须设置照明设备，其照明必须满足作业要求，并覆盖整个工作区域。

（7）在高速公路和一级公路上进行养护维修作业时，应用车辆接送养护维修作业人员。

（8）在山体滑坡、塌方、泥石流等路段进行养护维修作业时，应设专人观察险情。在高路堤和路肩、陡边坡等路段进行养护维修作业时，应采取防滑坠落措施，并注意防止危岩、浮石滚落。

（9）桥梁养护维修安全作业

1）桥梁养护维修作业时，应先了解架设在桥面上下的各种管线，并应注意保护公用设施（煤气管道、水管、电缆线、架空线等），必要时应与有关单位联系，取得配合。

2）在桥梁栏杆外进行作业时须设置悬挂式吊篮等防护设施，作业人员须系安全带。

3）桥墩、桥台维修时，应在上下游航道两端设置安全设施，夜间须设置施工警告灯号，必要时应与有关单位联系，取得配合。

（10）隧道养护维修安全作业

1）隧道养护作业宜选择在交通量较小时段进行。在进行养护作业前，应做好以下工作：

①检测隧道内一氧化碳（CO）、烟雾等有害气体的浓度及能见度。

②检测隧道结构状况是否会影响作业安全，如有危险，应先处理后作业。

③检查施工信号灯是否准确、明显，施工标志设置是否规范。

④对养护机械、台架进行全面的安全检查，并在机械上设置明显的反光标志，在台架周围设置防眩灯，以反映作业现场的轮廓。

2）隧道养护施工路段内的照明应满足要求。

3）隧道内不准存放易燃易爆物品，严禁明火作业或取暖。

4）在隧道内进行登高堵漏作业或维修照明设施作业时，登高设施的周围应设醒目的安全设施。

5）对隧道衬砌局部坍塌进行养护维修作业时，应采取安全措施保证养护人员安全。

6）当实测的隧道内一氧化碳浓度或烟尘浓度高于规定的允许浓度时，作业人员应及时撤离，并开启通风设备进行通风。

7）在养护维修明洞或半山洞之前，应及时清除山体边坡或洞顶的危石。

（11）清扫、绿化养护安全作业

1）严禁在能见度差（如夜晚、大雾天）的条件下进行人工清扫。

2）凡需占用车道进行绿化作业时，必须按作业控制区的布置要求设置有关标志。

3）在进行高速公路、一级公路中央分隔带绿化浇水作业时，浇水车辆尾部必须安装发光可变标志牌或按移动养护维修作业控制区布置。

（12）特殊条件下的养护维修安全作业

1）遇大风、大雨、下雪、雾天等特殊气候时必须停止养护维修作业。

2）高温季节实施养护作业时，应按劳动保护规定，采取防暑降温措施，并适当调整作息时间，尽量避开高温时段。

3）冬季养护维修作业时应采取保温防冻等安全防护措施，作业时应加强交通管制，并对作业人员、作业机械加强防滑保护措施。

4）雨季养护维修作业应做好防洪排涝工作，加强防水、防漏电、防滑、防坍塌等措施。如遇暴风雨天气应停止作业。

5）大雾天不宜进行养护维修作业，当必须进行抢修作业时，宜会同有关部门，封闭交通进行作业，所有安全设施上均须设置黄色施工警告灯号等安全设施。

（13）养护维修机具安全操作

1）操作人员必须执行工作前的检查制度、工作中的观察制度和工作后的检查保养制度。

2）养护机械应按其技术性能要求正确使用，不得使用缺少安全装置或安全装置已失效的机械作业，严禁操作带故障或超负荷运转的机械。

3）养护机械操作人员应熟悉作业环境与施工条件。

4）养护机械进入施工现场前，应查明行驶路线上的隧道、跨线桥的通行净空，必要时应验算桥梁的承载力，确保机械设备安全通行。

5）养护机械在靠近架空输电线路作业时，必须采取安全保护措施，养护机械工作装置运动轨迹范围与架空导线的安全距离必须符合相关规定。

6）养护机械应按时进行保养。禁止在养护机械运转中进行保养、修理作业。各种电气设备检查维修时应停电作业。

四、沥青路面养护中的劳动保护

在进行沥青路面养护作业时，应做好以下劳动保护：

1. 有皮肤病、眼病、喉病、面部和手部有破伤以及对沥青过敏的人员不应担任沥青的加工、运输和操作等工作。

2. 在运油、熬油、洒油、摊铺等施工过程中，凡经常接触沥青的人员，其外露皮肤需涂上防护油膏，应穿长袖、长裤工作服，戴口罩、帆布手套、护目眼镜等，并用干毛巾包裹颈部。

3. 接触沥青人员在上下班时，需各点一次眼药水，以保护眼睛。

4. 每天工作完毕，应将防护用品除下，用肥皂洗净脸和手。如皮肤或手已沾有沥青，应用松香油洗净，不宜用汽油等油类擦洗。

5. 在作业现场或拌和厂、加热站等处，都需配备灼伤防暑等药品，以备急需。

一、归类题

请将下列养护作业内容的序号归类填入表1—1—2的相应栏中。

表1—1—2　　养护作业分类

分类	小修保养	中修工程	大修工程	改建工程
选项序号				

①疏通边沟，保持排水系统畅通。

②大塌方的清除及善后处理。

③整段加固路肩。

④补强重铺路面。

⑤路缘石的修理和刷白。

⑥沥青路面修补坑槽。

⑦新植行道树。

⑧大桥伸缩缝的修理及更换。

⑨修理更换中小桥支座。

⑩局部路面标线的补画。

二、判断题

在进行养护维修作业时，以下情况是否符合安全要求：

1. 只要在设有安全设施的养护维修作业控制区内作业，可不穿反光标志工作服。（　）

2. 当驻地离作业点较近时，在高速公路上，作业人员可步行到作业现场。（　）

3. 大雾天不宜进行养护维修作业，当必须进行抢修作业时，宜会同有关部门，封闭交通进行作业，所有安全设施上均须设置黄色施工警告灯号等安全设施。（　）

4. 当进行养护维修作业时，应逆着交通流的方向设置安全设施。（　）

5. 当天作业未完成，下班前，为保证行车更畅通，应缩小控制区范围。（　）

6. 桥梁养护维修作业时，应先了解架设在桥面上下的各种管线。（　）

三、简答题

1. 公路养护作业的目的是什么？

2. 公路养护的方针是什么？

3. 公路养护工程分为哪四类？大修工程和改建工程是如何划分的，两者之间有何本质区别？

任务二　养护维修作业控制区的布置

学习目标

◆ 熟悉养护维修作业控制区的组成。

◆ 熟悉养护维修作业控制区的布置形式及区内各种交通设施设置要求。

◆ 能够根据养护维修作业现场情况，布置养护维修作业控制区。

工作任务

某高速公路设计速度为 120 km/h，车道宽 3.75 m。现需封闭外侧车道进行养护维修，工作区长 50 m，限制车速为 60 km/h。请布置该养护维修作业控制区。

相关理论

为保障公路养护维修人员和设备的安全以及车辆安全通过养护维修作业路段，三级及三级以上的公路在养护维修作业区域应按照《公路养护安全作业规程》（JTG H30—2004）要求布置养护维修作业控制区，有条件的四级公路也可参照上述要求进行布置。

一、公路养护维修作业控制区的组成

公路养护维修作业控制区（Traffic Control Zone for Maintenance Work）是指为公路养护维修作业所设置的交通管理区域，由警告区、上游过渡区、缓冲区、工作区、下游过渡区和终止区等六个区域组成，如图1—2—1所示。

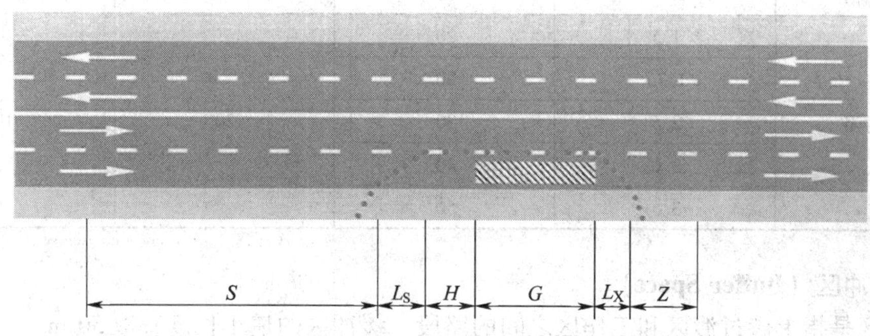

图1—2—1 养护维修作业控制区的组成

S—警告区 L_S—上游过渡区 H—缓冲区 G—工作区 L_X—下游过渡区 Z—终止区

1. 警告区（Warning Area）

警告区是指从作业控制区起点到上游过渡区之间的路段，用以警告车辆驾驶员已经进入养护维修作业路段，应按交通标志调整行车状态。

警告区的最小长度按表1—2—1选取。

表1—2—1　　警告区的最小长度 S

位置	公路等级	设计速度（km/h）	警告区的最小长度（m）
路段	高速公路、一级公路	120，100	1 600
		80，60	1 000
	二级、三级公路	80	1 000
		60	800
		40	600
		30	400
各类平面交叉口	—	—	200

2. 上游过渡区（Upstream Transition Area）

上游过渡区是指保证车辆平稳地从封闭车道的上游横向过渡到缓冲区旁边非封闭车道的路段。当需要封闭车道或路肩（紧急停车带）时，必须设置过渡区。过渡区的设置可使车流的变化平缓。

上游过渡区的最小长度按表 1—2—2 选取，在隧道内时，车道封闭上游过渡区的最小长度按该表数值的 1.5 倍选取。

表 1—2—2　　上游过渡区的最小长度 L_S　　m

<table>
<tr><th rowspan="2">位置</th><th rowspan="2">封闭宽度</th><th colspan="3">限制车速</th></tr>
<tr><th>60 km/h</th><th>40 km/h</th><th>20 km/h</th></tr>
<tr><td rowspan="3">车道封闭</td><td>3.0</td><td>70</td><td>30</td><td rowspan="3">10</td></tr>
<tr><td>3.5</td><td>90</td><td>40</td></tr>
<tr><td>3.75</td><td>90</td><td>40</td></tr>
<tr><td rowspan="5">路肩封闭</td><td>1.5</td><td>20</td><td rowspan="5">20</td><td rowspan="5">10</td></tr>
<tr><td>1.75</td><td>20</td></tr>
<tr><td>2.5</td><td>30</td></tr>
<tr><td>3.0</td><td>40</td></tr>
<tr><td>3.5</td><td>50</td></tr>
</table>

3. 缓冲区（Buffer Space）

缓冲区是指上游过渡区和工作区之间的路段。缓冲区的最小长度宜取 50 m。

4. 工作区（Activity Area）

工作区是指养护维修作业的施工操作区域。工作区长度应根据养护维修作业的需要确定。

5. 下游过渡区（Downstream Transition Area）

下游过渡区是指保证车辆平稳地从工作区旁边的车道横向过渡到正常车道的路段。下游过渡区的最小长度宜取 30 m。

6. 终止区（Termination Area）

终止区是指设置在工作区下游调整车辆行车状态的路段。终止区最小长度宜取 30 m。

二、养护安全设施

养护安全设施的设置是为了保护养护维修作业人员和设备的安全，警告、提醒和引导车辆和行人在通过养护维修作业控制区域时加强安全防范意识。

养护维修的安全设施包括临时性交通标线、临时性交通标志、渠化装置、移动式标志车、施工警告灯号及夜间照明设施等。

1. 临时性交通标线

临时性交通标线是指为满足养护维修作业安全需要而临时施画的交通标线。临时性交通标线应与交通标志组合使用。因养护维修作业的需要，可使用临时性路面标线重新布置车道。

临时性交通标线使用黄色路面标线，使其与原路面标线在颜色上加以区分。在养护维修作业期间，当原路面标线与临时性标线有矛盾且不能用其他方式加以区分时，必须除去或覆盖原路面标线。

2. 临时性交通标志

临时性交通标志是指为满足养护维修作业安全需要而临时设置的交通标志。主要有警告标志、禁令标志、指示标志和施工区标志，见表1—2—3。

表1—2—3 常用临时性交通标志

主要交通标志名称		设置位置
警告标志	窄路标志 右侧变窄 两侧变窄	设在车行道变窄或车道数减少的路段以前适当位置
	双向交通标志	设在由双向分离行驶，因某种原因出现临时性或永久不分离双向行驶的路段或由单向行驶进入双向行驶的路段以前适当位置
	施工标志	通常设在作业控制区的最前端
	绕行标志 右侧绕行 左右绕行	设在车流方向发生变化的路段上游适当位置

续表

主要交通标志名称		设置位置
禁令标志	禁止通行标志	设在禁止通行的道路入口附近
	禁止驶入标志	设在禁止驶入的路段入口，或单行路的出口处
	禁止超车标志	设在禁止超车路段的起点
	解除禁止超车标志	设在禁止超车路段的终点
	限制速度标志 40	设在需要限制车辆速度的路段的起点

续表

主要交通标志名称		设置位置
禁令标志	解除限制速度标志	设在限制车辆速度的路段的终点
	限制质量标志	设在需要限制车辆质量的桥梁两端
	限制轴重标志	设在需要限制车辆轴重的桥梁两端
指示标志	靠左侧道路行驶	设在车辆必须靠左侧道路行驶的地方
施工区标志	道路施工标志 道路施工 前方施工 300 m	通常设置于作业控制区的最前端
	车辆慢行标志 慢 车辆慢行	设置于作业控制区内需要车辆减速的路段以前适当位置

续表

主要交通标志名称		设置位置
施工区标志	车道封闭标志 道路封闭 道路封闭 300 m 道路封闭 右道封闭 1 km 左道封闭 右道封闭 左道封闭 中间封闭 中间封闭 1 km 中间封闭	设在封闭车道上游的适当位置
	改道标志 向左改道 向右改道 向左改道 向右改道	设在车流方向发生变化的路段上游适当位置
	线形诱导标志 向左行驶 向右行驶	设在车流方向发生变化的路段上游适当位置
	车道合流标志	设在因一条车道被封闭而要求车辆合流到另一车道的路段上游适当位置

交通标志的设置除应符合《道路交通标志和标线》（GB 5768—2009）规定外，在养护维修作业时，还应根据具体情况设置在专门的位置，并尽可能利用公路可变信息板，配以图案或文字说明。在弯道、纵坡处进行养护维修作业时，应根据实际情况增设交通标志。

当工作区在道路右侧时，交通标志宜设在车道右侧或工作区上游车道上，如图 1—2—2 所示。当工作区在道路靠中央分隔带一侧时，交通标志宜设在中央分隔带护栏外侧或绿化带上。

3. 渠化装置

渠化装置是指警告、提醒和引导车辆和行人通过养护维修作业区域，隔离车流、人流与工作区的设施。在养护维修作业中，可用做渠化交通的安全设施见表 1—2—4。

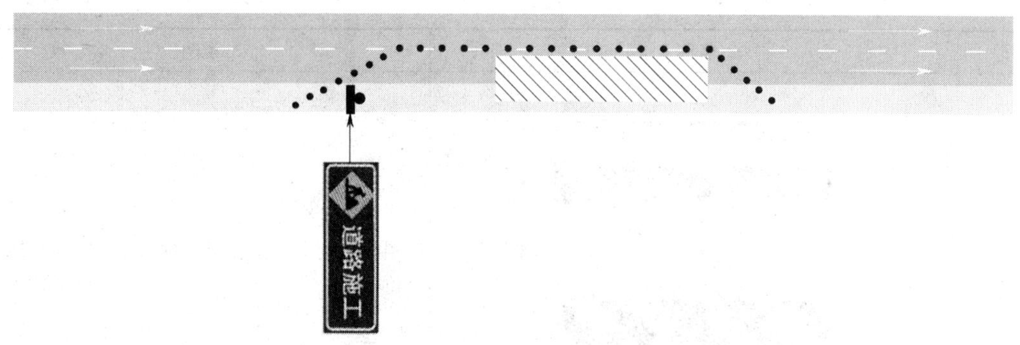

图 1—2—2　工作区在道路右侧时的交通标志设置图

表 1—2—4　　用做渠化交通的安全设施

序号	名称	说明
1	锥形交通路标 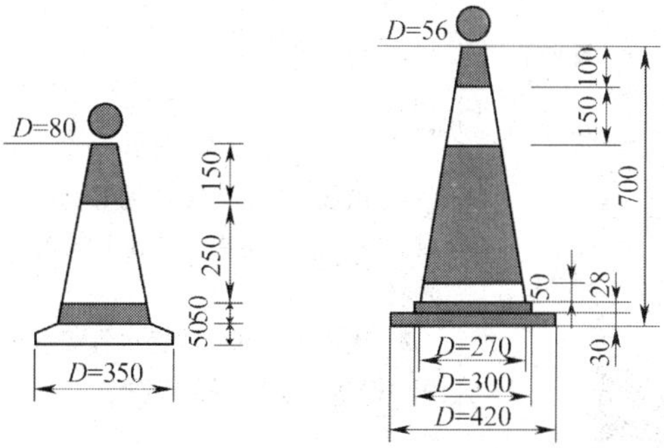  D=80 150 250 50 50 D=350 D=56 100 150 700 50 28 30 D=270 D=300 D=420	1. 由橡胶等柔性材料制成，底部应有一定的摩阻性能。用于夜间作业时应有反光功能，并配施工警告灯号 2. 布设间距宜为 10 ~ 20 m
2	安全带 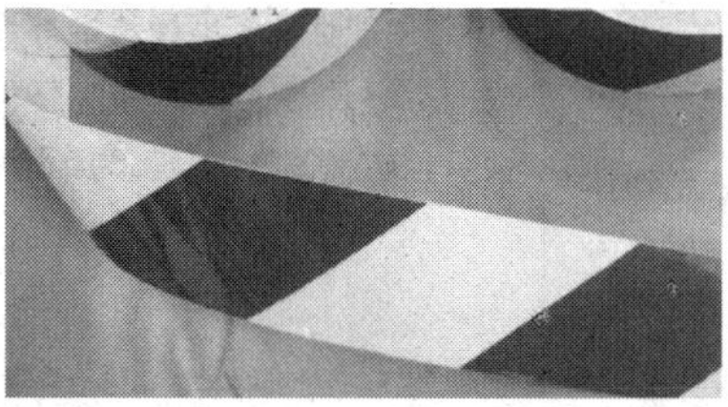	1. 由布质等柔性材料制成，宽度为 100 ~ 200 mm，带上有红白相间色，用于夜间作业应有反光功能 2. 宜与其他设施一起组合使用

续表

序号	名称	说明
3	路栏 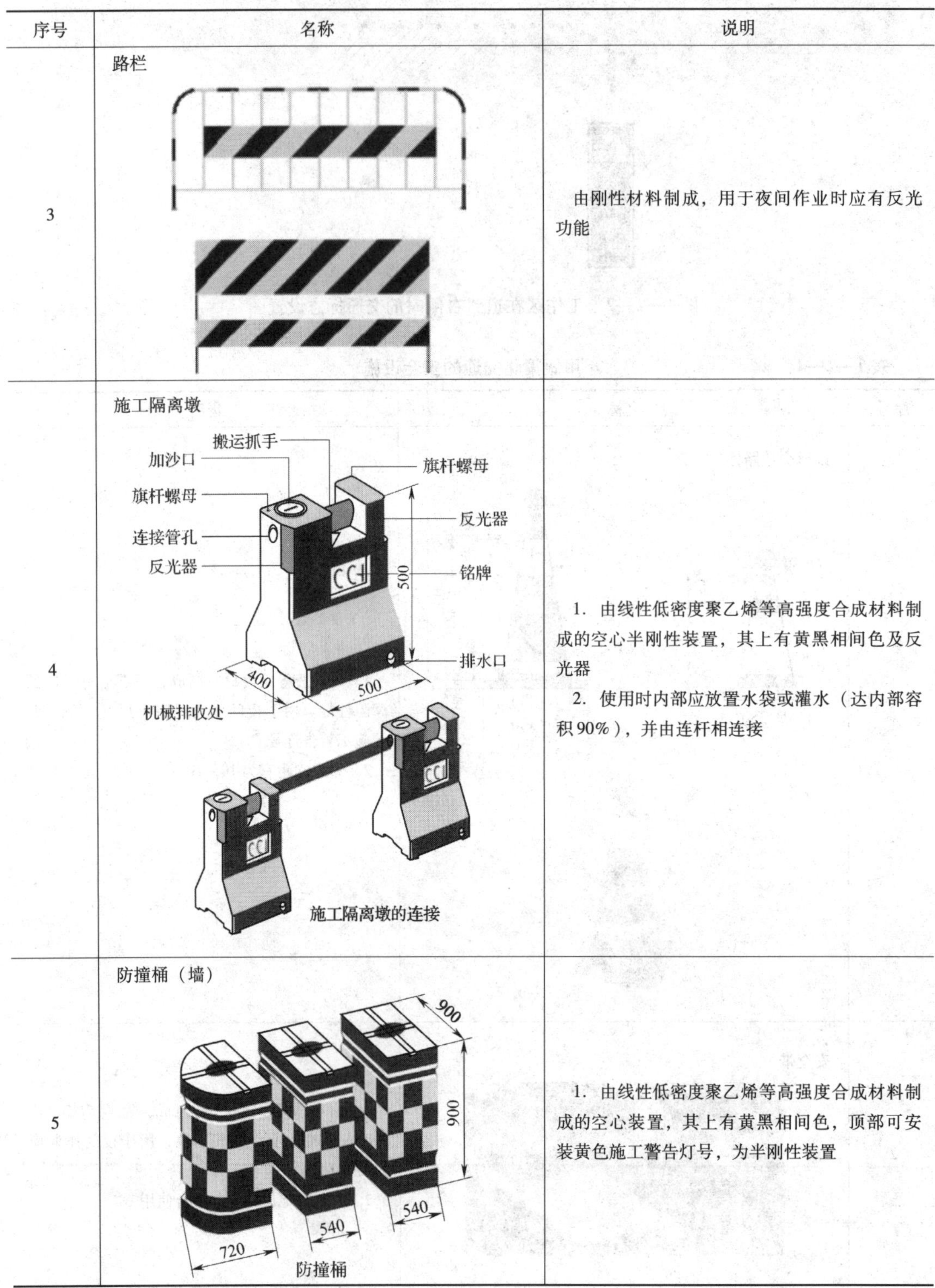	由刚性材料制成，用于夜间作业时应有反光功能
4	施工隔离墩 施工隔离墩的连接	1. 由线性低密度聚乙烯等高强度合成材料制成的空心半刚性装置，其上有黄黑相间色及反光器 2. 使用时内部应放置水袋或灌水（达内部容积90%），并由连杆相连接
5	防撞桶（墙） 防撞桶	1. 由线性低密度聚乙烯等高强度合成材料制成的空心装置，其上有黄黑相间色，顶部可安装黄色施工警告灯号，为半刚性装置

续表

序号	名称	说明
5	防撞桶（墙） 900 1500 548 防撞墙	2. 使用时内部应放置水袋或灌水（达内部容积90%），防撞墙应两个为一组组合在一起使用

4. 移动式标志车

带有动力装置或可移动装置（拖车）的安全防护设施，颜色为醒目的黄色，装有黄色施工警告灯号，其后部有醒目的标志牌，图案和显示形式可按实际需要改变，如图1—2—3所示。使用时其尾部应面向交通流方向，设置于上游过渡区内或缓冲区内。

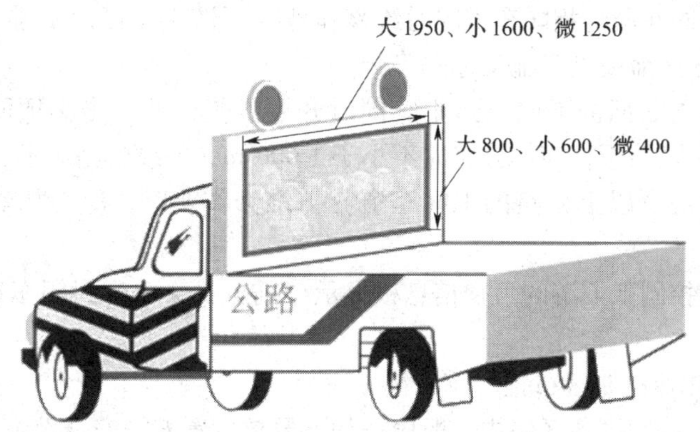

图1—2—3　移动式标志车（单位：mm）

移动式标志车可为作业内容和地点经常变化的养护维修作业提供更为方便的安全防护。

5. 施工警告灯号

施工警告灯号的形式除了《道路交通标志和标线》（GB 5768—2009）规定的以外，还可采用施工警告频闪灯，如图1—2—4所示。为使车辆驾驶员在较远距离就能清楚地看到警示，可将施工警告频闪灯固定在公路路侧的竖杆上。为了达到更好的警示效果，还可以将它们在沿路连续设置。施工警告灯号宜与其他安全设施一起组合使用。

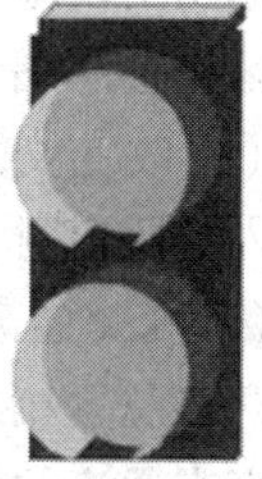

图1—2—4　施工警告频闪灯

6. 夜间照明设施

夜间养护维修作业时，必须设置照明设施，其照明必须满足作业要求，并覆盖整个工作区域。夜间作业的作业控制区必须设置施工警告灯号，所设的交通标志必须具有反光功能。养护维修作业期间和结束以后应派专人看护照明设施。

三、养护维修作业控制区布置要求及形式

养护维修作业控制区分别按高速公路及一级公路、二级和三级公路、隧道、特大桥桥面、平面交叉和收费广场等六类情况进行布置。

1. 高速公路及一级公路养护维修作业控制区布置

（1）基本要求

1）养护维修作业控制区布置应考虑养护维修作业的内容与要求、时间和周期、交通量、经济效益等因素，控制区内交通标志的设置必须合理、前后协调，起到引导车流平稳变化的作用。

2）工作区应设置工程车辆专门的进口和出口，出入口应设在顺行车方向的下游过渡区内。

3）同一方向不同断面的相同车道同时维修作业，下游工作区距上游工作区 1 000 m 以上时，应在下游工作区前端设置施工标志。

4）同一方向不同断面的不同车道不宜同时开展维修作业。当必须同时开展维修作业时，其作业控制区布设间距，高速公路应不小于 1 000 m，一级公路应不小于 500 m。

5）当单向三车道及以上公路的中间车道养护维修作业时，应与相邻一侧车道同时封闭。

6）应利用作业控制区上游的可变信息板显示“前方××千米封闭车道施工，请谨慎驾驶”的信息。

（2）养护维修作业控制区布置

在养护维修作业控制区各区域内一般应按如下要求设置养护安全设施：

第一，在警告区内应设置施工标志、限制速度标志和可变标志牌（或线形诱导标志）等。

第二，在上游过渡区起点至下游过渡区终点之间应放置锥形交通路标。

第三，在缓冲区与工作区交界处应布设路栏。

第四，控制区内其他安全设施可视具体情况而定。

养护维修作业控制区布置图图例见表 1—2—5。

1）主线车道封闭（不改变交通流方向）的布置。作业控制区的布置如图 1—2—5 所示。当警告区范围内有入口匝道时，应在匝道右侧路肩外设置施工标志。

2）主线车道封闭（改变交通流方向）的布置。当需要布置改变交通流方向的作业控制区时，可与中央分隔带开口位置相结合，利用非作业控制区一侧的车道。作业控制区的布置如图 1—2—6 所示。改变交通流的作业控制区布置要借用对向车道，所以除了本向车道要按规定的要求布置作业控制区外，对向车道也要按规定的要求布置作业控制区。

表 1—2—5　　养护维修作业控制区布置图图例

图例	名称	图例	名称
	可变信息标志牌		移动式标志车
			施工隔离墩
	附设施工警示灯的护栏		临时性车流行驶方向
			锥形交通路标或其他渠化交通的安全设施
			旗手
	标志牌		可动栏杆
	养护维修工作区		车流行驶方向

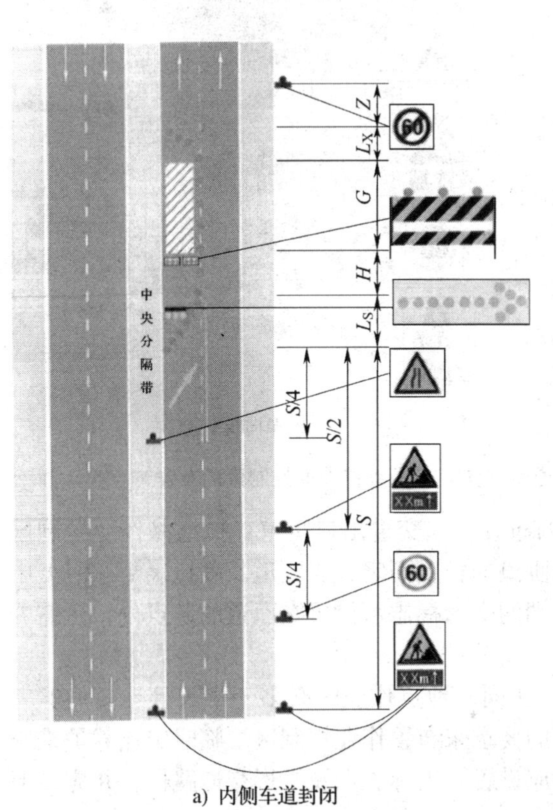

a) 内侧车道封闭

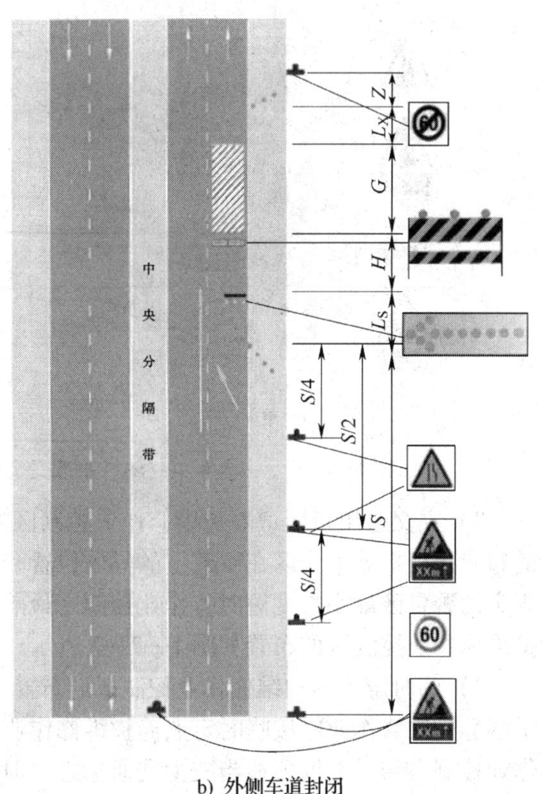

b) 外侧车道封闭

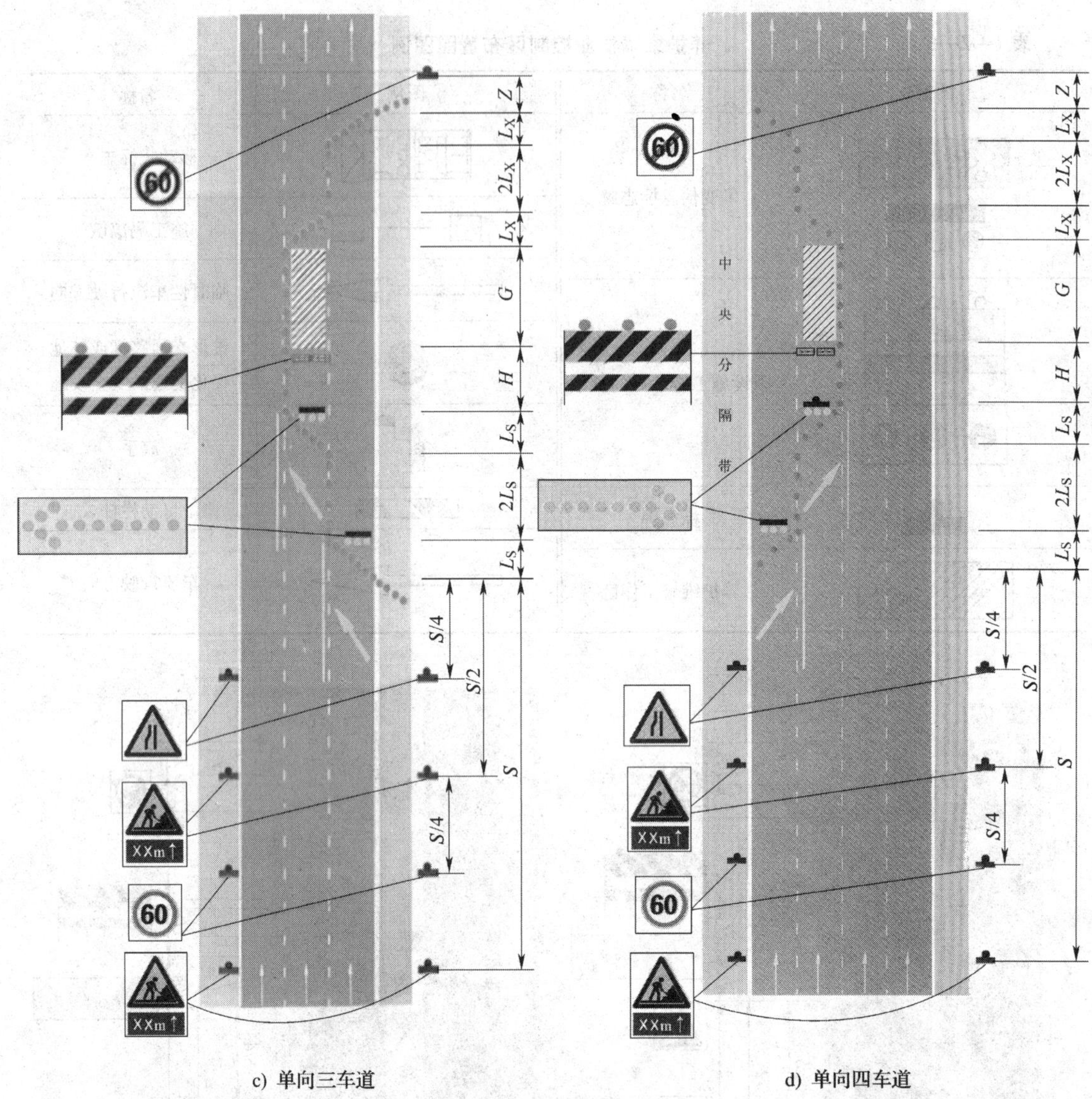

c) 单向三车道　　　　d) 单向四车道

图 1—2—5　主线车道封闭（不改变交通流方向）养护维修作业控制区的布置

3）立交进出口匝道养护维修作业控制区的布置。立交进出口匝道养护维修作业控制区的布置，应根据工作区在匝道上的具体位置和匝道的长度而定，当匝道长度比表 1—2—1 中规定的警告区最小长度短时，作业控制区最前端的交通标志可设置在匝道的起点处，匝道养护维修作业控制区的布置如图 1—2—7 所示。

4）临时定点养护维修作业控制区的布置。在同一地点作业时间多于半天且当日能够完工的养护维修作业应按临时定点养护维修作业的要求来布置作业控制区。临时定点养护维修作业控制区相对来说可适当减少交通标志，但应设置施工标志以及锥形交通路标，并应在上游过渡区内设置移动式标志车或配备交通指挥人员。临时定点养护维修作业控制区的布置如图 1—2—8 所示。

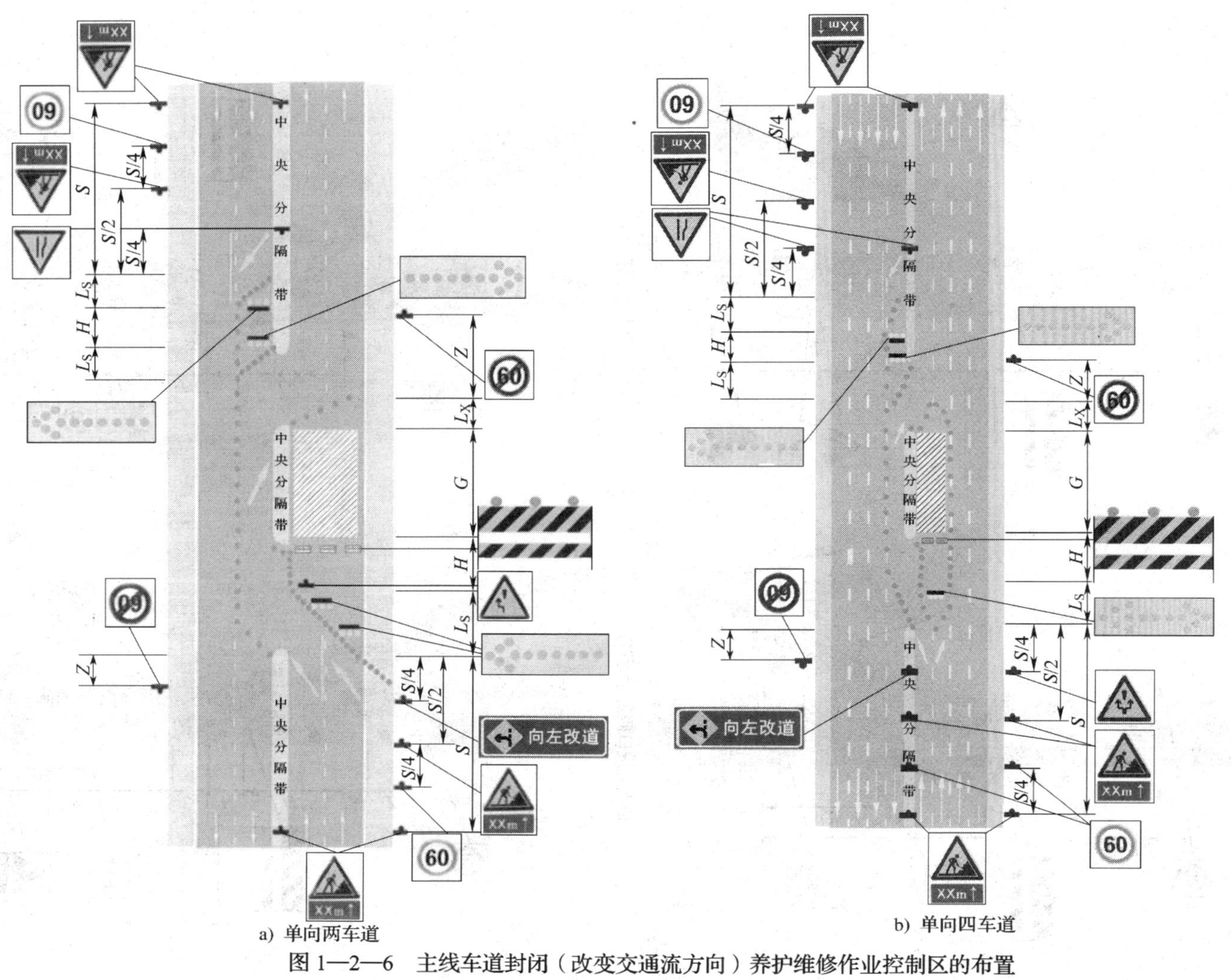

a）单向两车道

b）单向四车道

图1—2—6　主线车道封闭（改变交通流方向）养护维修作业控制区的布置

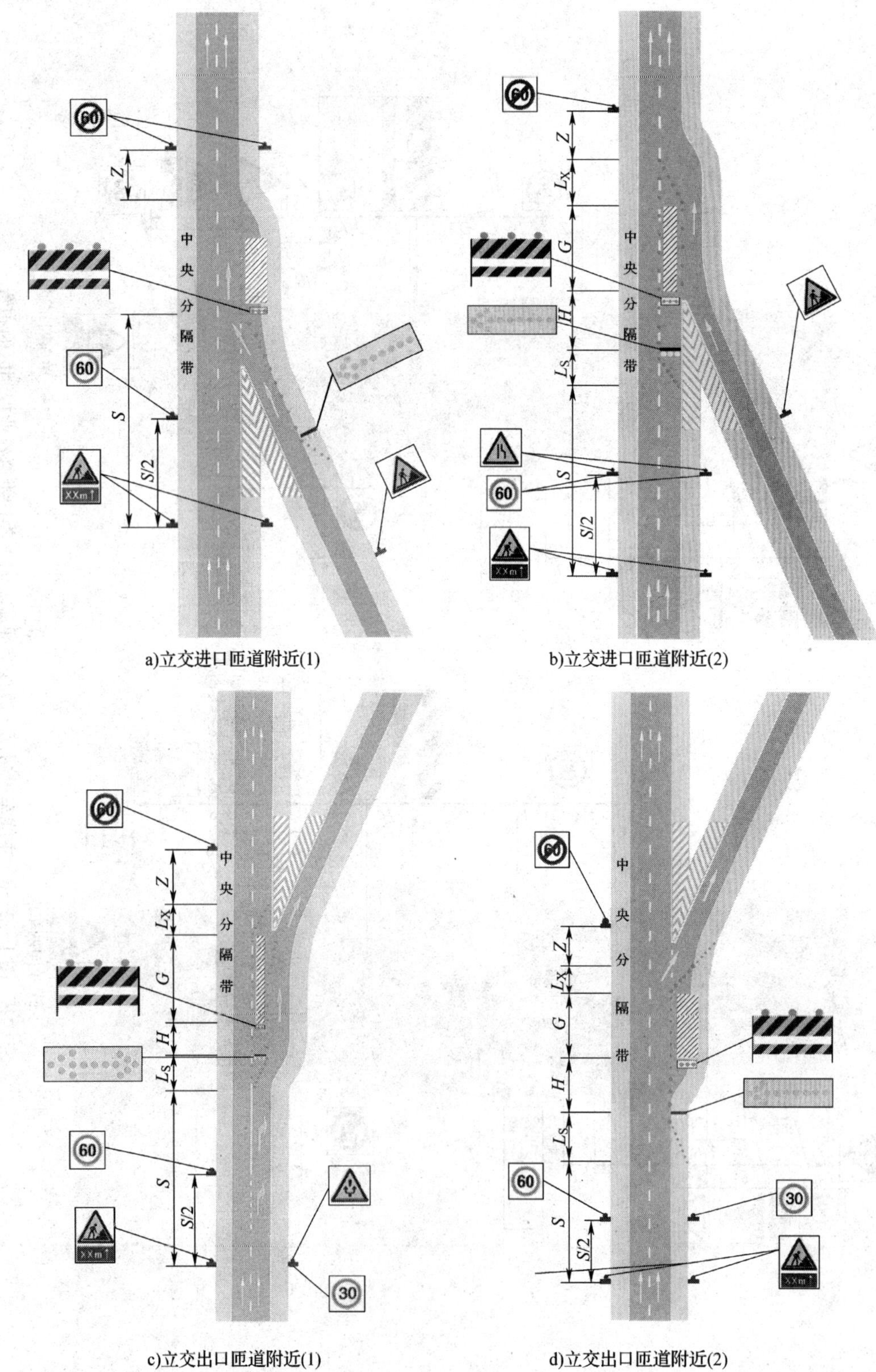

a)立交进口匝道附近(1)

b)立交进口匝道附近(2)

c)立交出口匝道附近(1)

d)立交出口匝道附近(2)

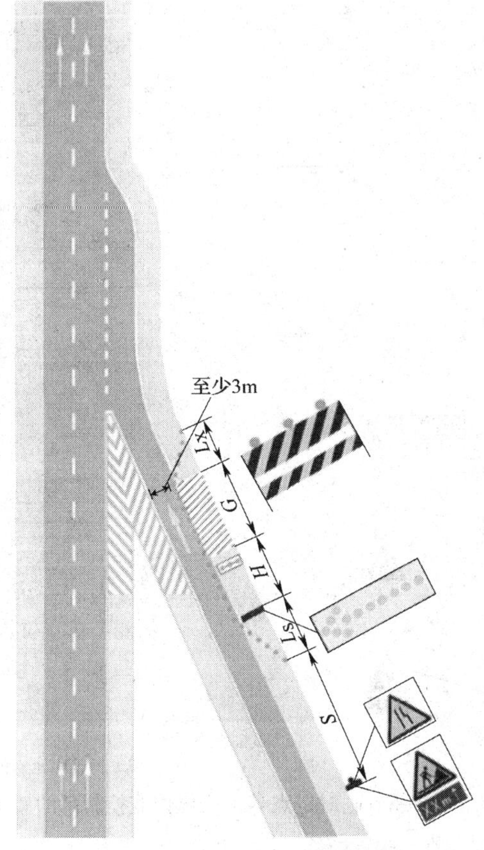

e) 立交匝道上

图 1—2—7　立交进出口匝道养护维修作业控制区的布置

5）移动养护维修作业控制区的布置。移动养护维修作业的作业地点是随着维修操作的改变而改变的，这类作业主要有绿化浇水、路面清扫等。移动养护维修作业控制区的布置如图 1—2—9 所示。

2. 二级、三级公路养护维修作业控制区布置

（1）基本要求

1）作业控制区布置应兼顾养护维修作业的内容与要求、时间和周期、交通量、经济效益等因素，控制区内交通标志的设置必须合理、前后协调，起到引导车流平稳变化的作用。

2）控制区上游因道路线形造成视距不良时，应在控制区上游的适当位置处增设施工标志。

（2）养护维修作业控制区布置

在养护维修作业控制区各区域内应设置的养护安全设施与高速公路及一级公路的要求相同。

1）路段养护维修作业控制区的布置。路段养护维修作业时，对于单向通行的情况，除必要的安全设施外，必须在工作区两端各配备一名交通指挥人员或设置交通信号控制灯来指挥车辆交替通行。路段养护维修作业控制区的布置如图 1—2—10 所示。

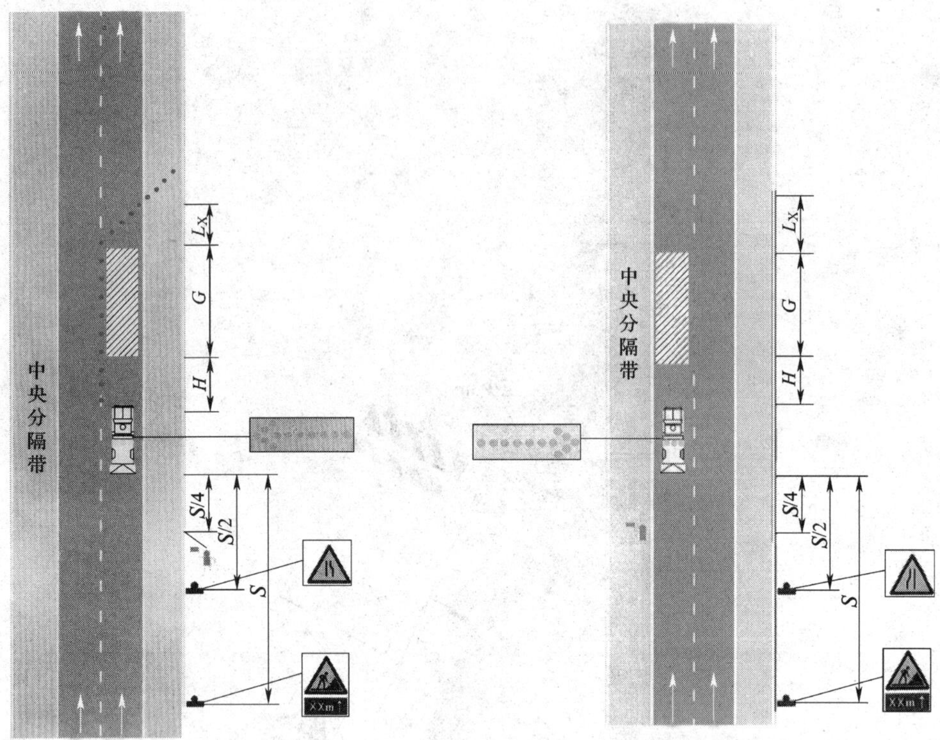

图 1—2—8　临时定点养护维修作业控制区的布置

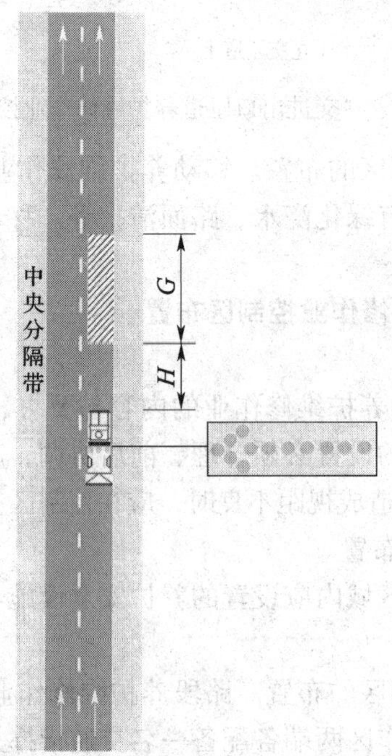

图 1—2—9　移动养护维修作业控制区的布置

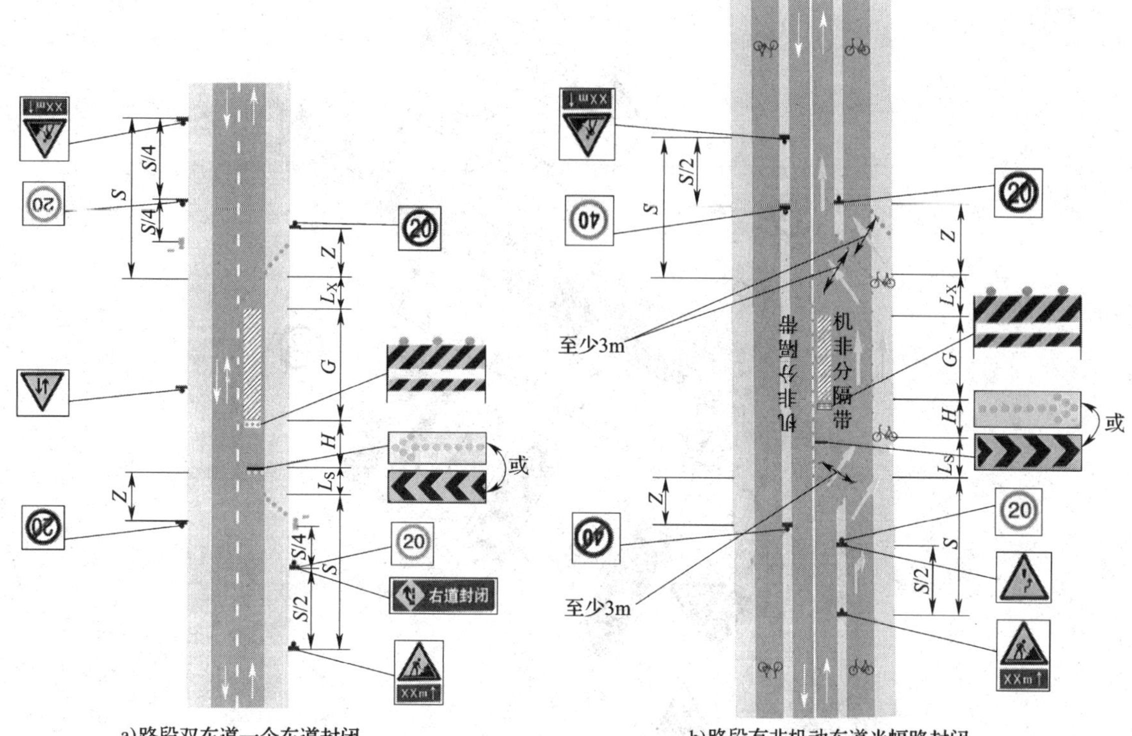

a)路段双车道一个车道封闭　　b)路段有非机动车道半幅路封闭

图 1—2—10　路段养护维修作业控制区的布置

2）弯道上养护维修作业控制区的布置。弯道上养护维修作业控制区的布置应符合以下规定：

①当工作区位置处于视距不良的路段时，应在工作区内增设施工标志。

②当工作区的一个车道封闭作业时，工作区两端均必须配备交通指挥人员。但当单向两车道的外侧车道封闭作业时，工作区下游可不配交通指挥人员。

弯道上养护维修作业控制区的布置如图 1—2—11 所示。

3）整个路面养护维修作业控制区的布置。当对整个路面进行养护维修作业时，应修筑临时交通便道，以保证车辆通行，作业控制区的布置应符合以下规定：

①作业控制区内必须设置护栏和施工警告灯号。

②作业车上必须安装施工警告灯号。

③所修筑的交通便道应画道路轮廓线并设置可渠化交通的安全设施。

整个路面养护维修作业控制区的布置如图 1—2—12 所示。

4）路肩养护维修作业控制区的布置。路肩养护维修作业控制区的布置应符合以下规定：

①必须保证紧靠路肩的车道宽度大于 3 m。

②作业车上必须安装施工警告灯号。

③若设置移动式标志车，可不设过渡区。

④当交通流量较大时，必须封闭紧靠路肩的车道，并按车道封闭要求布置作业控制区。

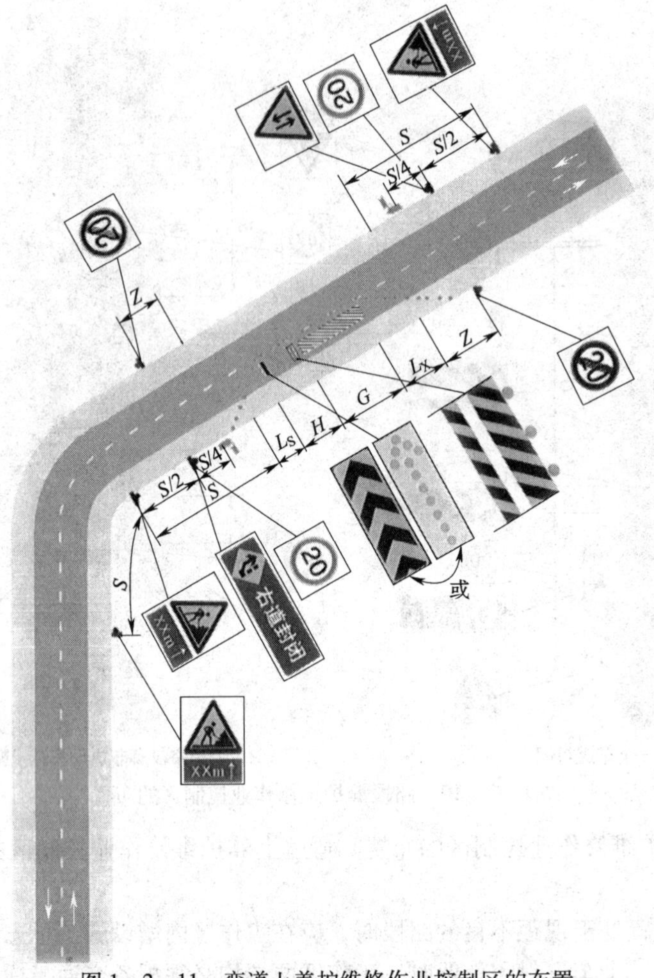

图 1—2—11　弯道上养护维修作业控制区的布置

路肩养护维修作业控制区的布置如图 1—2—13 所示。

5）临时定点养护维修作业控制区的布置。临时定点养护维修作业控制区的布置如图 1—2—14 所示。

6）移动养护维修作业控制区的布置。移动养护维修作业控制区的布置可参照图 1—2—9。

3. 隧道养护维修作业控制区布置

（1）基本要求

1）应配备专职人员加强车速限制和车辆限宽的管理。

2）隧道入口前必须设置施工标志、限速标志和限宽标志。

（2）隧道养护维修作业控制区的布置

1）隧道单洞双向交通的养护维修作业控制区的布置。单洞双向交通的隧道只能封闭一条车道进行养护维修作业，不能采用全封闭养护维修作业。隧道口应设置交通信号灯并配备交通指挥人员，并至少应从隧道口开始封闭养护维修作业车道，隧道单洞双向交通的养护维修作业控制区的布置如图 1—2—15 所示。当工作区处于弯道范围时，应将警告区的起始位置前移至道路的直线段，作业控制区如图 1—2—11 所示。

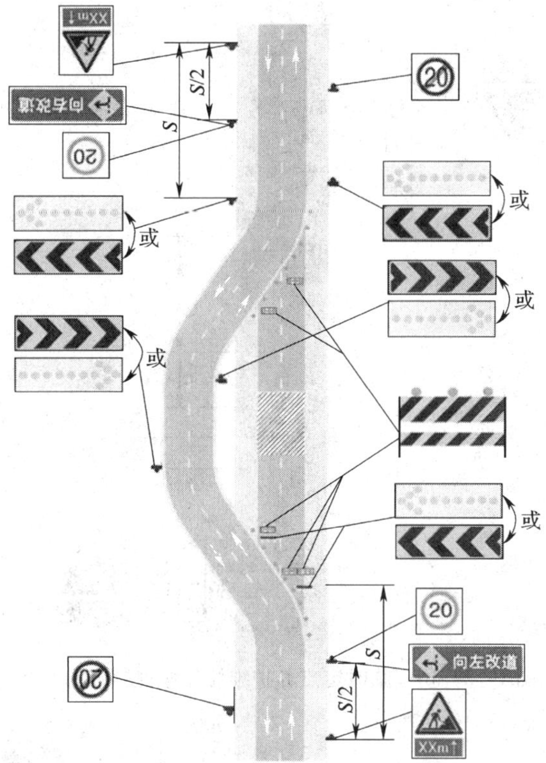

图 1—2—12　整个路面养护维修作业控制区的布置

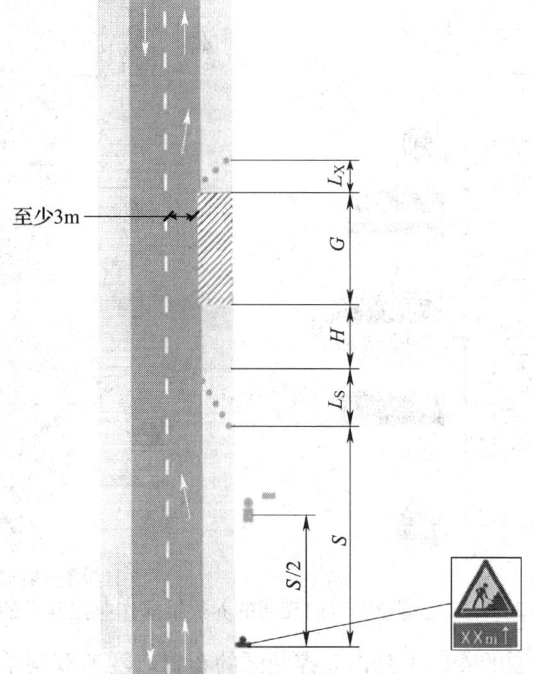

图 1—2—13　路肩养护维修作业控制区的布置

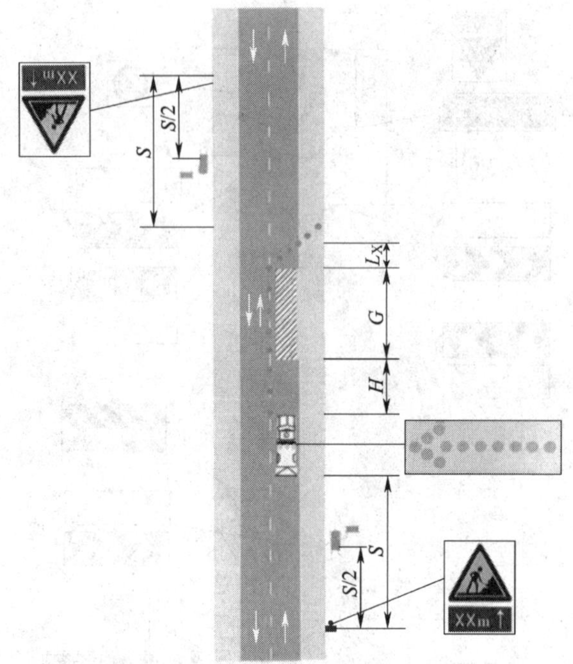

图 1—2—14　临时定点养护维修作业控制区的布置

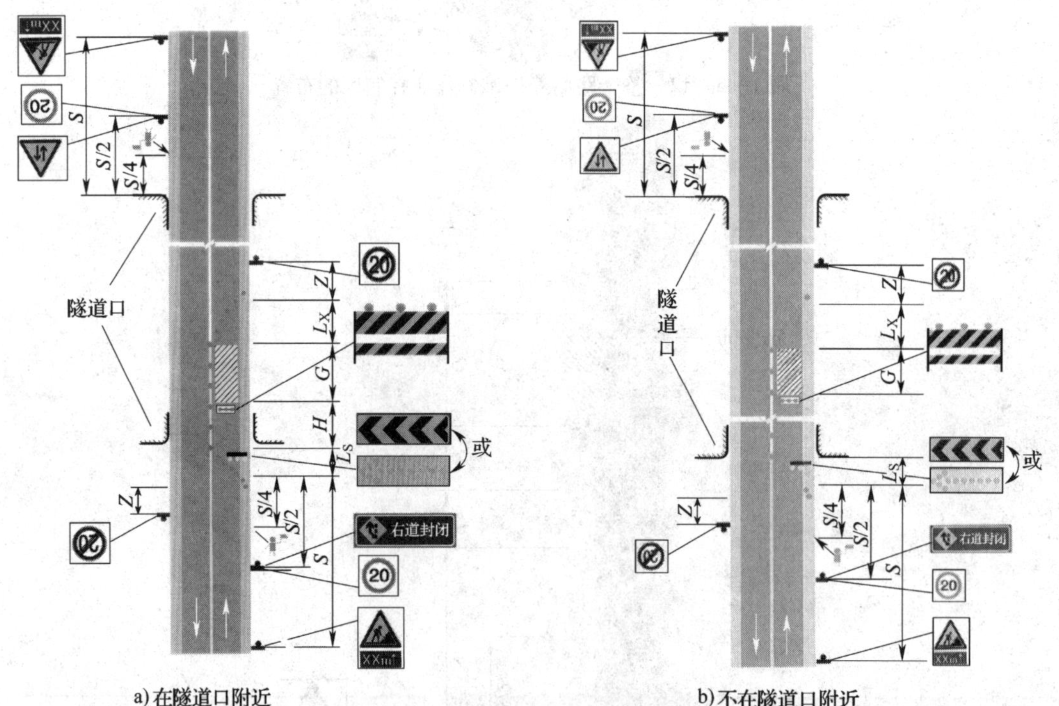

图 1—2—15　隧道单洞双向交通的养护维修作业控制区的布置

2）隧道双洞单向交通的养护维修作业控制区的布置。隧道双洞单向交通的养护维修作业控制区布置时应将警告区和上游过渡区设于洞口外，作业控制区的布置如图 1—2—16 所示。

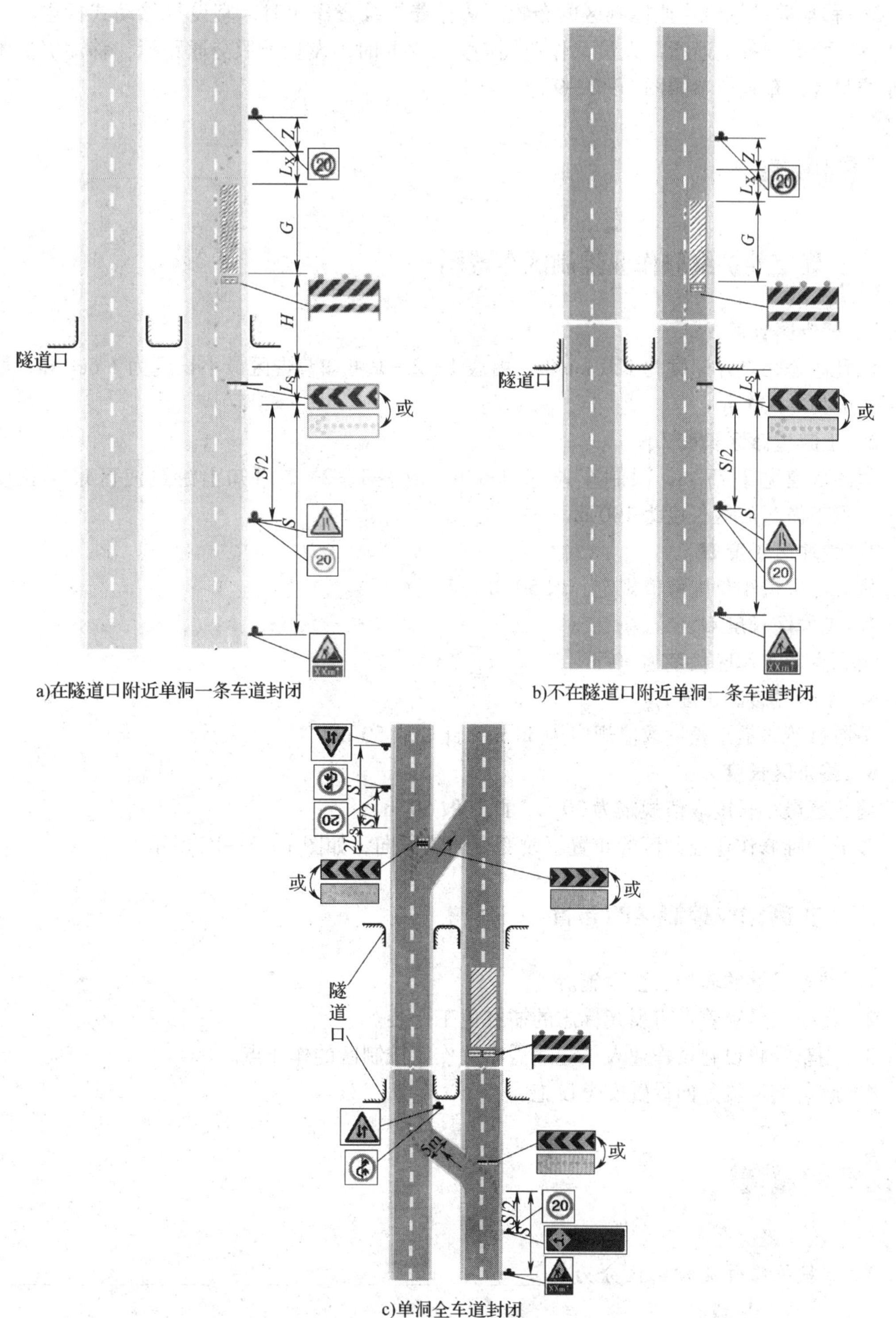

图 1—2—16 隧道双洞单向交通的养护维修作业控制区的布置

3）移动养护维修作业控制区的布置。移动养护维修作业时，宜设置移动式标志车，并应在隧道两端配备交通指挥人员。作业周期大于 2 h 时须设置锥形交通路标，移动养护维修作业控制区的布置应参照图 1—2—9。

一、确定养护维修作业控制区布置图

1. 警告区长度 S

该高速公路设计速度为 120 km/h，由表 1—2—1 可知警告区最小长度为 1 600 m，取警告区长度为 1 600 m。

2. 上游过渡区长度 L_S

封闭车道宽 3.75 m，限制车速 60 km/h，由表 1—2—2 可知上游过渡区最小长度为 90 m，取上游过渡区长度为 100 m。

3. 缓冲区长度 H

按缓冲区最小长度取值规定，取 50 m。

4. 工作区长度 G

由题意知工作区长度为 50 m。

5. 下游过渡区长度 L_X

下游过渡区最小长度取值规定为 30 m，此处取 50 m。

6. 终止区长度 Z

终止区最小长度取值规定为 30 m，此处取 50 m。

该养护维修作业控制区的布置不改变交通流方向，如图 1—2—17 所示。

二、实施作业控制区的布置

1. 准备足够的养护安全设施。
2. 作业人员穿着带有反光标志的橘红色工作装。
3. 用车辆将设施及作业人员送达需布置作业控制区的作业点。
4. 顺着交通流方向设置安全设施。

思考与练习

一、填空题

1. 养护维修作业控制区分为________、________、________、________、________和________等六个区域。

2. 用于养护维修的安全设施包括________、________、________、________、________

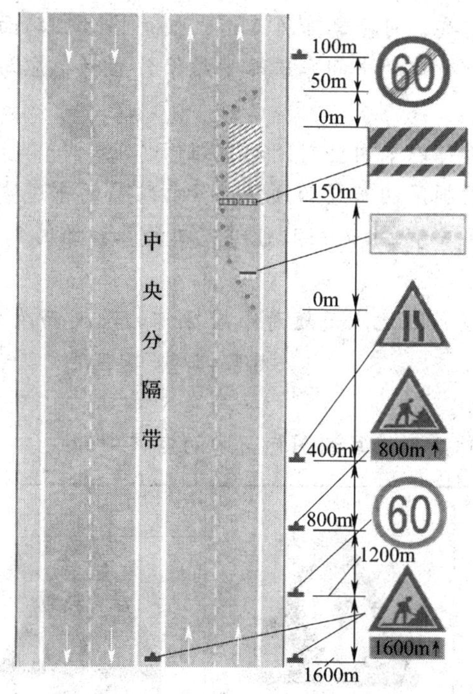

图 1—2—17 高速公路外侧车道封闭的养护维修作业控制区的布置

和________等。

3. 在警告区内应设置________、________和________等。

二、选择题

1. 设计速度为 80 km/h 的二级公路，其养护维修作业控制区的警告区的最小长度为（ ）m。

A. 1 600　　B. 1 000　　C. 800　　D. 500

2. 封闭车道宽度为 3.5 m，限制车速为 40 km/h 的作业控制区的上游过渡区的最小长度为（ ）m。

A. 100　　B. 90　　C. 40　　D. 30

3. 缓冲区的最小长度宜取（ ）m。

A. 100　　B. 80　　C. 50　　D. 30

4. 下游过渡区的最小长度宜取（ ）m。

A. 100　　B. 80　　C. 50　　D. 30

5. 临时性路面标线使用（ ）路面标线。

A. 黄色　　B. 白色　　C. 黄黑相间　　D. 红白相间

6. 同一方向不同断面的不同车道不宜同时维修作业。当必须同时维修作业时，其作业控制区布设间距，高速公路应不小于（ ）m。

A. 1 600　　B. 1 000　　C. 500　　D. 100

三、判断题

1．因养护维修作业的需要，可重新布置车道，使用临时性路面标线。（　）

2．当单向三车道及以上公路的中间车道养护维修作业时，应与相邻一侧车道同时封闭。（　）

3．单洞双向交通的隧道可以采用全封闭养护维修作业。（　）

4．路肩养护维修作业控制区的布置必须保证紧靠路肩的车道宽度大于2.5 m。（　）

5．在同一地点作业时间多于2 h而当日能够完工的养护维修作业应按临时定点养护维修作业来布置作业控制区。（　）

6．移动养护维修作业的作业地点是随着维修操作的改变而改变的，这类作业主要有绿化浇水、路面清扫等。（　）

四、综合题

1．请将下列图标的名称分别填写到图标下方的空格中。

图例				
名称				
图例				
名称				
图例				
名称				
图例				
名称				

续表

图例	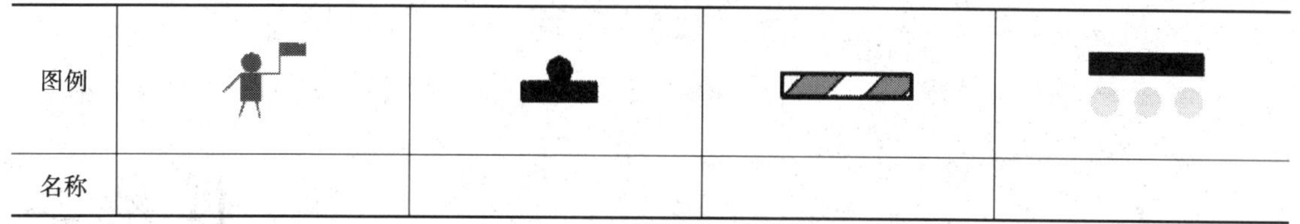			
名称				

2. 某双向两车道三级公路需占用一个车道进行临时养护作业，工作区长 20 m，请画出其移动养护维修作业控制区的布置图。

3. 某双向两车道三级公路，设计车速 60 km/h，车道宽 3.5 m。现需占用弯道附近内侧一个车道进行养护维修作业，工作区长 30 m，限速 20 km/h，请画出其养护维修作业控制区的布置图。

4. 某高速公路设计车速 100 km/h，车道宽 3.75 m。现需占用内侧一个车道进行养护维修作业，工作区长 30 m，限速 60 km/h，请画出其养护维修作业控制区的布置图。

5. 简述养护安全设施的设置目的。

五、实训题

实训项目：养护维修作业控制区的布置。

实训实施条件：

1. 校园道路或交通量较小的公路。
2. 穿戴反光工作服。
3. 养护安全设施。
4. 人货两用工具车。

模块二

公路技术状况评定

公路技术状况评定的目的是为公路管理部门编制公路养护和维修年度计划提供依据。公路技术状况的评价是对公路养护质量和管理水平的科学评价。

一、公路技术状况评价指标

公路技术状况评价包含路面、路基、桥隧构造物和沿线设施四部分内容。公路技术状况用公路技术状况指数 MQI（Maintenance Quality Indicator）和相应分项指标表示，评价指标如图 2—0—1 所示，MQI 和相应分项指标的值域为 0～100。

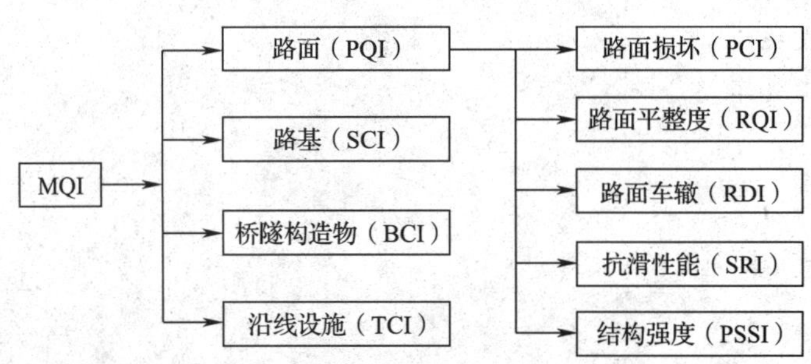

图 2—0—1　公路技术状况评价指标

图中：

MQI——公路技术状况指数；

PQI——路面使用性能指数（Pavement Quality or Performance Index）；

SCI——路基技术状况指数（Subgrade Condition Index）；

BCI——桥隧构造物技术状况指数（Bridge，Tunnel and Culvert Condition Index）；

TCI——沿线设施技术状况指数（Traffic－facility Condition Index）；

PCI——路面损坏状况指数（Pavement Surface Condition Index）；

RQI——路面行驶质量指数（Riding Quality Index）；

RDI——路面车辙深度指数（Rutting Depth Index）；

SRI——路面抗滑性能指数（Skidding Resistance Index）；

PSSI——路面结构强度指数（Pavement Structure strength Index）。

二、公路技术状况等级

公路技术状况分为优、良、中、次、差五个等级。公路技术状况等级按表2—0—1规定的标准确定。

表2—0—1　　公路技术状况评定标准

评价等级	优	良	中	次	差
MQI及各级分项指标	≥90	≥80，<90	≥70，<80	≥60，<70	<60

任务一　公路损坏类型的识别

- 能识别沥青路面损坏的类型并分析其成因。
- 能识别水泥混凝土路面损坏的类型并分析其成因。
- 能识别砂石路面损坏的类型。
- 能识别路基损坏的类型。
- 能识别沿线设施损坏的类型。

张三在3月28日的日常巡查中，在沥青路面路段发现了如图2—1—1所示的公路损坏，在水泥混凝土路面路段发现了如图2—1—2所示的公路损坏，请判断其损坏类型。

公路使用性能的衰变一般会通过不同形式的可见损坏表现出来，反过来不同形式的损坏对公路使用性能也有不同程度的影响，因此，公路损坏的调查是进行公路技术状况评定的重要内容和制定养护对策的重要依据。

a)　b)　c)　d)

图 2—1—1　沥青路面路段的损坏

a)　b)　c)　d)　e)　f)

图 2—1—2　水泥混凝土路面路段的损坏

目前，公路损坏的调查仍主要依靠人工目测或丈量完成，由于公路损坏原因复杂、形式多样，不同的调查者可能对同一处损坏有不同的判别，为了使调查结果有统一的含义及具有可比性，必须根据损坏的形态特征、严重程度和损坏原因对损坏进行分类，给每一种公路损坏形式规定明确的定义。

公路损坏包括沥青路面损坏、水泥混凝土路面损坏、砂石路面损坏、路基损坏、桥隧构造物损坏和沿线设施损坏六个方面。

一、沥青路面损坏

1. 沥青路面损坏的类型

沥青路面损坏共分 11 类，见表 2—1—1。

表 2—1—1　　沥青路面损坏的类型

损坏类型	分级	特征及分级指标	计量单位
龟裂：龟裂在路面上表现为相互交错的小网格状裂缝，因其形状类似乌龟背而被称为龟裂 	轻	裂缝区无变形、散落，缝细，主要缝宽 < 2 mm，主要裂缝块度为 0.2 ~ 0.5 m	m^2
	中	裂缝区有轻度散落或轻度变形，主要缝宽 2 ~ 5 mm，部分裂缝块度 < 0.2 m	
	重	裂块较小，裂缝区变形明显、散落严重，主要缝宽 > 5 mm，大部分裂缝块度 < 0.2 m	
块状裂缝：纵向和横向裂缝的交错而使路面分裂成近似成直角的多边形大块 	轻	缝细，裂缝区无散落，缝宽 ≤ 3 mm，大部分裂缝块度 > 1.0 m	m^2
	重	缝宽，裂缝区有散落，缝宽 > 3 mm，主要裂缝块度在 0.5 ~ 1.0 m	

续表

损坏类型	分级	特征及分级指标	计量单位
纵向裂缝：是与行车方向基本平行的裂缝，有时伴有少量支缝 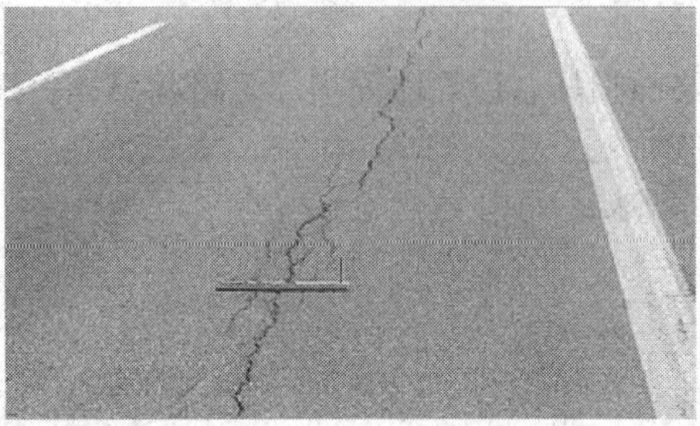	轻	缝细，裂缝壁无散落或有轻微散落，无支缝或有少量支缝，缝宽≤3 mm	m
	重	缝宽，裂缝壁有散落，有支缝，主要缝宽 >3 mm	
横向裂缝：是与行车方向基本垂直的裂缝，有时伴有少量支缝 	轻	缝细，裂缝壁无散落或有轻微散落，缝宽≤3 mm	m
	重	缝宽，裂缝贯通整个路面，裂缝壁有散落并伴有少量支缝，主要缝宽 >3 mm	
坑槽：是指局部集料丧失而在路面表面形成的坑洞，可深及不同的路面结构 	轻	坑浅，有效坑槽面积≤0.1 m^2 (0.3 m×0.3 m)	m^2
	重	坑深，有效坑槽面积 >0.1 m^2 (0.3 m×0.3 m)	
松散：是一种从路面表面向下不断发展的集料颗粒流失或沥青结合料流失而造成的路面损坏 	轻	路面细集料散失、脱皮、麻面等表面损坏	m^2
	重	路面粗集料散失、脱皮、麻面、露骨，表面剥落，有小坑洞	

续表

损坏类型	分级	特征及分级指标	计量单位
沉陷：是路面表面产生的大于10 mm的路面局部下沉 	轻	深度10～25 mm，正常行车无明显感觉	m^2
	重	深度＞25 mm，正常行车有明显感觉	
车辙：是在沥青路面表面形成的沿轮迹处深度大于10 mm的纵向带状凹槽 	轻	辙槽浅，深度为10～15 mm	m
	重	辙槽深，深度＞15 mm	
波浪拥包：指的是由于局部沥青面层材料移动在路表面形成的有规律的纵向起伏，波峰和波谷间隔很近 	轻	波峰波谷高差小，高差为10～25 mm	m^2
	重	波峰波谷高差大，高差＞25 mm	
泛油：是指路面沥青被挤出或表面被沥青膜覆盖形成发亮的薄油层 	—	—	m^2

续表

损坏类型	分级	特征及分级指标	计量单位
修补：各种病害的修补面积或修补影响面积	—	—	m^2

注：计量单位是指在统计损坏数量时每种损坏所采用的单位，如龟裂损坏按 m^2 计算，纵向裂缝损坏按 m 计算。

由表 2—1—1 可知，在工作任务的图 2—1—1 中，a 图是横向裂缝，b 图是坑槽，c 图是龟裂，d 图是车辙。

（1）纵向裂缝、横向裂缝损坏按长度计量，并按 0.2 m 的影响宽度换算成损坏面积。

（2）车辙损坏按长度计量，并按 0.4 m 的影响宽度换算成损坏面积。

（3）裂缝修补按长度计量，并按 0.2 m 的影响宽度换算成损坏面积。

（4）修补后又出现损坏，按原损坏类型分类统计。

2. 沥青路面损坏的主要成因

（1）龟裂

龟裂是行车荷载反复作用的结果（疲劳开裂），其初始形态是在沿轮迹带出现单条或多条平行的纵缝，而后在平行的纵缝间出现横向和斜向连接缝，形成裂缝网。出现龟裂的路面可能伴随沉陷变形，也可能没有。

龟裂的产生，反映出路面的强度不足以承受行车荷载。此外，基层排水不良、低温时沥青混合料变硬或变脆等也可能造成龟裂。

（2）块状裂缝

块状裂缝的产生同荷载作用的关系不大，主要是由于面层材料的低温收缩和沥青的老化所引起的，病害出现在整个路面宽度范围内。

（3）纵向裂缝

1）半填半挖路基或路面加宽处，常由于压实不足，路基或基层出现沉降而产生。

2）混合料摊铺时纵向施工搭接不好而产生。

3）由旧混凝土面层纵向接缝的反射作用引起。

4）沿轮迹带因荷载反复作用而产生的纵向裂缝，属于疲劳裂缝。

（4）横向裂缝

1）低温收缩或者半刚性基层收缩是横向裂缝产生的主要原因。

2）由旧混凝土面层横向接缝的反射作用引起。

3）因混合料摊铺时横向施工搭接不好而产生。

4）结构物连接处由于不均匀沉降而引起。

（5）坑槽

坑槽通常是松散、龟裂等其他损坏进一步发展的结果。过量的水分渗入这些损坏处后，一些碎裂小块面层或基层材料被驶过的车轮带走，而逐渐形成坑槽并不断扩大。

（6）松散

1）混合料中沥青偏少，沥青与集料间黏结差。

2）沥青老化变硬造成。

（7）沉陷

1）路基沉降所引起。

2）局部开挖后因回填土压实不足而引起。

（8）车辙

1）施工技术和质量控制差，使混合料压实不足而引起。

2）混合料的组成材料和组成设计差，使混合料的稳定性不足而产生。

3）轮迹带处的路面和路基材料，在荷载反复作用下出现固结变形和侧向剪切位移而产生。

（9）波浪拥包

1）材料组成设计差造成。

2）施工质量差，使面层材料不足以抵抗车轮水平力的作用而引起。

3）旧面层已有搓板，在加铺沥青面层时未予以妥善处理造成。

（10）泛油

沥青含量过多，混合料中空隙过少，沥青的高温稳定性差，是产生泛油的主要原因。泛油发生在天气炎热时，但在天冷时又不存在逆过程，因此沥青积聚在路表面。

二、水泥混凝土路面损坏

1. 水泥混凝土路面损坏的类型

水泥混凝土路面损坏分为11类，见表2—1—2。

表2—1—2　　水泥混凝土路面损坏的类型

损坏类型	分级	特征及分级指标	计量单位
破碎板：混凝土板被多条裂缝分为3个以上板块的损坏	轻	被裂缝分为3块及以上，破碎板未发生松动和沉陷现象	m^2
	重	被裂缝分为3块及以上，破碎板有松动、沉陷和唧泥现象	

续表

损坏类型	分级	特征及分级指标	计量单位
裂缝：混凝土板上只有一条裂缝，可以为横向、纵向或不规则的斜裂缝 	轻	裂缝窄，裂缝处未剥落，缝宽＜3 mm，一般为未贯通裂缝	m
	中	边缘有碎裂，缝宽为3～10 mm	
	重	缝宽，边缘有碎裂并伴有错台现象，缝宽＞10 mm	
板角断裂：混凝土板的板角出现裂缝，裂缝与纵横接缝相交，且交点距板角小于或等于板边长度一半的损坏 	轻	缝宽＜3 mm	m^2
	中	缝宽为3～10 mm	
	重	缝宽＞10 mm，断角有松动	
错台：混凝土板的接缝两边出现的高差大于5 mm的损坏 	轻	高差＜10 mm	m
	重	高差≥10 mm	

续表

损坏类型	分级	特征及分级指标	计量单位
唧泥：混凝土板在车辆驶过后，接缝处有基层泥浆涌出 	—	—	m
边角剥落：沿接缝方向的板边碎裂或脱落，裂缝面与板面成一定角度 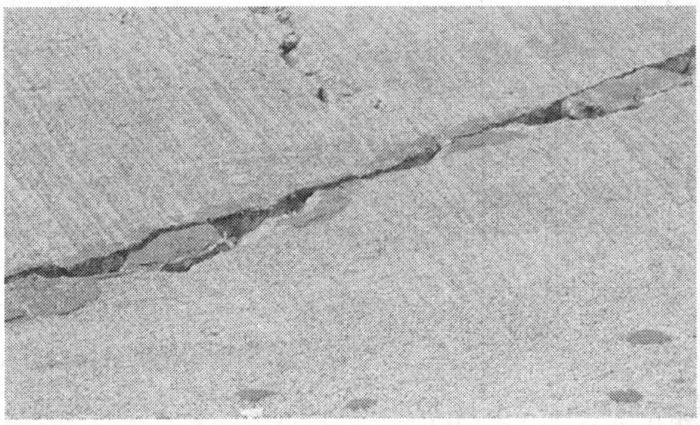	轻	浅层剥落	m
	中	中深层剥落，接缝附近水泥混凝土有开裂	
	重	深层剥落，接缝附近水泥混凝土多处开裂，深度超过接缝槽底部	
接缝料损坏：由于接缝的填缝料老化、剥落等原因，接缝内已无填料，被砂、石、土等填塞 	轻	填料老化，不密水，但尚未剥落脱空，未被砂、石、泥土等填塞	m
	重	1/3 以上接缝出现空缝或被砂、石、土填塞	
坑洞：板面出现有效直径大于 30 mm、深度大于 10 mm 的局部坑洞 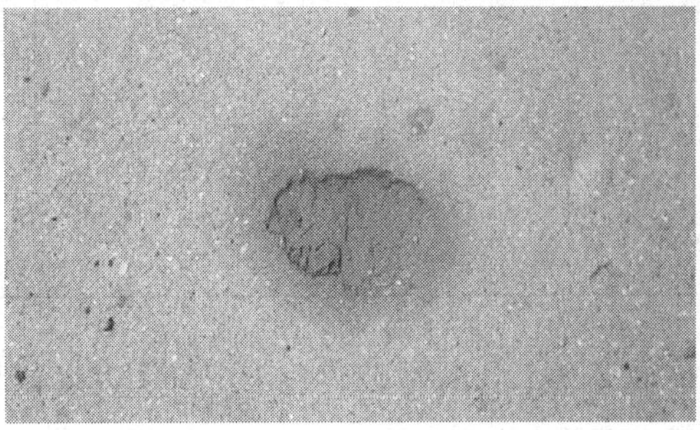	—	—	m^2

续表

损坏类型	分级	特征及分级指标	计量单位
拱起：横缝两侧的板体发生明显抬高，高度大于10 mm 	—	—	m^2
露骨：板块表面细集料散失、粗集料暴露或表层疏松剥落 	—	—	m^2
修补：裂缝、板角断裂、边角剥落、坑洞和层状剥落的修补面积或修补影响面积 	—	—	m^2

由表2—1—2可知，在图2—1—2中，b图是唧泥，c图是破碎板，d图是边角剥落。

（1）裂缝、错台、唧泥、边角剥落、接缝料损坏等损坏按长度计量，并按1.0 m的影响宽度换算成损坏面积。

（2）裂缝修补按长度计量，并按0.2 m的影响宽度换算成损坏面积。

（3）修补后又出现损坏，按原损坏类型分类统计。

2. 水泥混凝土路面损坏的主要成因

（1）破碎板

有裂缝的板块的基层和路基浸水软化及重载反复作用下进一步断裂，便形成了破碎板。

（2）裂缝

1）纵向裂缝大多产生在新老路基或新老基层相接处，由于新路基或新基层压实不足，强度不够，产生横向不均匀沉降引起。

2）横向或斜向裂缝，通常由于重载反复作用、温度或湿度梯度产生的翘曲应力或者干缩应力等单独或综合作用引起。而在开放交通前出现的横向或斜向裂缝，则主要是由于施工期间锯切缝的时间安排不当造成的。

（3）板角断裂

板角断裂通常是由于表面水侵入，地基承载力降低，接缝处出现唧泥，板底形成脱空，接缝传荷能力差，重载反复作用等综合作用引起的。

（4）错台

1）由于路面基层或地基压实不足，产生不均匀沉降引起。

2）唧泥发生和发展过程中，在压水冲积的作用下引起板底脱空，使接缝或裂缝两侧板面出现高差，形成错台。

（5）唧泥

唧泥产生的主要原因有接缝填封料失效、基层材料不耐冲刷、接缝传荷能力差和重载反复作用等。

（6）边角剥落

1）由于接缝施工不当（包括传力杆设置不当）或者缝隙内进入不可压缩材料引起。

2）路面板在高温热胀时，接缝处边缘产生倾斜的剪切挤碎。

（7）接缝料损坏

1）由于使用时间长，接缝材料的老化而造成。

2）灌缝材料质量欠佳造成温度高时被车轮撕裂或带出，温度低时发生脆裂。

3）灌缝质量差。如灌缝不及时会使泥沙等杂质进入缝内或缝内湿度太大使得接缝料与板的黏结性差等。

（8）坑洞

1）车辆、机械撞击磨损。

2）由于混凝土局部振捣不密实或砂石材料中混进小泥块等引起混凝土板集料松散脱落形成坑洞。

（9）拱起

1）非高温季节施工时，胀缝设置间距过长或失效。

2）接缝内嵌入硬物。

3）夏季连续高温使板体热胀。

（10）露骨

1）路面使用时间长造成的磨损露骨。在车辆运行过程中，路面上的泥土、砂、石子等在车轮荷载的反复作用下，使路面磨损最后露骨。

2）施工或原材料的质量差，使得混凝土表面水泥砂浆层不耐磨造成的磨损露骨。

三、砂石路面损坏

砂石路面的损坏可分为以下 6 种类型。

1. 路拱不适

路拱不适是指路面横坡过大或过小，或路面中线侧偏，或应设超高而无超高以及出现反超高，如图 2—1—3a 所示。路拱不适的程度根据经验确定，损坏按沿行车方向的长度计量，换算为损坏面积时用长度乘以 3.0 m 的影响宽度。

a) 路拱不适

b) 车辙

c) 坑槽

d) 露骨

图 2—1—3　砂石路面的损坏

2. 沉陷

是指路面表面的局部凹陷。损坏按面积计算。

3. 波浪搓板

波浪搓板是指波峰波谷高差大于 30 mm 的搓板状纵向连续起伏。损坏按面积计算。

4. 车辙

车辙是指轮迹处深度大于 30 mm 的纵向带状凹槽，如图 2—1—3b 所示。损坏按沿行车方向的长度计算，换算成损坏面积时用长度乘以 0. 4 m 的影响宽度。

5. 坑槽

坑槽是指路面上深度大于 30 mm、直径大于 0. 1 m 的坑洞，如图 2—1—3c 所示。损坏按坑槽外接矩形面积计量。

6. 露骨

露骨是指路面表面黏结料和细集料散失，主骨料外露，如图 2—1—3d 所示。损坏按面积计算。

四、路基损坏

路基损坏分为以下 8 类，见表 2—1—3。

表 2—1—3　　路基损坏的类型

损坏类型	分级	特征及分级指标	计量单位
路肩边沟不洁：是指路肩（含土路肩、硬路肩和紧急停车带）和边沟（含边坡）有杂物、油渍、垃圾及堆积物  垃圾	—	—	m
路肩损坏：是指路肩上出现的各种损坏。沥青路肩和水泥混凝土路肩的损坏分别参照沥青路面和水泥混凝土路面的损坏类型；土路肩的损坏参照砂石路面损坏类型中的沉陷、坑槽和露骨  路肩损坏	轻	沥青路肩和水泥混凝土路肩的轻度损坏分别包括沥青路面和水泥混凝土路面所有的轻、中度损坏，土路肩的损坏按轻度损坏处理	m^2
	重	沥青路肩和水泥混凝土路肩的重度损坏分别包括沥青路面和水泥混凝土路面所有的重度损坏	

续表

损坏类型	分级	特征及分级指标	计量单位
边坡坍塌：是指挖方路段（路堑）边坡坍塌 边坡坍塌 	轻	损坏长度≤5 m	处
	中	损坏长度5～10 m	
	重	损坏长度>10 m	
水毁冲沟：是指填方路段（路堤）边坡由于雨水冲刷形成的冲沟 水毁冲沟 	轻	冲刷深度≤0.2 m	处
	中	冲刷深度0.2～0.5 m	
	重	冲刷深度>0.5 m	
路基构造物损坏：包括挡墙等圬工体断裂、沉陷、倾斜、局部坍塌、松动和较大面积勾缝脱落  路基构造物损坏	轻	损坏长度≤5 m	处
	中	损坏长度5～10 m	
	重	损坏长度>10 m	

续表

损坏类型	分级	特征及分级指标	计量单位
路缘石缺损：是指路缘石丢失或损坏 	—	—	m
路基沉降：是指深度大于 30 mm 的沉降 	轻	长度 <5 m	处
	中	长度 5 ~ 10 m	
	重	长度 >10 m	
排水系统淤塞：是指各种排水设施发生淤积或堵塞 	轻	边沟、排水沟、截水沟等排水系统淤积	m
	重	边沟、排水沟和截水沟等排水系统全截面堵塞	处

由表 2—1—3 可知，在图 2—1—2 中，a 图是路缘石缺损，f 图是边坡坍塌。

五、桥隧构造物

桥隧构造物包括桥梁、隧道和涵洞三类。

1．桥梁技术等级

桥梁技术等级采用《公路桥梁技术状况评定标准》（JTG/T H21—2011）规定的等级评定方法，分为1类、2类、3类、4类和5类等五个级别。

2．隧道技术等级

隧道技术等级采用《公路隧道养护技术规范（附条文说明）》（JTG H12—2003）规定的等级评定方法，分为S类（无异常）、B类（有异常）和A类（有危险）等三个级别。

3．涵洞技术等级

涵洞技术等级采用《公路桥涵养护规范》（JTG H11—2004）规定的等级评定方法，分为好、较好、较差、差、危险等五个级别。

六、沿线设施损坏

沿线设施损坏分为5类，见表2—1—4。

表2—1—4　　沿线设施损坏的类型

损坏类型	分级	特征及分级指标	计量单位
防护设施缺损：是指防护设施（防护栏、防落网、声屏障、中央分隔带活动护栏和防眩板等）缺少、损坏或损坏修复后部件尺寸和安装质量达不到规范的技术要求  防护栏损坏 	轻	损坏长度≤4 m	处
防眩板损坏	重	损坏长度>4 m	

续表

损坏类型	分级	特征及分级指标	计量单位
隔离栅损坏：是指隔离栅损坏后修复不及时或修复质量达不到规范的技术要求 			处
标志缺损：是指各种交通标志（指示标志、警告标志、禁令标志、里程牌、轮廓标、百米标等）残缺、位置不当或尺寸不规范、颜色不鲜明、污染，可变信息板故障等  		轮廓标和百米标每3个损坏算1处，累计损坏不足3个按1处计算	处
标线缺损：是指标线（含凸起路标）缺少或损坏 			m

续表

损坏类型	分级	特征及分级指标	计量单位
绿化管护不善：是指树木、花草枯萎或缺树，虫害未及时防治，绿化带未及时修剪或有杂物，路段应绿化而未绿化			m

由表 2—1—4 可知，在工作任务的图 2—1—2 中，e 图是防护设施缺损。

工程应用

图 2—1—4 所示为安徽省某公路路边交通标志损坏实例。修整前，该交通标志下方的减速标志牌歪斜，与上方的交通标志牌不在一个平面上；修整后，两个标志牌在一个平面内，使交通标志一目了然。

修整前

修整后

图 2—1—4　交通标志缺损修整前后

思考与练习

一、填空题

1. 公路技术状况分为＿＿＿＿＿＿＿＿＿＿等级。

2. 轻度纵向裂缝的缝宽小于________。

3. 严重车辙的辙槽深度大于________。

4. 水泥混凝土路面板的接缝两边出现的高差大于________的损坏称为错台。

二、选择题

1. 公路技术状况指数用（　　）表示。

A. MQI　　B. SCI　　C. PCI　　D. PQI

2. 路面损坏状况指数用（　　）表示。

A. MQI　　B. SCI　　C. PCI　　D. PQI

3. 路基技术状况指数用（　　）表示。

A. BCI　　B. SCI　　C. PCI　　D. TCI

4. 路面行驶质量指数用（　　）表示。

A. RQI　　B. SRI　　C. PSSI　　D. RDI

5. 车轮通过频率较高的地方产生规则纵向带状凹槽，这种损坏称为（　　）。

A. 沉陷　　B. 波浪拥包　　C. 车辙　　D. 坑槽

6. 沥青路面出现细集料散失、路面粗麻的现象，这种损坏称为（　　）。

A. 龟裂　　B. 松散　　C. 车辙　　D. 坑槽

7. 中度龟裂，其（　　）。

A. 主要裂缝块度为0.5～1.0 m　　B. 大部分裂缝块度>1.0 m

C. 主要裂缝块度为0.2～0.5 m　　D. 部分裂缝块度<0.2 m

8. 混凝土板被多条裂缝分为3个以上板块的损坏称为（　　）。

A. 破碎板　　B. 块状裂缝　　C. 裂缝　　D. 板角断裂

三、判断题

1. 路面修补后又出现损坏，按修补统计损坏。（　　）

2. 水毁冲沟是指挖方路段（路堑）边坡由于雨水冲刷形成的冲沟。（　　）

3. 某处防护设施缺损长3 m，则该处防护设施缺损损坏程度为重。（　　）

4. 某路段标志缺损累计长8 m，评定时按10 m计算。（　　）

四、简答题

1. 简述龟裂的分级指标。

2. 如何计量纵向裂缝的损坏？

3. 沥青路面泛油损坏是如何产生的？

4. 简述水泥混凝土路面错台产生的主要原因。

五、实训题

实训项目：分组上路辨识公路损坏的类型，并用相机将各种类型的损坏拍摄下来制作成图册。

实训实施条件：

1. 交通量较少的有一定损坏的公路（最好是校园内道路）。

2. 穿戴反光工作服。

3. 3 m 直尺、卷尺、钢尺、塞尺、相机等。

4. 设置安全作业区所需的安全设施一套。

任务二　公路技术状况检测与调查

◆ 熟悉公路技术状况检测与调查的内容和方法。
◆ 能够划分调查单元。
◆ 能够进行路况调查。

某养管单位负责养管省道×××K8+000~K11+000，其中 K8+000~ K10+200 为沥青路面，K10+200~ K11+000 为水泥混凝土路面，该段省道为三级公路，无中央分隔带。请为该路段划分调查单元并确定所需调查内容。

张三与李四于 2011 年 3 月 30 日对该段省道××× K8+000 到 K9+000 进行了路面损坏调查，发现各类路面损坏情况见表 2—2—1，该路段有效路面宽度为 7.5 m。请正确选择调查表并将路面损坏情况填入该表。

表 2—2—1　　路面损坏情况表

路段	路面损坏情况
K8+000~K8+100	龟裂（轻）3 m^2、纵向裂缝（重）2 m、横向裂缝（轻）4 m、松散（重）3 m^2、沉陷（轻）1 m^2、车辙（重）2 m、修补 5 m^2
K8+100~K8+200	龟裂（重）1 m^2、块状裂缝（轻）3 m^2、横向裂缝（轻）2 m、松散（重）5 m^2、车辙（重）4 m、波浪拥包（轻）1 m^2、修补 8 m^2
K8+200~K8+300	块状裂缝（重）8 m^2、纵向裂缝（轻）1 m、坑槽（重）3 m^2、沉陷（轻）7 m^2、车辙（重）2 m、波浪拥包（轻）3 m^2、修补 4 m^2
K8+300~K8+400	纵向裂缝（重）4 m、松散（重）1 m^2、泛油 10 m^2
K8+400~K8+500	龟裂（中）4 m^2、横向裂缝（重）1 m、车辙（轻）7 m、泛油 15 m^2

续表

路段	路面损坏情况
K8 +500 ~ K8 +600	块状裂缝（轻）9 m^2、横向裂缝（重）3 m、松散（轻）2 m^2、车辙（轻）5 m、泛油 8 m^2
K8 +600 ~ K8 +700	龟裂（轻）2 m^2、沉陷（重）2 m^2、车辙（轻）4 m、
K8 +700 ~ K8 +800	纵向裂缝（轻）5 m、松散（轻）4 m^2、沉陷（重）2 m^2
K8 +800 ~ K8 +900	龟裂（重）2 m^2、坑槽（轻）1 m^2、波浪拥包（重）2 m^2
K8 +900 ~ K9 +000	纵向裂缝（轻）3 m、坑槽（轻）3 m^2、波浪拥包（重）4 m^2

一、公路检测与调查的内容及频率

公路技术状况检测与调查包括路面、路基、桥隧构造物和沿线设施四部分内容。其中，路面检测包括路面损坏、平整度、车辙、抗滑性能和结构强度，桥隧构造物调查包括桥梁、隧道和涵洞三类构造物。公路技术状况评定所需数据的最低检测与调查频率见表2—2—2。

表 2—2—2　　检测内容及最低检测与调查频率

<table>
<tr><th colspan="3">检测频率
检测内容</th><th>路面损坏
（PCI）</th><th>路面平整度
（RQI）</th><th>路面车辙
（RDI）</th><th>抗滑性能
（SRI）</th><th>结构强度
（PSSI）</th></tr>
<tr><td rowspan="5">路面 PQI</td><td rowspan="2">沥青</td><td>高速、
一级公路</td><td>1年1次</td><td>1年1次</td><td>1年1次</td><td>2年1次</td><td rowspan="5">抽样检测</td></tr>
<tr><td>二级、三级、
四级公路</td><td>1年1次</td><td>1年1次</td><td></td><td></td></tr>
<tr><td rowspan="2">水泥
混凝土</td><td>高速、
一级公路</td><td>1年1次</td><td>1年1次</td><td></td><td>2年1次</td></tr>
<tr><td>二级、三级、
四级公路</td><td>1年1次</td><td>1年1次</td><td></td><td></td></tr>
<tr><td colspan="2">砂石</td><td>1年1次</td><td></td><td></td><td></td></tr>
<tr><td colspan="3">路基 SCI</td><td colspan="5">1年1次</td></tr>
<tr><td colspan="3">桥隧构造物 BCI</td><td colspan="5">采用最新桥梁、隧道、涵洞技术状况评定结果</td></tr>
<tr><td colspan="3">沿线设施 TCI</td><td colspan="5">1年1次</td></tr>
</table>

路面结构强度（PSSI）为抽样检测指标，单独计算与评定。

二、检测与调查单元

公路技术状况检测与调查以1 000 m路段为基本检测或调查单元。在路面类型、交通量、路面宽度和养管单位变化处，评定单元不受此限制，但评定路段长度不应超过2 000 m。

公路技术状况数据按上行方向（桩号递增方向）和下行方向（桩号递减方向）分别检测。二级、三级、四级公路可不分上下行。

三、检测与调查方法

公路技术状况检测与调查方法见表2—2—3。

表2—2—3　　公路技术状况检测与调查方法

检测调查内容		调查方法	调查及汇总表	备注
路面检测	路面损坏状况检测	自动化快速检测	附录中的表A—1～表A—3、表A—7、表A—8	1. 应纵向连续检测，横向检测宽度不得小于车道宽度的70% 2. 检测设备能够分辨1 mm以上的路面裂缝，识别准确率应达到90%以上 3. 检测数据以10 m为单位长期保存
		人工检测调查		1. 分别按沥青路面、水泥混凝土路面、砂石路面的损坏类型实地调查 2. 调查范围包含所有行车道。紧急停车带按路肩处理 3. 检测数据以100 m为单位长期保存
	路面平整度检测	自动化快速检测		检测数据以20 m为单位长期保存
		3 m直尺人工检测		1. 三级、四级公路可采用3 m直尺人工检测 2. 检测结果按表2—2—4评定 3. 检测数据以100 m为单位长期保存

续表

检测调查内容		调查方法	调查及汇总表	备注
路面检测	路面车辙检测	自动化快速检测		1. 根据断面数据计算路面车辙深度（RD），计算结果以10 m为单位长期保存 2. 仅沥青路面的高速公路及一级公路，路面车辙列为独立的评价指标
	路面抗滑性能检测	自动化检测		检测数据（横向力系数）以20 m为单位长期保存
	路面结构强度检测	自动化检测		1. 路面结构强度为抽样检测指标 2. 检测结果换算成回弹弯沉值 3. 弯沉检测数据以20 m为单位长期保存 4. 采用贝克曼梁检测时，检测数量应不小于20点/（km·车道） 5. 抽样检测时，检测范围可控制在养护里程的20%以内
路基调查		人工检测调查	附录中的表A—4、表A—7、表A—8	按路基的损坏类型实地调查
桥隧构造物调查			附录中的表A—5、表A—7、表A—8	实地调查后分别按桥梁、隧道、涵洞规定的等级评定
沿线设施调查			附录中的表A—6～表A—8	按沿线设施的损坏类型实地调查

注：①路面有关指数宜采用自动化快速检测方法，条件不具备时方可人工检测。

②采用快速检测方法检测路面使用性能评定所需数据时，每个检测方向至少检测1个主要行车道。

③自动检测设备必须定期标定，每年至少标定1次。

表2—2—4　　路面平整度人工评定标准

技术等级	优	良	中	次	差
RQI	≥90	≥80，<90	≥70，<80	≥60，<70	<60
3 m直尺（mm）	≤10	>10，≤12	>12，≤15	>15，≤18	>18
颠簸程度	无颠簸，行车平稳	有轻微颠簸，行车尚平稳	有明显颠簸，行车不平稳	严重颠簸，行车很不平稳	非常颠簸，非常不平稳

对于沥青路面的高速公路及一级公路，路面车辙列为独立的评价指标。所以在对沥青路面的高速公路及一级公路进行路面损坏状况调查检测时，附录中表 A—1 的路面车辙损坏不再重复计算。

四、调查表的填写方式

1. 采集到的损坏数据，整数按常规填写，非整数保留至小数点后 1 位。
2. 计算结果保留小数点后 2 位。

一、划分调查单元

该路段为三级公路且无中央分隔带，所以可不分上下行进行调查和检测，同时由于该路段在 K10 +200 处路面类型发生变化，所以该路段可划分为以下三个调查单元：

1. K8 +000 ~ K9 +000
2. K9 +000 ~ K10 +200
3. K10 +200 ~ K11 +000

二、调查内容

该路段为三级公路，为沥青路面和水泥混凝土路面，据表 2—2—2 可知，需检测与调查路面、路基、桥隧构造物和沿线设施四部分内容，其中路面检测与调查包括路面损坏和路面平整度两方面。

三、路面损坏调查表

K8 +000 ~ K9 +000 路段为沥青路面，调查内容为路面损坏，所以应选择沥青路面损坏调查表。

按实际情况填写，见表 2—2—5。

表 2—2—5 **沥青路面损坏调查表**

路线名称：S×××	调查方向：双向	调查时间：2011 年 3 月 30 日 调查人员：张三、李四

调查内容	程度	权重 W_i	单位	起点桩号：K8+000　终点桩号：K9+000 路段长度：1 000 m　路面宽度：7.5 m										累计损坏
				1	2	3	4	5	6	7	8	9	10	
龟裂	轻	0.6	m^2	3						2				
	中	0.8						4						
	重	1.0			1							2		
块状裂缝	轻	0.6	m^2		3				9					
	重	0.8				8								
纵向裂缝	轻	0.6	m			1					5		3	
	重	1.0		2			4							
横向裂缝	轻	0.6	m	4	2									
	重	1.0						1	3					
坑槽	轻	0.8	m^2									1	3	
	重	1.0				3								
松散	轻	0.6	m^2						2		4			
	重	1.0		3	5		1							
沉陷	轻	0.6	m^2	1		7								
	重	1.0								2	2			
车辙	轻	0.6	m					7	5	4				
	重	1.0		2	4	2								
波浪拥包	轻	0.6	m^2		1	3								
	重	1.0										2	4	
泛油		0.2	m^2				10	15	8					
修补		0.1	m^2	5	8	4								

评定结果：	计算方法：
$DR=$ %	$PCI=100-a_0DR^{a_1}$
	$DR=100\times\frac{\sum_{i=1}^{i_0}w_iA_i}{A}$
$PCI=$	$a_0=15.00$
	$a_1=0.412$

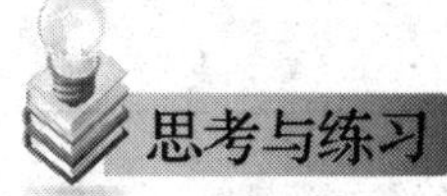

思考与练习

一、填空题

1. 公路技术状况检测与调查以__________m 为基本检测或调查单元。评定路段长度不应超过__________m。

2. 在进行公路技术状况数据检测时，________________公路可不分上下行。

3. 人工进行路面损坏状况检测时，调查范围应包含所有行车道，紧急停车带按__________处理。

二、选择题

1. 沥青路面的四级公路，路面使用性能检测调查内容应包含（　　）。

A. 路面损坏检测　　B. 路面平整度检测

C. 路面车辙检测　　D. 抗滑性能检测

2. 砂石路面的路面使用性检测调查内容应包含（　　）。

A. 路面损坏检测　　B. 路面平整度检测

C. 路面车辙检测　　D. 抗滑性能检测

3. 水泥混凝土路面的一级公路，路面使用性能检测调查内容应包含（　　）。

A. 路面损坏检测　　B. 路面平整度检测

C. 路面车辙检测　　D. 抗滑性能检测

三、判断题

1. 在划分调查单元时，不同类型的路面要划分为不同的调查单元。（　　）

2. 不管何种路面，什么公路等级，所有路面使用性能评价指数都要检测。（　　）

3. 公路上行方向是指桩号递增方向。（　　）

4. 在进行路面平整度检测时，二级公路可采用 3 m 直尺人工检测。（　　）

5. 采用快速检测方法检测路面使用性能评定所需数据时，每个检测方向至少检测 1 个主要行车道。（　　）

四、分析题

1. 某沥青路面的高速公路，在进行公路技术状况调查时，调查内容应包括哪些方面？

2. 某养管单位负责养管国道××× K201+000 ~ K206+000，其中 K201+000 ~ K203+300 为水泥混凝土路面，K203+300 ~ K206+000 为沥青路面，该段国道为一级公路，有中央分隔带。请为该路段划分调查单元并确定所需调查内容。

3. 某养管单位负责养管省道××× K110+560 ~ K118+000，其中 K110+560 ~ K115+000 的路面宽度为 7m，K115+000 ~ K118+000 的路面宽度为 6.5m，该路段为三级公路，无中央分隔带。请为该路段划分调查单元并确定所需调查内容。

五、实训题

实训项目：

1. 沥青路面路况调查。

2. 水泥混凝土路面路况调查。

实训实施条件：

1. 交通量较少的有一定损坏的公路。
2. 穿戴反光工作服。
3. 3 m 直尺、卷尺、钢尺、塞尺、相机等。
4. 设置安全作业区所需的安全设施一套。
5. 相关调查表格。

任务三　路面使用性能的评定

◆ 掌握 PQI、PCI、RQI、RDI、SRI 和 PSSI 的计算方法。

◆ 能够对路面的使用性能进行计算及评价。

张三与李四于2011年3月30日对省道××× K8+000到K9+000进行了路况调查，采集到的路面损坏数据见表2—2—5，该路段为三级公路，沥青路面，有效路面宽度为7.5 m。用3 m直尺测得的平整度值为12 mm。请分别评定该路段的路面损坏状况、路面行驶质量及路面使用性能。

一、路面使用性能（PQI）

路面使用性能评价包含路面损坏、平整度、车辙、抗滑性能和结构强度五项技术内容，其中，路面结构强度（PSSI）为抽样检测指标，单独计算与评定，评定范围根据路面大、中修养护需求和路基的地质条件等自行确定。各级各类路面的路面使用性能评价具体内容见表2—2—2。

二、路面使用性能的计算

路面使用性能指数（PQI）按式（2—3—1）计算。

$$PQI = w_{PCI}PCI + w_{RQI}RQI + w_{RDI}RDI + w_{SRI}SRI \tag{2—3—1}$$

式中 w_{PCI}——PCI 在 PQI 中的权重；

w_{RQI}——RQI 在 PQI 中的权重；

w_{RDI}——RDI 在 PQI 中的权重；

w_{SRI}——SRI 在 PQI 中的权重。

上述参数均按表 2—3—1 取值。

表 2—3—1　　PQI 分项指标权重

路面类型	公路等级	w_{PCI}	w_{RQI}	w_{RDI}	w_{SRI}
沥青路面	高速、一级公路	0. 35	0. 40	0. 15	0. 10
	二级、三级、四级公路	0. 60	0. 40	—	—
水泥混凝土路面	高速、一级公路	0. 50	0. 40	—	0. 10
	二级、三级、四级公路	0. 60	0. 40	—	—
砂石路面		1. 00	—	—	—

1. 路面损坏（PCI）

路面损坏用路面损坏状况指数（PCI）评价，按式（2—3—2）、式（2—3—3）计算。

$$PCI = 100 - a_0 DR^{a_1} \tag{2—3—2}$$

$$DR = 100 \times \frac{\sum_{i=1}^{i_0} w_i A_i}{A} \tag{2—3—3}$$

式中 DR——路面破损率（Pavement Distress Ratio），为各种损坏的折合损坏面积之和与路面调查面积的百分比；

A_i——第 i 类路面损坏的面积，m^2；

A——调查路面面积（调查长度与有效路面宽度之积），m^2；

w_i——第 i 类路面损坏的权重，沥青路面按表 2—3—2 取值，水泥混凝土路面按表 2—3—3 取值，砂石路面按表 2—3—4 取值；

a_0——沥青路面采用 15. 00，水泥混凝土路面采用 10. 66，砂石路面采用 10. 10；

a_1——沥青路面采用 0. 412，水泥混凝土路面采用 0. 461，砂石路面采用 0. 487；

i——考虑损坏程度（轻、中、重）的第 i 项路面损坏类型；

i_0——包含损坏程度（轻、中、重）的损坏类型总数，沥青路面采用 21，水泥混凝土路面采用 20，砂石路面采用 6。

在计算路面损坏面积 A_i 时，以米为单位的损坏要乘以影响宽度。

表 2—3—2　　沥青路面损坏类型和权重

类型（i）	损坏名称	损坏程度	权重（w_i）	计量单位
1	龟裂	轻	0.6	面积 m^2
2		中	0.8	
3		重	1.0	
4	块状裂缝	轻	0.6	面积 m^2
5		重	0.8	
6	纵向裂缝	轻	0.6	长度 m （影响宽度：0.2 m）
7		重	1.0	
8	横向裂缝	轻	0.6	长度 m （影响宽度：0.2m）
9		重	1.0	
10	坑槽	轻	0.8	面积 m^2
11		重	1.0	
12	松散	轻	0.6	面积 m^2
13		重	1.0	
14	沉陷	轻	0.6	面积 m^2
15		重	1.0	
16	车辙	轻	0.6	长度 m （影响宽度：0.4 m）
17		重	1.0	
18	波浪拥包	轻	0.6	面积 m^2
19		重	1.0	
20	泛油		0.2	面积 m^2
21	修补		0.1	面积 m^2

表 2—3—3　　水泥混凝土路面损坏类型和权重

类型（i）	损坏名称	损坏程度	权重（w_i）	计量单位
1	破碎板	轻	0.8	面积 m^2
2		重	1.0	
3	裂缝	轻	0.6	长度 m （影响宽度：1.0 m）
4		中	0.8	
5		重	1.0	

续表

类型（i）	损坏名称	损坏程度	权重（w_i）	计量单位
6	板角断裂	轻	0.6	面积 m^2
7		中	0.8	
8		重	1.0	
9	错台	轻	0.6	长度 m（影响宽度：1.0 m）
10		重	1.0	
11	唧泥		1.0	长度 m（影响宽度：1.0 m）
12	边角剥落	轻	0.6	长度 m（影响宽度：1.0 m）
13		中	0.8	
14		重	1.0	
15	接缝料损坏	轻	0.4	长度 m（影响宽度：1.0 m）
16		重	0.6	
17	坑洞		1.0	面积 m^2
18	拱起		1.0	面积 m^2
19	露骨		0.3	面积 m^2
20	修补		0.1	面积 m^2

表 2—3—4　　砂石路面损坏类型和权重

类型（i）	损坏名称	权重（w_i）	计量单位
1	路拱不适	0.1	长度 m（影响宽度：3.0 m）
2	沉陷	0.8	面积 m^2
3	波浪搓板	1.0	面积 m^2
4	车辙	1.0	长度 m（影响宽度：0.4 m）
5	坑槽	1.0	面积 m^2
6	露骨	0.8	面积 m^2

2. 路面行驶质量（RQI）

路面平整度用路面行驶质量指数（RQI）评价，按式（2—3—4）计算。

$$RQI = \frac{100}{1 + a_0 e^{a_1 IRI}} \quad (2—3—4)$$

式中 IRI——国际平整度指数（International Roughness Index），m/km；

a_0——高速、一级公路采用 0.026，其他等级公路采用 0.018 5；

a_1——高速、一级公路采用0.65，其他等级公路采用0.58。

当三级、四级公路路面平整度采用3 m直尺人工检测时，3 m直尺测量值可按式（2—3—5）换算为IRI值。

$$IRI = 0.3803X - 0.4537 \tag{2—3—5}$$

式中　X——3 m直尺测量值，mm。

3. 路面车辙（RDI）

路面车辙用路面车辙深度指数（RDI）评价，按式（2—3—6）计算。

$$RDI = \begin{cases} 100 - a_0 RD & (RD \leqslant RD_a) \\ 60 - a_1(RD - RD_a) & (RD_a < RD \leqslant RD_b) \\ 0 & (RD > RD_b) \end{cases} \tag{2—3—6}$$

式中：RD——车辙深度（Rutting Depth），mm；

RD_a——车辙深度参数，采用20 mm；

RD_b——车辙深度限值，采用35 mm；

a_0——模型参数，采用2.0；

a_1——模型参数，采用4.0。

4. 路面抗滑性能（SRI）

路面抗滑性能用路面抗滑性能指数（SRI）评价，按式（2—3—7）计算。

$$SRI = \frac{100 - SRI_{\min}}{1 + a_0 e^{a_1 SFC}} + SRI_{\min} \tag{2—3—7}$$

式中　SFC——横向力系数（Side－way Force Coefficient）；

$SRI_{\min}$——标定参数，采用35.0；

a_0——模型参数，采用28.6；

a_1——模型参数，采用－0.105。

5. 路面结构强度（PSSI）

路面结构强度用路面结构强度指数（PSSI）评价，按式（2—3—8）、式（2—3—9）计算。

$$PSSI = \frac{100}{1 + a_0 e^{a_1 SSI}} \tag{2—3—8}$$

$$SSI = \frac{l_d}{l_0} \tag{2—3—9}$$

式中　SSI——路面结构强度系数（Structure Strength Coefficient），为路面设计弯沉与实测代表弯沉之比；

l_d——路面设计弯沉，mm；

l_0——实测代表弯沉，mm；

a_0——模型参数，采用15.71；

a_1——模型参数，采用－5.19。

一、计算路面损坏状况指数（PCI）并评定

1. 计算累计损坏

累计损坏即将同类型损坏相加。

如：龟裂（轻）的累计损坏 =3 +2 =5；

龟裂（中）的累计损坏 =4。

同理，可算出其他各类损坏的累计损坏，见表 2—3—5。

2. 计算每类损坏的折合损坏面积

每类损坏的折合损坏面积 w_iA_i = 权重 × 损坏面积，查表 2—3—2 可知各类损坏的权重。

如：龟裂（轻）$w_1A_1 = 0.6 \times 5 = 3.00$；

龟裂（中）$w_2A_2 = 0.8 \times 4 = 3.20$；

龟裂（重）$w_3A_3 = 1.0 \times 3 = 3.00$；

块状裂缝（轻）$w_4A_4 = 0.6 \times 12 = 7.20$；

块状裂缝（重）$w_5A_5 = 0.8 \times 8 = 6.40$；

纵向裂缝（轻）$w_6A_6 = 0.6 \times 9 \times 0.2 = 1.08$（乘以 0.2 m 的影响宽度）；

纵向裂缝（重）$w_7A_7 = 1.0 \times 6 \times 0.2 = 1.20$（乘以 0.2 m 的影响宽度）；

横向裂缝（轻）$w_8A_8 = 0.6 \times 6 \times 0.2 = 0.72$（乘以 0.2 m 的影响宽度）；

横向裂缝（重）$w_9A_9 = 1.0 \times 4 \times 0.2 = 0.80$（乘以 0.2 m 的影响宽度）；

坑槽（轻）$w_{10}A_{10} = 0.8 \times 4 = 3.20$；

坑槽（重）$w_{11}A_{11} = 1.0 \times 3 = 3.00$；

松散（轻）$w_{12}A_{12} = 0.6 \times 6 = 3.60$；

松散（重）$w_{13}A_{13} = 1.0 \times 9 = 9.00$；

沉陷（轻）$w_{14}A_{14} = 0.6 \times 8 = 4.80$；

沉陷（重）$w_{15}A_{15} = 1.0 \times 4 = 4.00$；

车辙（轻）$w_{16}A_{16} = 0.6 \times 16 \times 0.4 = 3.84$（乘以 0.4 m 的影响宽度）；

车辙（重）$w_{17}A_{17} = 1.0 \times 8 \times 0.4 = 3.20$（乘以 0.4 m 的影响宽度）；

波浪拥包（轻）$w_{18}A_{18} = 0.6 \times 4 = 2.40$；

波浪拥包（重）$w_{19}A_{19} = 1.0 \times 6 = 6.00$；

泛油 $w_{20}A_{20} = 0.2 \times 33 = 6.60$；

修补 $w_{21}A_{21} = 0.1 \times 17 = 1.70$。

3. 计算路面破损率

据式（2—3—3），得

$$DR = 100 \times \frac{\sum_{i=1}^{i_0} w_i A_i}{A}$$
$$= 100 \times \frac{w_1 A_1 + w_2 A_2 + \cdots + w_{20} A_{20} + w_{21} A_{21}}{A}$$
$$= 100 \times \frac{3.00 + 3.20 + \cdots + 6.60 + 1.70}{1\ 000 \times 7.5}$$
$$= 100 \times \frac{77.94}{1\ 000 \times 7.5}$$
$$= 1.04\%$$

4. 计算路面损坏状况指数 PCI

据式（2—3—2），得

$$PCI = 100 - a_0 DR^{a_1}$$
$$= 100 - 15.00 \times 1.04^{0.412}$$
$$= 84.76$$

5. 评定

因该路段 $PCI = 84.76$，查表 2—0—1 可知该路段路面损坏状况评价等级为良。

二、计算路面行驶质量指数（RQI）并评定

1. 换算 IRI

据式（2—3—5），得

$$IRI = 0.380\ 3X - 0.453\ 7$$
$$= 0.380\ 3 \times 12 - 0.453\ 7$$
$$= 4.110$$

2. 计算路面行驶质量指数 RQI

据式（2—3—4），得

$$RQI = \frac{100}{1 + a_0 e^{a_1 IRI}}$$
$$= \frac{100}{1 + 0.018\ 5 e^{0.58 \times 4.110}}$$
$$= 83.29$$

3. 评定

因该路段 $RQI = 83.29$，查表 2—0—1 可知该路段路面行驶质量评价等级为良。

三、计算路面使用性能 PQI 并评定

此路段是三级公路，沥青路面，查表 2—3—1 可知 $w_{PCI} = 0.60$，$w_{RQI} = 0.40$。

据式（2—3—1），得

$$PQI = w_{PCI}PCI + w_{RQI}RQI + w_{RDI}RDI + w_{SRI}SRI$$
$$= 0.60 \times 84.76 + 0.40 \times 83.29 + 0 + 0$$
$$= 84.17$$

因该路段 $PQI = 84.17$，查表 2—0—1 可知该路段路面使用性能等级为良。

表 2—3—5　　　　沥青路面损坏调查表

路线名称：S×××	调查方向：双向			调查时间：2011 年 3 月 30 日 调查人员：张三、李四										
调查内容	程度	权重 w_i	单位	起点桩号：K8 +000　终点桩号：K9 +000 路段长度：1 000 m　路面宽度：7.5 m										累计损坏
				1	2	3	4	5	6	7	8	9	10	
龟裂	轻	0.6	m^2	3						2				5
	中	0.8						4						4
	重	1.0			1							2		3
块状裂缝	轻	0.6	m^2		3				9					12
	重	0.8				8								8
纵向裂缝	轻	0.6	m			1					5		3	9
	重	1.0		2			4							6
横向裂缝	轻	0.6	m	4	2									6
	重	1.0						1	3					4
坑槽	轻	0.8	m^2									1	3	4
	重	1.0				3								3
松散	轻	0.6	m^2						2		4			6
	重	1.0		3	5		1							9
沉陷	轻	0.6	m^2	1		7								8
	重	1.0								2	2			4
车辙	轻	0.6	m					7	5	4				16
	重	1.0		2	4	2								8
波浪拥包	轻	0.6	m^2		1	3								4
	重	1.0										2	4	6

续表

调查内容	程度	权重 w_i	单位	起点桩号：K8 +000 终点桩号：K9 +000 路段长度：1 000 m 路面宽度：7.5 m										累计损坏
				1	2	3	4	5	6	7	8	9	10	
泛油		0.2	m^2				10	15	8					33
修补		0.1	m^2	5	8	4								17

评定结果：	计算方法：
$DR=1.04\ \%$ $PCI=84.76$ 等级为良	$PCI=100-a_0 DR^{a_1}$ $DR=100\times\frac{\sum_{i=1}^{i_0} w_i A_i}{A}$ $a_0=15.00$ $a_1=0.412$

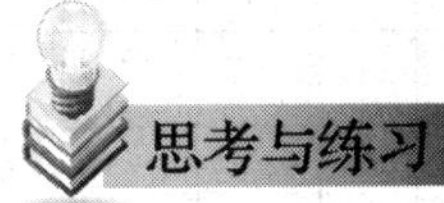

思考与练习

一、填空题

1. 沥青路面横向裂缝损坏按__________的影响宽度换算成损坏面积。

2. 沥青路面车辙损坏按__________的影响宽度换算成损坏面积。

3. 砂石路面路拱不适按__________的影响宽度换算成损坏面积。

二、选择题

1. 沥青路面的高速公路，路面使用性能检测包含的指标有（　　）。

A. PCI　　B. RQI　　C. RDI　　D. SRI

2. 水泥混凝土路面的四级公路，路面使用性能检测包含的指标有（　　）。

A. PCI　　B. RQI　　C. RDI　　D. SRI

3. 沥青路面的二级公路，路面使用性能检测包含的指标有（　　）。

A. PCI　　B. RQI　　C. RDI　　D. SRI

三、计算题

1. 陈明和黄三妹在2010年5月15日对省道×××K0+000到K0+200下行方向进行了路面损坏调查，采集到的路面损坏数据见表2—3—6，用快速检测车测得的国际平整度指数 *IRI* 为5.40，横向力系数 *SFC* 为38。该路段为一级公路，水泥混凝土路面，有效路面宽度为15 m。请完成该表并对该路段的路面损坏状况、路面行驶质量、路面抗滑性能及路面使用性能进行评定。

表 2—3—6　　　　水泥混凝土路面损坏调查表

路线名称：		调查方向：					调查时间：			调查人员：				
调查内容	程度	权重 w_i	单位	起点桩号： 路段长度：					终点桩号： 路面宽度：					累计损坏
				1	2	3	4	5	6	7	8	9	10	
破碎板	轻	0.8	m^2	38										
	重	1.0												
裂缝	轻	0.6	m	15										
	中	0.8			30									
	重	1.0		8										
板角断裂	轻	0.6	m^2	21										
	中	0.8			18									
	重	1.0		10										
错台	轻	0.6	m	15										
	重	1.0			5									
唧泥		1.0	m	5	10									
边角剥落	轻	0.6	m	8										
	中	0.8		4	12									
	重	1.0												
接缝料损坏	轻	0.4	m	25	30									
	重	0.6		17										
坑洞		1.0	m^2	8										
拱起		1.0	m^2		5									
露骨		0.3	m^2	23										
修补		0.1	m^2	15	13									

评定结果：

$DR =\quad\%$

$PCI =$

计算方法：

$$PCI = 100 - a_0 DR^{a_1}$$

$$DR = 100 \times \frac{\sum_{i=1}^{i_0} w_i A_i}{A}$$

$a_0 = 10.66$

$a_1 = 0.461$

2. 陈明和黄三妹在2010年5月15日对县道×××K5+000到K6+000进行了路面损坏调查，采集到的路面损坏数据见表2—3—7。该路段为四级公路，砂石路面，有效路面宽度为7.5 m。请完成该表并对该路段的路面使用性能进行评定。

表2—3—7　　砂石路面损坏调查表

路线名称：	调查时间：		调查人员：										
调查内容	权重 w_i	单位	起点桩号：K5+000 路段长度：1 000 m					终点桩号：K6+000 路面宽度：7.5 m					累计损坏
			1	2	3	4	5	6	7	8	9	10	
路拱不适	0.1	m	5	4		2			3	2		4	
沉陷	0.8	m^2	7	5	6		8	3			1	3	
波浪搓板	1.0	m^2	3		3	4		1	7		5		
车辙	1.0	m	2	6	3		4				4	2	
坑槽	1.0	m^2	4	8		8		5	3				
露骨	0.8	m^2	8		4	2		3		7	4	8	

评定结果：

$DR=$　　　%

$PCI=$

计算方法：

$$PCI=100-a_0DR^{a_1}$$

$$DR=100\times\frac{\sum_{i=1}^{i_0}w_iA_i}{A}$$

$$a_0=10.10$$

$$a_1=0.487$$

3. 某四级公路K5+000到K6+000路段用3 m直尺检测到的平整度检测值为16 mm，请评定该路段的抗滑性能。

4. 某沥青路面的一级公路K5+000到K6+000路段，检测到的$PCI=91$，$IRI=3.0$，$RD=13$，$SFC=50$，请对路面使用性能（PQI）进行评定。

四、实训题

实训项目：

1. 沥青路面的路面损坏状况评定。

2. 水泥混凝土路面的路面损坏状况评定。

实训实施条件：

1. 完成模块二任务二的实训项目，获得某公路路面损坏的调查数据。

2. 计算器。

任务四　路基技术状况的评定

- 掌握路基技术状况指数（SCI）的计算方法。
- 能够对路基技术状况进行计算及评价。

张三与李四于2011年3月30日对省道×××K8+000到K9+000上行方向进行了路况调查，采集了路基损坏数据，见表2—4—1。该路段路面宽度为15 m。请完成该表，并对该路段的路基技术状况进行评定。

表2—4—1　　　　路基损坏调查表

路线名称：	调查方向：				调查时间： 调查人员：										
调查内容	程度	单位扣分	权重 w_i	单位	起点桩号：　终点桩号： 路段长度：　路面宽度：										累计损坏
					1	2	3	4	5	6	7	8	9	10	
路肩边沟不洁		0.5	0.05	m		4		4		6		6		10	
路肩损坏	轻	1	0.10	m^2	2		4		4	2		10	10		
	重	2				5		5		10	10				
边坡坍塌	轻	20	0.25	处		1									
	中	30													
	重	50							1						
水毁冲沟	轻	20	0.25	处									1		
	中	30					1								
	重	50													

续表

调查内容	程度	单位扣分	权重 w_i	单位	起点桩号：　　终点桩号： 路段长度：　　路面宽度：										累计损坏
					1	2	3	4	5	6	7	8	9	10	
路基构造物损坏	轻	20	0.10	处		1									
	中	30						1							
	重	50													
路缘石缺损		4	0.05	m										20	
路基沉降	轻	20	0.10	处								1			
	中	30			1										
	重	50													
排水系统淤塞	轻	1	0.10	m		10						10			
	重	20		处					1						
评定结果： $SCI=$					计算方法： $SCI=\sum_{i=1}^{8}w_i(100-GD_{iSCI})$										

相关理论

路基技术状况用路基技术状况指数（SCI）评价，按式（2—4—1）计算。

$$SCI=\sum_{i=1}^{8}w_i(100-GD_{iSCI}) \tag{2—4—1}$$

式中 GD_{iSCI}——第 i 类路基损坏的总扣分（Global Deduction），最高分值为 100 分，按表 2—4—2 的规定计算；

w_i——第 i 类路基损坏的权重，按表 2—4—2 取值；

i——路基损坏类型。

表 2—4—2　　路基损坏扣分标准

类型（i）	损坏名称	损坏程度	计量单位	单位扣分	权重（w_i）	备注
1	路肩边沟不洁		m	0.5	0.05	
2	路肩损坏	轻	m^2	1	0.10	累计面积不足 1 m^2 按 1 m^2 计
		重		2		

续表

类型（i）	损坏名称	损坏程度	计量单位	单位扣分	权重（w_i）	备注
3	边坡坍塌	轻	处	20	0.25	
		中		30		
		重		50		
4	水毁冲沟	轻	处	20	0.25	
		中		30		
		重		50		
5	路基构造物损坏	轻	处	20	0.10	
		中		30		
		重		50		
6	路缘石缺损		m	4	0.05	
7	路基沉降	轻	处	20	0.10	
		中		30		
		重		50		
8	排水系统淤塞	轻	m	1	0.10	累计长度不足1 m按1 m计
		重	处	20		

对非整千米的路段，为了使评定结果具有可比性，应将SCI的评价结果换算成整千米值。换算方法是先将扣分换算（扣分×1 000/实际检测路段长度），然后再计算SCI。

一、填写表头

按实际情况填写表头，见表2—4—3。

二、计算累计损坏

累计损坏即将同类型损坏相加。

如：路肩边沟不洁的累计损坏 $=4+4+6+6+10=30$；

轻度的路肩损坏的累计损坏 $=2+4+4+2+10+10=32$。

同理，可算出其他各类损坏的累计损坏，见表2—4—3。

三、计算每类损坏的总扣分 GD_{iSCI}

每类损坏的总扣分 $GD_{iSCI}=\Sigma$（单位扣分×累计损坏），查表2—4—2可知各类损坏的单位扣分值。

如：路肩边沟不洁 $GD_{iSCI}=0.5\times30=15$；

路肩损坏 $GD_{2SCI}=1\times32+2\times30=92$；

边坡坍塌 $GD_{3SCI}=20\times1+30\times0+50\times1=70$；

水毁冲沟 $GD_{4SCI}=20\times1+30\times1+50\times0=50$；

路基构造物损坏 $GD_{5SCI}=20\times1+30\times1+50\times0=50$；

路缘石缺损 $GD_{6SCI}=4\times20=80$；

路基沉降 $GD_{7SCI}=20\times1+30\times1+50\times0=50$；

排水系统淤塞 $GD_{8SCI}=1\times20+20\times1=40$。

四、计算路基技术状况指数 SCI

查表2—4—2可知每类路基损坏的权重。

据公式（2—4—1），得

$$
\begin{aligned}
SCI &= \sum_{i=1}^{8} w_i(100-GD_{iSCI}) \\
&= w_1(100-GD_{1SCI})+w_2(100-GD_{2SCI})+w_3(100-GD_{3SCI})+w_4(100-GD_{4SCI})+ \\
&\quad w_5(100-GD_{5SCI})+w_6(100-GD_{6SCI})+w_7(100-GD_{7SCI})+w_8(100-GD_{8SCI}) \\
&= 0.05\times(100-15)+0.10\times(100-92)+0.25\times(100-70)+0.25\times(100-50)+ \\
&\quad 0.10\times(100-50)+0.05\times(100-80)+0.10\times(100-50)+0.10\times(100-40) \\
&= 42.05
\end{aligned}
$$

五、评定

因该路段 $SCI=42.05<60$，查表2—0—1可知该路段路基技术状况等级为差。

表 2—4—3　　　　**路基损坏调查表**

路线名称：S×××	调查方向：上行				调查时间：2011 年 3 月 30 日 调查人员：张三、李四										
调查内容	程度	单位扣分	权重 w_i	单位	起点桩号：K8 +000　终点桩号：K9 +000 路段长度：1 000 m　路面宽度：15 m										累计损坏
					1	2	3	4	5	6	7	8	9	10	
路肩边沟不洁		0.5	0.05	m		4		4		6		6		10	30
路肩损坏	轻	1	0.10	m^2	2		4		4	2		10	10		32
	重	2				5		5		10	10				30
边坡坍塌	轻	20	0.25	处		1									1
	中	30													0
	重	50							1						1
水毁冲沟	轻	20	0.25	处									1		1
	中	30					1								1
	重	50													0
路基构造物损坏	轻	20	0.10	处		1									1
	中	30						1							1
	重	50													0
路缘石缺损		4	0.05	m										20	20
路基沉降	轻	20	0.10	处								1			1
	中	30			1										1
	重	50													0
排水系统淤塞	轻	1	0.10	m		10						10			20
	重	20		处					1						1
评定结果： $SCI = 42.05$ 等级为差					计算方法： $SCI = \sum_{i=1}^{8} w_i \ (100 - GD_{iSCI})$										

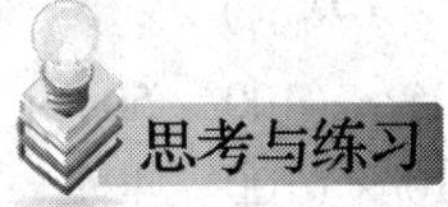

一、计算题

1. 陈明和黄三妹在 2010 年 5 月 15 日对省道××× K12 +000 到 K13 +000 下行方向进行了路况调查，采集了路基损坏数据，见表 2—4—4。该路段路面宽度为 15 m。请完成该表并对该路段的路基技术状况进行评价。

表 2—4—4　　　　路基损坏调查表

调查内容	程度	单位扣分	权重 w_i	单位	1	2	3	4	5	6	7	8	9	10	累计损坏
路线名称：	调查方向：				调查时间： 调查人员：										
					起点桩号：　终点桩号： 路段长度：　路面宽度：										
路肩边沟不洁		0.5	0.05	m	20					20					
路肩损坏	轻	1	0.10	m^2			4		7			5			
	重	2				2							3		
边坡坍塌	轻	20	0.25	处											
	中	30													
	重	50													
水毁冲沟	轻	20	0.25	处								1			
	中	30													
	重	50							1						
路基构造物损坏	轻	20	0.10	处											
	中	30													
	重	50													
路缘石缺损		4	0.05	m			1				3		2		
路基沉降	轻	20	0.10	处											
	中	30													
	重	50													
排水系统淤塞	轻	1	0.10	m											
	重	20		处				1							
评定结果： $SCI=$					计算方法： $SCI=\sum_{i=1}^{8} w_i\ (100-GD_{iSCI})$										

2. 刘明和王怡在 2010 年 6 月 15 日对省道 ××× K5 +000 到 K5 +500 上行方向进行了路况调查，采集了路基损坏数据，见表 2—4—5。该路段路面宽度为 15 m。请完成该表并对该路段的路基技术状况进行评价。

表 2—4—5　　路基损坏调查表

<table>
<tr><td colspan="1">路线名称：</td><td colspan="4">调查方向：</td><td colspan="11">调查时间：
调查人员：</td></tr>
<tr><td rowspan="2">调查内容</td><td rowspan="2">程度</td><td rowspan="2">单位扣分</td><td rowspan="2">权重 w_i</td><td rowspan="2">单位</td><td colspan="10">起点桩号：　　终点桩号：
路段长度：　　路面宽度：</td><td rowspan="2">累计损坏</td></tr>
<tr><td>1</td><td>2</td><td>3</td><td>4</td><td>5</td><td>6</td><td>7</td><td>8</td><td>9</td><td>10</td></tr>
<tr><td>路肩边沟不洁</td><td></td><td>0.5</td><td>0.05</td><td>m</td><td>20</td><td></td><td></td><td>10</td><td></td><td></td><td></td><td></td><td></td><td></td><td></td></tr>
<tr><td rowspan="2">路肩损坏</td><td>轻</td><td>1</td><td rowspan="2">0.10</td><td rowspan="2">m^2</td><td></td><td></td><td>4</td><td></td><td>2</td><td></td><td></td><td></td><td></td><td></td><td></td></tr>
<tr><td>重</td><td>2</td><td></td><td>2</td><td></td><td></td><td></td><td></td><td></td><td></td><td></td><td></td><td></td></tr>
<tr><td rowspan="3">边坡坍塌</td><td>轻</td><td>20</td><td rowspan="3">0.25</td><td rowspan="3">处</td><td>2</td><td></td><td></td><td></td><td></td><td></td><td></td><td></td><td></td><td></td><td></td></tr>
<tr><td>中</td><td>30</td><td></td><td>3</td><td></td><td></td><td></td><td></td><td></td><td></td><td></td><td></td><td></td></tr>
<tr><td>重</td><td>50</td><td></td><td></td><td></td><td></td><td></td><td></td><td></td><td></td><td></td><td></td><td></td></tr>
<tr><td rowspan="3">水毁冲沟</td><td>轻</td><td>20</td><td rowspan="3">0.25</td><td rowspan="3">处</td><td></td><td></td><td></td><td></td><td>1</td><td></td><td></td><td></td><td></td><td></td><td></td></tr>
<tr><td>中</td><td>30</td><td></td><td></td><td>1</td><td></td><td></td><td></td><td></td><td></td><td></td><td></td><td></td></tr>
<tr><td>重</td><td>50</td><td></td><td></td><td></td><td></td><td></td><td></td><td></td><td></td><td></td><td></td><td></td></tr>
<tr><td rowspan="3">路基构造物损坏</td><td>轻</td><td>20</td><td rowspan="3">0.10</td><td rowspan="3">处</td><td></td><td></td><td></td><td></td><td></td><td></td><td></td><td></td><td></td><td></td><td></td></tr>
<tr><td>中</td><td>30</td><td></td><td></td><td></td><td></td><td></td><td></td><td></td><td></td><td></td><td></td><td></td></tr>
<tr><td>重</td><td>50</td><td></td><td></td><td></td><td></td><td></td><td></td><td></td><td></td><td></td><td></td><td></td></tr>
<tr><td>路缘石缺损</td><td></td><td>4</td><td>0.05</td><td>m</td><td></td><td></td><td>1</td><td></td><td>2</td><td></td><td></td><td></td><td></td><td></td><td></td></tr>
<tr><td rowspan="3">路基沉降</td><td>轻</td><td>20</td><td rowspan="3">0.10</td><td rowspan="3">处</td><td></td><td></td><td></td><td></td><td></td><td></td><td></td><td></td><td></td><td></td><td></td></tr>
<tr><td>中</td><td>30</td><td></td><td></td><td></td><td></td><td></td><td></td><td></td><td></td><td></td><td></td><td></td></tr>
<tr><td>重</td><td>50</td><td></td><td></td><td></td><td></td><td></td><td></td><td></td><td></td><td></td><td></td><td></td></tr>
<tr><td rowspan="2">排水系统淤塞</td><td>轻</td><td>1</td><td rowspan="2">0.10</td><td>m</td><td></td><td></td><td></td><td>1</td><td></td><td></td><td></td><td></td><td></td><td></td><td></td></tr>
<tr><td>重</td><td>20</td><td>处</td><td></td><td></td><td></td><td></td><td></td><td></td><td></td><td></td><td></td><td></td><td></td></tr>
<tr><td colspan="5">评定结果：
$SCI=$</td><td colspan="11">计算方法：
$SCI=\sum_{i=1}^{8} w_i(100-GD_{iSCI})$</td></tr>
</table>

二、实训题

实训项目：路基技术状况的评定。

实训实施条件：

1. 完成模块二任务二的实训项目，获得某公路路基损坏的调查数据。

2. 计算器。

任务五　桥隧构造物技术状况的评定

◆ 掌握桥隧构造物技术状况指数（BCI）的计算方法。

◆ 能够对桥隧构造物技术状况进行计算及评价。

张工与黄工于2011年3月30日对国道×××K10+000到K10+800上行方向的桥隧构造物损坏情况进行了调查，采集到的数据见表2—5—1。该路段路面宽度为15 m。请完成该表并对该路段的桥隧构造物技术状况进行评定。

表2—5—1　　桥隧构造物损坏调查表

路线名称：	调查方向：			调查时间： 调查人员：										
项目	技术状况	单位扣分	计算单位	起点桩号：　终点桩号： 路段长度：　路面宽度：										累计损坏
				1	2	3	4	5	6	7	8	9	10	
桥梁	1类、2类	0	座		1				1		1			
	3类	40				1								
	4类	70												
	5类	100												
隧道	S：无异常	0	座				1							
	B：有异常	50												
	A：有危险	100												
涵洞	好、较好	0	道	1	1			2	1	1				
	较差	40												
	差	70		1										
	危险	100												
评定结果： $BCI=$				计算方法： $BCI=\min(100-GD_{iBCI})$										

桥梁、隧道和涵洞技术状况用桥隧构造物技术状况指数（BCI）评价，按式（2—5—1）计算。

$$BCI = \min(100 - GD_{iBCI}) \tag{2—5—1}$$

式中 GD_{iBCI}——第 i 类构造物损坏的总扣分，最高分值为 100 分，按表 2—5—2 的规定计算；

i ——构造物类型（桥梁、隧道或涵洞）。

表 2—5—2 桥隧构造物扣分标准

类型（i）	项目	技术状况评定等级	计量单位	单位扣分	备注
1	桥梁	1 类、2 类	座	0	采用《公路桥梁技术状况评定标准》（JTG/T H21—2011）的评定方法，5 类桥梁所属路段的 $MQI=0$
		3 类		40	
		4 类		70	
		5 类		100	
2	隧道	S：无异常	座	0	采用《公路隧道养护技术规范（附条文说明）》（JTG H12—2003）的评定方法，危险隧道所属路段的 $MQI=0$
		B：有异常		50	
		A：有危险		100	
3	涵洞	好、较好	道	0	采用《公路桥涵养护规范》（JTG H11—2004）的评定方法，危险涵洞所属路段 $MQI=0$
		较差		40	
		差		70	
		危险		100	

对非整千米的路段，为了使评定结果具有可比性，应将 BCI 的评价结果换算成整千米值。换算方法是先将扣分换算（扣分 ×1 000/实际检测路段长度），然后再计算 BCI。

一、填写表头

按实际情况填写表头，见表 2—5—3。

二、计算累计损坏

累计损坏即将同类型损坏相加。

如：1 类、2 类桥梁的累计损坏 =1 +1 +1 =3；

3 类桥梁的累计损坏 =1。

同理，可算出其他各类损坏的累计损坏，见表 2—5—3。

表 2—5—3　　桥隧构造物损坏调查表

<table>
<tr><td>路线名称：G×××</td><td colspan="3">调查方向：上行</td><td colspan="11">调查时间：2011 年 3 月 30 日
调查人员：张工、黄工</td></tr>
<tr><td rowspan="2">项目</td><td rowspan="2">技术状况</td><td rowspan="2">单位扣分</td><td rowspan="2">计算单位</td><td colspan="10">起点桩号：K10 +000　终点桩号：K10 +800
路段长度：800m　路面宽度：15 m</td><td rowspan="2">累计损坏</td></tr>
<tr><td>1</td><td>2</td><td>3</td><td>4</td><td>5</td><td>6</td><td>7</td><td>8</td><td>9</td><td>10</td></tr>
<tr><td rowspan="4">桥梁</td><td>1 类、2 类</td><td>0</td><td rowspan="4">座</td><td></td><td>1</td><td></td><td></td><td></td><td>1</td><td></td><td>1</td><td></td><td></td><td>3</td></tr>
<tr><td>3 类</td><td>40</td><td></td><td></td><td>1</td><td></td><td></td><td></td><td></td><td></td><td></td><td></td><td>1</td></tr>
<tr><td>4 类</td><td>70</td><td></td><td></td><td></td><td></td><td></td><td></td><td></td><td></td><td></td><td></td><td></td></tr>
<tr><td>5 类</td><td>100</td><td></td><td></td><td></td><td></td><td></td><td></td><td></td><td></td><td></td><td></td><td></td></tr>
<tr><td rowspan="3">隧道</td><td>S：无异常</td><td>0</td><td rowspan="3">座</td><td></td><td></td><td></td><td>1</td><td></td><td></td><td></td><td></td><td></td><td></td><td>1</td></tr>
<tr><td>B：有异常</td><td>50</td><td></td><td></td><td></td><td></td><td></td><td></td><td></td><td></td><td></td><td></td><td></td></tr>
<tr><td>A：有危险</td><td>100</td><td></td><td></td><td></td><td></td><td></td><td></td><td></td><td></td><td></td><td></td><td></td></tr>
<tr><td rowspan="4">涵洞</td><td>好、较好</td><td>0</td><td rowspan="4">道</td><td>1</td><td>1</td><td></td><td></td><td>2</td><td>1</td><td>1</td><td></td><td></td><td></td><td>6</td></tr>
<tr><td>较差</td><td>40</td><td></td><td></td><td></td><td></td><td></td><td></td><td></td><td></td><td></td><td></td><td></td></tr>
<tr><td>差</td><td>70</td><td>1</td><td></td><td></td><td></td><td></td><td></td><td></td><td></td><td></td><td></td><td>1</td></tr>
<tr><td>危险</td><td>100</td><td></td><td></td><td></td><td></td><td></td><td></td><td></td><td></td><td></td><td></td><td></td></tr>
<tr><td colspan="4">评定结果：
$BCI=12.5$
等级为差</td><td colspan="11">计算方法：
$BCI=\min(100-GD_{iBCI})$</td></tr>
</table>

三、计算每类损坏的总扣分 GD_{iBCI}

因为该路段为非整千米路段，需进行整千米换算。

每类损坏的总扣分 $GD_{iBCI}=\Sigma$（单位扣分×累计损坏）$\times\frac{1\,000}{800}$，查表 2—5—2 可知各类损坏的单位扣分值。

如：桥梁 $GD_{1BCI}=(0\times3+40\times1)\times\frac{1\,000}{800}=50$；

隧道 $GD_{2BCI}=0\times1\times\frac{1\ 000}{800}=0$；

涵洞 $GD_{3BCI}=(0\times6+70\times1)\times\frac{1\ 000}{800}=87.5$。

四、计算桥隧构造物技术状况指数 BCI

据式（2—5—1），得

$$\begin{aligned}BCI&=\min(100-GD_{iBCI})\\&=\min(100-50,100-0,100-87.5)\\&=\min(50,100,12.5)\\&=12.5\end{aligned}$$

五、评定

因该路段 $BCI=12.5<60$，查表 2—0—1 可知该路段桥隧构造物技术状况等级为差。

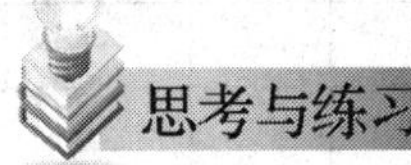

1. 陈明和张三在 2010 年 5 月 15 日对省道××× K10+000 到 K11+000 下行方向的桥隧构造物损坏情况进行了调查，采集到的数据见表 2—5—4。该路段路面宽度为 15 m。请完成该表并对该路段的桥隧构造物技术状况进行评定。

表 2—5—4　　桥隧构造物损坏调查表

路线名称：	调查方向：			调查时间： 调查人员：										
项目	技术状况	单位扣分	计算单位	起点桩号：　终点桩号： 路段长度：　路面宽度：										累计损坏
				1	2	3	4	5	6	7	8	9	10	
桥梁	1 类、2 类	0	座			1			1		1			
	3 类	40					1							
	4 类	70												
	5 类	100												
隧道	S：无异常	0	座											
	B：有异常	50												
	A：有危险	100												

续表

项目	技术状况	单位扣分	计算单位	起点桩号：　终点桩号： 路段长度：　路面宽度：										累计损坏
				1	2	3	4	5	6	7	8	9	10	
涵洞	好、较好	0	道	1	1	1		1		1		1	2	
	较差	40												
	差	70												
	危险	100												
评定结果： $BCI=$				计算方法： $BCI=\min(100-GD_{iBCI})$										

2. 王怡和张三在2010年7月15日对省道××× K11+000到K11+500下行方向的桥隧构造物损坏情况进行了调查，采集到的数据见表2—5—5。该路段路面宽度为15 m。请完成该表并对该路段的桥隧构造物技术状况进行评定。

表2—5—5　　桥隧构造物损坏调查表

路线名称：	调查方向：			调查时间： 调查人员：										
项目	技术状况	单位扣分	计算单位	起点桩号：　终点桩号： 路段长度：　路面宽度：										累计损坏
				1	2	3	4	5	6	7	8	9	10	
桥梁	1类、2类	0	座			1								
	3类	40					1							
	4类	70												
	5类	100												
隧道	S：无异常	0	座											
	B：有异常	50												
	A：有危险	100												
涵洞	好、较好	0	道	1	1	2		1						
	较差	40												
	差	70												
	危险	100												
评定结果： $BCI=$				计算方法： $BCI=\min(100-GD_{iBCI})$										

任务六　沿线设施技术状况的评定

- 掌握沿线设施技术状况指数（TCI）的计算方法。
- 能够对沿线设施技术状况进行计算及评价。

张三与李四于2011年3月30日对省道×××K8+000到K9+000进行了路况调查，采集了沿线设施损坏数据，见表2—6—1。该路段为三级公路，沥青路面，有效路面宽度为7.5 m。请完成该表并对该路段的沿线设施技术状况进行评定。

表2—6—1　　沿线设施损坏调查表

<table>
<tr><td>路线名称：</td><td colspan="4">调查方向：</td><td colspan="11">调查时间：
调查人员：</td></tr>
<tr><td rowspan="2">调查内容</td><td rowspan="2">程度</td><td rowspan="2">单位扣分</td><td rowspan="2">权重 w_i</td><td rowspan="2">计量单位</td><td colspan="10">起点桩号：　　终点桩号：
路段长度：　　路面宽度：</td><td rowspan="2">累计损坏</td></tr>
<tr><td>1</td><td>2</td><td>3</td><td>4</td><td>5</td><td>6</td><td>7</td><td>8</td><td>9</td><td>10</td></tr>
<tr><td rowspan="2">防护设施缺损</td><td>轻</td><td>10</td><td rowspan="2">0.25</td><td rowspan="2">处</td><td></td><td></td><td>2</td><td></td><td></td><td></td><td></td><td>1</td><td></td><td></td><td></td></tr>
<tr><td>重</td><td>30</td><td></td><td></td><td></td><td></td><td></td><td></td><td></td><td></td><td></td><td></td><td></td></tr>
<tr><td>隔离栅损坏</td><td></td><td>20</td><td>0.10</td><td>处</td><td></td><td></td><td></td><td></td><td></td><td></td><td></td><td></td><td></td><td></td><td></td></tr>
<tr><td>标志缺损</td><td></td><td>20</td><td>0.25</td><td>处</td><td></td><td>1</td><td></td><td></td><td></td><td></td><td></td><td></td><td></td><td></td><td></td></tr>
<tr><td>标线缺损</td><td></td><td>0.1</td><td>0.20</td><td>m</td><td></td><td></td><td>30</td><td></td><td></td><td></td><td></td><td></td><td>40</td><td></td><td></td></tr>
<tr><td>绿化管护不善</td><td></td><td>0.1</td><td>0.20</td><td>m</td><td></td><td>60</td><td></td><td></td><td>80</td><td></td><td></td><td></td><td></td><td></td><td></td></tr>
<tr><td colspan="5">评定结果：
$TCI =$</td><td colspan="11">计算方法：
$TCI = \sum_{i=1}^{5} w_i(100 - GD_{iTCI})$</td></tr>
</table>

沿线设施技术状况用沿线设施技术状况指数（TCI）评价，按式（2—6—1）计算。

$$TCI = \sum_{i=1}^{5} w_i (100 - GD_{iTCI}) \qquad (2—6—1)$$

式中 GD_{iTCI}——第 i 类设施损坏的总扣分，最高分值为 100 分，按表 2—6—2 的规定计算；

w_i——第 i 类设施损坏的权重，按表 2—6—2 取值；

i——设施损坏类型。

表 2—6—2　　沿线设施扣分标准

类型（i）	损坏名称	损坏程度	计量单位	单位扣分	权重（w_i）	备注
1	防护设施缺损	轻	处	10	0.25	
		重		30		
2	隔离栅损坏		处	20	0.10	
3	标志缺损		处	20	0.25	
4	标线缺损		m	0.1	0.20	每 10 m 扣 1 分，不足 10 m 以 10 m 计，评定时不考虑车道数量的影响
5	绿化管护不善		m	0.1	0.20	

对非整千米的路段，为了使评定结果具有可比性，应将 *TCI* 的评价结果换算成整千米值。换算方法是先将扣分换算（扣分 ×1 000/实际检测路段长度），然后再计算 *TCI*。

一、填写表头

按实际情况填写表头，见表 2—6—3。

二、计算累计损坏

累计损坏即将同类型损坏相加。

如：防护设施缺损（轻）的累计损坏 =2 +1 =3；

防护设施缺损（重）的累计损坏 =0；

标志缺损的累计损坏 =1。

同理，可算出其他各类损坏的累计损坏，见表 2—6—3。

三、计算每类损坏的总扣分 GD_{iTCI}

每类损坏的总扣分 $GD_{iTCI}=\Sigma$（单位扣分×累计损坏），查表 2—6—2 可知各类损坏的单位扣分值。

如：防护设施缺损 $GD_{1TCI}=(10\times3+30\times0)=30$；

隔离栅损坏 $GD_{2TCI}=20\times0=0$；

标志缺损 $GD_{3TCI}=20\times1=20$；

标线缺损 $GD_{4TCI}=0.1\times70=7$；

绿化管护不善 $GD_{5TCI}=0.1\times140=14$。

四、计算沿线设施技术状况指数 TCI

查表 2—6—2 可知每类设施损坏的权重。

据式（2—6—1），得

$$
\begin{aligned}
TCI &= \sum_{i=1}^{5} w_i(100-GD_{iTCI}) \\
&= w_1(100-GD_{1TCI})+w_2(100-GD_{2TCI})+w_3(100-GD_{3TCI})+ \\
&\quad w_4(100-GD_{4TCI})+w_5(100-GD_{5TCI}) \\
&= 0.25\times(100-30)+0.10\times(100-0)+0.25\times(100-20)+ \\
&\quad 0.20\times(100-7)+0.20\times(100-14) \\
&= 83.30
\end{aligned}
$$

五、评定

因该路段 $TCI=83.30$，查表 2—0—1 可知该路段沿线设施技术状况等级为良。

表 2—6—3　　沿线设施损坏调查表

路线名称：S×××	调查方向：双向				调查时间：2011 年 3 月 30 日 调查人员：张三、李四										
调查内容	程度	单位扣分	权重 w_i	计量单位	起点桩号：K8 +000　终点桩号：K9 +000 路段长度：1 000 m　路面宽度：7.5 m										累计损坏
					1	2	3	4	5	6	7	8	9	10	
防护设施缺损	轻	10	0.25	处			2					1			3
	重	30													0

续表

调查内容	程度	单位扣分	权重 w_i	计量单位	起点桩号：K8 +000 终点桩号：K9 +000 路段长度：1 000 m 路面宽度：7.5 m										累计损坏
					1	2	3	4	5	6	7	8	9	10	
隔离栅损坏		20	0.10	处											0
标志缺损		20	0.25	处		1									1
标线缺损		0.1	0.20	m			30						40		70
绿化管护不善		0.1	0.20	m		60			80						140
评定结果： TCI = 83.30 等级为良					计算方法： $TCI = \sum_{i=1}^{5} w_i(100 - GD_{iTCI})$										

思考与练习

一、计算题

1. 刘三与李明于2010年3月30日对省道×××K18+000到K19+000进行了路况调查，采集了沿线设施损坏数据，见表2—6—4。该路段为三级公路，沥青路面，有效路面宽度为7.5 m。请完成该表并对该路段的沿线设施技术状况进行评定。

表2—6—4　　沿线设施损坏调查表

路线名称：	调查方向：				调查时间： 调查人员：										
调查内容	程度	单位扣分	权重 w_i	计量单位	起点桩号： 终点桩号： 路段长度： 路面宽度：										累计损坏
					1	2	3	4	5	6	7	8	9	10	
防护设施缺损	轻	10	0.25	处			2		1			1			
	重	30			1										
隔离栅损坏		20	0.10	处		1									
标志缺损		20	0.25	处											
标线缺损		0.1	0.20	m			30						20		
绿化管护不善		0.1	0.20	m		60					30				
评定结果： TCI =					计算方法： $TCI = \sum_{i=1}^{5} w_i(100 - GD_{iTCI})$										

2. 刘怡与王明于2010年3月30日对省道×××K8+000到K8+500进行了路况调查，采集了沿线设施损坏数据，见表2—6—5。该路段为三级公路，沥青路面，有效路面宽度为7.5 m。请完成该表并对该路段的沿线设施技术状况进行评定。

表 2—6—5　　沿线设施损坏调查表

路线名称：	调查方向：				调查时间： 调查人员：										
调查内容	程度	单位扣分	权重 w_i	计量单位	起点桩号：　终点桩号： 路段长度：　路面宽度：										累计损坏
					1	2	3	4	5	6	7	8	9	10	
防护设施缺损	轻	10	0.25	处			2		1						
	重	30			1										
隔离栅损坏		20	0.10	处											
标志缺损		20	0.25	处		1									
标线缺损		0.1	0.20	m			30								
绿化管护不善		0.1	0.20	m		40									
评定结果： TCI =					计算方法： $TCI = \sum_{i=1}^{5} w_i(100 - GD_{iTCI})$										

二、实训题

实训项目：沿线设施技术状况的评定。

实训实施条件：

1. 完成模块二任务二的实训项目，获得某公路沿线设施损坏的调查数据。
2. 计算器。

任务七　公路技术状况综合评定

◆ 掌握公路技术状况指数（MQI）的计算方法。

◆ 能够对公路技术状况进行计算及评价。

工作任务

杨明于2011年5月30日对省道×××K220+000到K223+000的路况调查结果进行统计，调查数据见表2—7—1和表2—7—2，其中路段K221+000到K222+000有一道危险涵洞。请完成表2—7—1及公路技术状况评定汇总表，见附录表A—8。

表2—7—1　　公路技术状况评定明细表

路线名称：S×××　技术等级：一级　路面类型：沥青路面　检测方向：上行　2011年5月30日

路段桩号	长度（m）	MQI	路面PQI	路面分项指标					路基SCI	桥隧构造物BCI	沿线设施TCI
				PCI	RQI	RDI	SRI	PSSI			
220+000	1 000			84.76	83.29	75.60	85.50	81.00	42.05	60.00	83.30
221+000	1 000			82.00	91.80	90.60	91.20	71.40	85.00	0.00	93.40
222+000	1 000			93.50	94.10	80.20	94.20	94.70	91.00	100.00	92.30
小计											

表2—7—2　　公路技术状况评定明细表

路线名称：S×××　技术等级：一级　路面类型：沥青路面　检测方向：下行　2011年5月30日

路段桩号	长度（m）	MQI	路面PQI	路面分项指标					路基SCI	桥隧构造物BCI	沿线设施TCI
				PCI	RQI	RDI	SRI	PSSI			
220+000	1 000	78.71	81.64	86.76	76.20	88.30	75.50	85.00	82.05	60.00	78.00
221+000	1 000	0.00	89.92	79.20	97.10	95.20	90.80	71.70	77.60	0.00	64.60
222+000	1 000	92.88	91.70	92.80	90.30	93.00	91.50	91.40	93.70	100.00	91.90
小计	3 000	57.20	87.75	86.25	87.87	92.17	85.93	82.70	84.45	53.33	78.17

相关理论

公路技术状况指数（MQI）按式（2—7—1）计算。

$$MQI = w_{PQI}PQI + w_{SCI}SCI + w_{BCI}BCI + w_{TCI}TCI \qquad (2—7—1)$$

式中 w_{PQI}——PQI在MQI中的权重，取值为0.70；

w_{SCI}——SCI在MQI中的权重，取值为0.08；

w_{BCI}——BCI在MQI中的权重，取值为0.12；

w_{TCI}——TCI在MQI中的权重，取值为0.10。

当某路段有5类桥梁或危险隧道或危险涵洞，则该路段的 $MQI = 0$。

一、计算路面使用性能指数PQI

K220 +000 ~ K221 +000 路段 PQI 的计算如下：

此路段是一级公路，沥青路面，查表2—3—1可知 $w_{PCI} = 0.35$，$w_{RQI} = 0.40$，$w_{RDI} = 0.15$，$w_{SRI} = 0.10$。

据式（2—3—1），得

$$\begin{aligned} PQI &= w_{PCI}PCI + w_{RQI}RQI + w_{RDI}RDI + w_{SRI}SRI \\ &= 0.35 \times 84.76 + 0.40 \times 83.29 + 0.15 \times 75.60 + 0.10 \times 85.50 \\ &= 82.87 \end{aligned}$$

同理，可算出其他路段的 PQI，见表2—7—3。

二、计算公路技术状况指数MQI

1．K220 +000 ~ K221 +000 路段 MQI 的计算

据式（2—7—1），得

$$\begin{aligned} MQI &= w_{PQI}PQI + w_{SCI}SCI + w_{BCI}BCI + w_{TCI}TCI \\ &= 0.70 \times 82.87 + 0.08 \times 42.05 + 0.12 \times 60.00 + 0.10 \times 83.30 \\ &= 76.90 \end{aligned}$$

2．K221 +000 ~ K222 +000 路段 MQI 的计算

因为 K221 +000 到 K222 +000 路段有一道危险涵洞

所以 $MQI = 0$

3．K222 +000 ~ K223 +000 路段 MQI 的计算

据式（2—7—1），得

$$\begin{aligned} MQI &= w_{PQI}PQI + w_{SCI}SCI + w_{BCI}BCI + w_{TCI}TCI \\ &= 0.70 \times 91.82 + 0.08 \times 91.00 + 0.12 \times 100.00 + 0.10 \times 92.30 \\ &= 92.78 \end{aligned}$$

三、小计

除长度按累计计算外，其他各项按平均值计算，计算结果详见表2—7—3。

表2—7—3　　公路技术状况评定明细表

路线名称：S××× 技术等级：一级 路面类型：沥青路面 检测方向：上行 2011年5月30日

路段桩号	长度（m）	MQI	路面PQI	路面分项指标					路基SCI	桥隧构造物BCI	沿线设施TCI
				PCI	RQI	RDI	SRI	PSSI			
220+000	1 000	76.90	82.87	84.76	83.29	75.60	85.50	81.00	42.05	60.00	83.30
221+000	1 000	0.00	88.13	82.00	91.80	90.60	91.20	71.40	85.00	0.00	93.40
222+000	1 000	92.78	91.82	93.50	94.10	80.20	94.20	94.70	91.00	100.00	92.30
小计	3 000	56.56	87.61	86.75	89.73	82.13	90.30	82.37	72.68	53.33	89.67

四、公路技术状况评定汇总表

1. MQI的评定

据表2—7—3和表2—7—2可知，平均上行 $MQI=56.56$，平均下行 $MQI=57.20$。

查表2—0—1可知，评定等级（上行）为差，评定等级（下行）为差。

$$
\begin{aligned}
\text{平均}MQI &= (\text{平均上行}MQI + \text{平均下行}MQI)/2 \\
&= (56.56+57.20)/2 \\
&= 56.88
\end{aligned}
$$

查表2—0—1可知，评定等级为差。

各统计结果填于表2—7—4。

2. MQI、PQI、SCI、BCI、TCI情况汇总

据表2—0—1将各路段的MQI、PQI、SCI、BCI、TCI按上行、下行分别进行评定，最后汇总。

如MQI的汇总。

上行各路段（1 km）的 *MQI* 值分别为76.90、0.00、92.78。

下行各路段（1 km）的 *MQI* 值分别为78.71、0.00、92.88。

查表2—0—1可知：

上行各路段（1 km）的MQI等级分别为中、差、优。

下行各路段（1 km）的MQI等级分别为中、差、优。

同理可汇总出其他指数，见表2—7—4。

表 2—7—4　　公路技术状况评定汇总表

基本信息					
所属省市					
路线名称（编码）	S×××				
技术等级	一级公路				
路面类型	沥青路面				
评定长度（km）	6.000				
养管单位					
主管单位					
平均 *MQI*	56.88		评定等级	差	
平均 *MQI*（上行）	56.56		评定等级（上行）	差	
平均 *MQI*（下行）	57.20		评定等级（下行）	差	
上行评定长度（km）	3.000		下行评定长度（km）	3.000	

统计信息						
	上下行		上行		下行	
	长度（km）	比例（%）	长度（km）	比例（%）	长度（km）	比例（%）
MQI（优、良）	2	33	1	33	1	33
MQI（中）	2	33	1	33	1	33
MQI（次、差）	2	33	1	33	1	33
PQI（优、良）	6	100	3	100	3	100
PQI（中）	0	0	0	0	0	0
PQI（次、差）	0	0	0	0	0	0
SCI（优、良）	4	67	2	67	2	67
SCI（中）	1	17	0	0	1	33
SCI（次、差）	1	17	1	33	0	0
BCI（优、良）	2	33	1	33	1	33
BCI（中）	0	0	0	0	0	0
BCI（次、差）	4	67	2	67	2	67
TCI（优、良）	4	67	3	100	1	33
TCI（中）	1	17	0	0	1	33
TCI（次、差）	1	17	0	0	1	33

思考与练习

一、计算题

1. 已知某路段的 $PQI=83.40$，$SCI=91.50$，$BCI=100.00$，$TCI=75.20$，请计算 MQI，并评定该路段的公路技术状况。

2. 刘明于2011 年3 月1 日对省道××× K20+000 到 K22+000 的路况调查结果进行统

计，调查数据见表2—7—5及表2—7—6。请完成表2—7—5、表2—7—6及公路技术状况评定汇总表。

表2—7—5　　公路技术状况评定明细表

路线名称：S××× 技术等级：一级 路面类型：水泥混凝土路面 检测方向：上行 2011年3月1日

路段桩号	长度（m）	MQI	路面PQI	路面分项指标					路基SCI	桥隧构造物BCI	沿线设施TCI
				PCI	RQI	RDI	SRI	PSSI			
220+000	1 000			82.00	91.80		85.50		85.00	60.00	83.30
221+000	1 000			90.76	83.29		91.20		91.00	100.00	93.40
小计											

表2—7—6　　公路技术状况评定明细表

路线名称：S××× 技术等级：一级 路面类型：沥青路面 检测方向：下行 2011年5月30日

路段桩号	长度（m）	MQI	路面PQI	路面分项指标					路基SCI	桥隧构造物BCI	沿线设施TCI
				PCI	RQI	RDI	SRI	PSSI			
220+000	1 000			86.76	76.20		88.30		82.05	60.00	64.60
221+000	1 000			79.20	95.20		75.50		77.60	100.00	78.00
小计											

二、实训题

实训项目：路况调查及公路技术状况综合评定。

实训实施条件：

1. 交通量较少的有各种类型损坏的公路。
2. 穿着反光工作服。
3. 3 m直尺、卷尺、钢尺、塞尺、相机等。
4. 设置安全作业区所需的安全设施一套。
5. 相关调查表格。
6. 计算器。

模块三

路 基 养 护

任务一　排水设施养护

学习目标

◆ 了解路基养护工作的内容和一般规定。

◆ 熟悉排水设施养护的要求。

◆ 掌握排水设施养护的方法。

工作任务

2011 年 4 月 1 日，公路管理所召开工作会议，要求在雨季前对所管养公路进行全面检查，对边沟（或排水沟）等设施进行全面清疏，以保证汛期排水畅通。

张三与李四于 2011 年 4 月 2 日对国道 × × × 的排水设施进行了全面检查，发现边沟、排水沟有杂物堵塞，如图 3—1—1 所示。请完成该路段的边沟清疏工作。

a) 边沟杂物堵塞

b) 排水沟杂物堵塞

c) 边坡碎落堵塞边沟

图 3—1—1 路基排水设施堵塞

一、路基养护工作的内容和一般规定

路基是公路最重要的基本组成部分，是公路路面的基础。路基的强度和稳定性是保证路面强度与稳定性的基本条件，它直接影响路面的使用性能，必须经常、有计划地针对路基已经出现和可能出现的病害，采用相应的方法和措施，对路基各部分加以适当的养护。

1. 路基养护作业的内容

路基养护应通过对公路各部分的日常巡视和定期检查，发现病害并查明原因，采取有效措施进行修复和加固。其作业内容如下：

（1）维修、加固路肩和边坡。

（2）疏通、改善排水设施。

（3）维护、修理各种防护构造物。

（4）清除坍塌、积雪，处理塌陷，检查险情，防治水毁。

（5）观察、预防和处理翻浆、滑坡、泥石流等病害。

（6）有计划、有针对性地对局部路基进行加宽、加高，改善急弯、陡坡和视距不良的路段，使之逐步达到所要求的技术标准。

2. 路基养护的一般规定

为使路基正常有效地发挥作用，公路路基养护应符合下列要求：

（1）通过日常巡查，发现病害及时处治，保持良好稳定的技术状况。

（2）路肩无病害，边坡稳定。

（3）排水设施无淤塞、无损坏，排水畅通。

（4）挡土墙等附属设施良好。

（5）加强不良地质路段的边坡崩塌、滑坡、泥石流等灾（病）害的巡查、防治、抢修工作。

3. 路基养护维修注意事项

在路基养护维修的过程中，应注意以下事项：

（1）在养护作业开始前，根据路基病害现象和损坏程度，查明原因，制定有针对性的养护维修方案。

（2）通过日常巡查，尽早发现道路的缺陷及损坏，及时采取修复措施，同时要有计划地对可能出现病害的路段采取预防性的养护。

（3）公路养护维修作业必须保障养护维修作业人员和设备的安全，以及车辆的运行安全。

（4）养护作业时不能对道路沿线的生活环境造成影响。

二、排水设施养护的要求

水是造成路基病害和加剧病害的重要因素。路基内水分过多，不但降低土基强度，还会造成路基滑坍，严重影响公路的使用和安全。为了保证路基的坚固和稳定，必须设置必要的排水设施。

路基排水设施分为地面排水设施和地下排水设施。加强对路基排水设施的日常养护、维修与加固，是确保路基稳定的关键环节，其工作要求如下：

1. 路基排水设施应保持排水畅通。如有冲刷、堵塞或损坏，应及时疏通、修复或加固。

2. 路基排水设施断面尺寸和纵坡应符合设计标准规定。

3. 对暗沟、渗沟等隐蔽性排水设施，应加强检查，防止淤塞。如有淤塞，应及时清理、疏通。

4. 原有排水设施不能满足使用要求时，应适时增设和完善。

5. 新增排水设施时，其设计、施工应符合《公路路基设计规范》（JTG D30—2004）和《公路路基施工技术规范》（JTG F10—2006）的有关规定。

三、排水设施的清疏

为了保证沟渠迅速排水，应经常疏通，使沟底保持不小于0.5%的纵坡，在平原地区排水有困难的地段，纵坡也不宜小于0.2%。

1. 对边沟、截水沟、排水沟以及暗沟（管）等排水设施的养护

（1）在春融前，特别是汛前，应全面进行检查疏浚。

（2）雨中必须上路巡查，及时清除堵塞物，疏导水流，保持水流通畅，但也要防止水流集中，冲坏路基。

（3）暴雨后应进行重点检查，如有冲刷、损坏，应及时修理加固，如有堵塞应立即清除。

（4）当路堤边坡出现冲沟或缺口时，应选用与原路基相同的填料填筑夯实，路堑段应将截水沟内的积水引至坡外。

2．对土质沟渠的养护

（1）应经常保持设计断面，及时清除淤塞和杂草，满足排水需要。

（2）当边沟纵坡不能满足排水需要时，则应及时调整边沟纵坡。

（3）当边沟长度过长（一般地区不超过500 m，多雨地区不超过300 m）时，应将水流分段引出路基以外，或设置排水沟、涵洞等将水排出，不使水积聚在排水设施内，影响路基稳定。

3．对中央分隔带排水设施的养护

对设有集中排水设施的中央分隔带的集水井、横向排水管，应经常清淤及维修，保持排水畅通。

4．对地下排水设施的养护

（1）如发现渗沟、盲沟出水口处长草、堵塞，应进行清除。

（2）渗沟应经常检查，冲洗疏浚，以保证管内水流通畅。

（3）如碎（砾）石等反滤层淤塞不通时，应及时进行翻修，并剔除颗粒较小的砂石。

四、排水设施的加固

当土质边沟、截水沟、排水沟的沟底纵坡大于3%时，容易被水流冲刷，需要进行加固。对排水设施进行加固是路基排水工程养护工作的重要内容。

排水设施的加固方法见表3—1—1。

表3—1—1　排水设施的加固方法

形式	加固方法	加固层厚度（mm）
简易式	土沟夯实	
	水泥砂浆抹平	20～30
	石灰三合土抹平	30～50
	黏土碎（砾）石加固	100～150
	三合土或四合土加固	100～150
干砌式	干砌片石	150～250
	干砌片石水泥砂浆抹平	150～250
浆砌式	浆砌片石	150～250
	浆砌混凝土预制块	60～100
	砌砖	单砖或一砖半

排水设施加固方法应结合当地地形、土质、沟底纵坡的大小和水流速度等的具体情况，遵循因地制宜，就地取材，简便易行的原则，选用加固类型。排水设施加固类型与沟底纵坡的关系见表3—1—2。

表 3—1—2　　排水设施加固类型与沟底纵坡的关系

沟底纵坡（%）	<1	1~3	3~5	5~7	>7
加固类型	不加固	土质好，不必加固； 土质不好，简易加固	干砌	干砌或浆砌	浆砌

1. 土沟夯实

土沟夯实加固如图 3—1—2 所示。

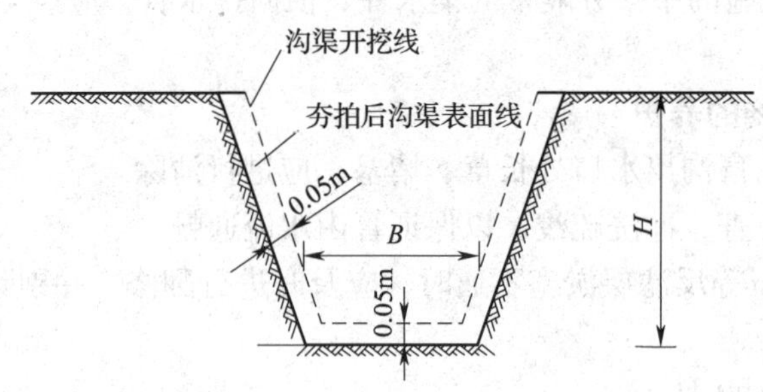

图 3—1—2　土沟夯实加固

土沟夯实施工要点如下：

（1）土沟沟底纵坡应不大于表 3—1—3 所列数值。

表 3—1—3　　沟 底 纵 坡

边坡坡率	1:1		
断面 $B \times H$（m×m）	0.4×0.4	0.4×0.6	0.6×0.8
纵坡（%）	1.5	0.7	0.6

（2）在施工时，其水沟沟底及沟壁部分应少挖 5 cm，并随挖随夯，以免土中水分消失，不易夯拍坚实。

（3）将沟底、沟壁夯拍坚实，使土的干密度不小于 1.66×103 kg/m^3，夯土层厚度不小于 0.05 m。

（4）施工中发现沟底、沟壁有孔洞，应用原土补填夯实。

2. 三合土或四合土加固

三合土或四合土加固如图 3—1—3 所示，加固层厚度根据沟内水流速度或沟底纵坡在 0.10~0.25 m 间选择。在常流水的水沟加固层表面，可再加抹 10 mm 厚的 M7.5 水泥砂浆。

三合土是指水泥、砂及炉渣或石灰、黄土、碎石（砾石）组成的混合料。混合料的配合比一般采用水泥: 砂: 炉渣为 1: 5: 1.5（质量比），或石灰: 黄土: 碎石（砾石）为 1: 3.3: 2.3（体积比）。

四合土是指水泥、石灰、砂、炉渣组成的混合料，配合比一般采用水泥: 石灰: 砂: 炉渣为 1: 3: 6: 24（质量比）。

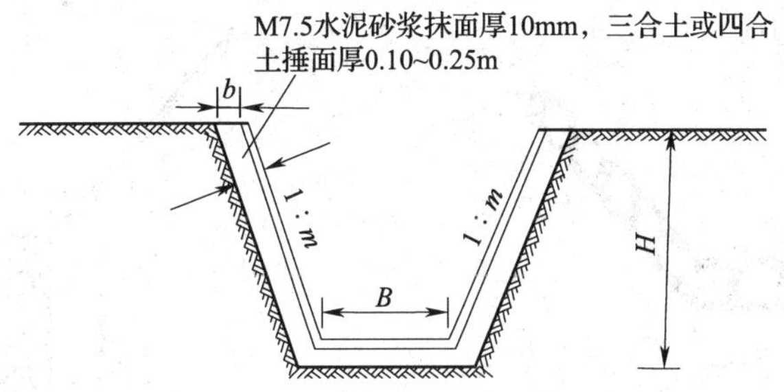

图 3—1—3　三合土或四合土加固

三合土或四合土加固的施工要点如下：

(1) 应提前两周将石灰熟化，施工前 1 ~ 3 天将黄土或炉渣掺入拌匀，使用时将碎石（砾石）或水泥及砂掺入，反复拌和均匀。

(2) 沟渠开挖后，趁土质潮湿立即进行加固施工。若土质干燥，则应洒水湿润后再施工。

(3) 铺填混合土后，先拍打提浆，再抹水泥砂浆护层。稍干后，用大卵石将表面压紧磨光，最后用草垫或麻袋等覆盖，并洒水养生 3 ~ 5 天。

(4) 加固施工时应避免低温，以防冻胀破坏。

3. 单层干砌片石加固

单层干砌片石加固如图 3—1—4 所示。

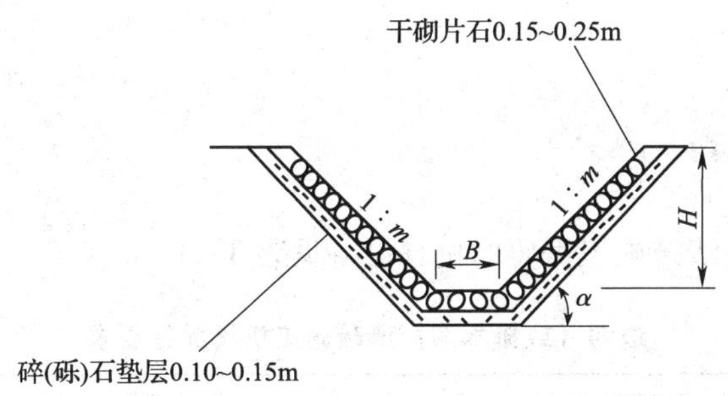

图 3—1—4　单层干砌片石加固

单层干砌片石加固的施工要点如下：

(1) 沟内平均流速在 2.0 ~ 3.5 m/s 时，干砌片石尺寸可选用 0.15 ~ 0.25 m；当流速大于 4.0 m/s 时，应采用急流槽或增加跌水。

(2) 当沟壁、沟底为细颗粒土时，应加设碎（砾）石垫层，其厚度宜在 0.10 ~ 0.15 m，碎（砾）石垫层石料粒径在 5 ~ 50 mm 的质量应占总质量的 90% 以上。

(3) 片石间隙应用碎石填塞紧密。片石大面应砌向表面，以降低面部粗糙度。

4. 浆砌片石加固

浆砌片石加固如图 3—1—5 所示。

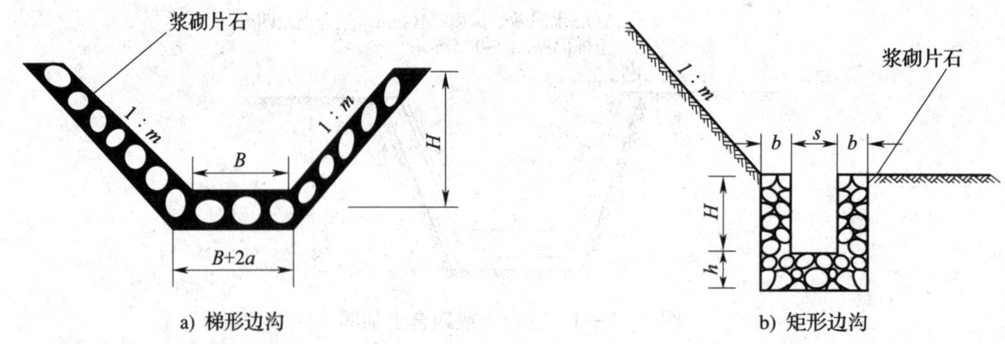

图 3—1—5　浆砌片石加固

浆砌片石加固的施工要点如下：

（1）沟渠开挖后，沟槽要整平夯实。如土质干燥，应洒水润湿后夯实。遇有孔穴应堵塞密实。

（2）在有地下水或冻害地段，沟壁、沟底外侧需加设反滤层或垫层，并在沟壁上预留泄水孔。平均流速大于 4 m/s，沟底纵坡不受限制时，应采用急流槽处理。

（3）一般采用 M5 水泥砂浆砌筑，机械拌和，随拌随用。

（4）砌筑完成后应注意对砌体的养生。

一、施工机具准备

边沟（或排水沟）清疏施工需要的机具设备见表 3—1—4。

表 3—1—4　　边沟（或排水沟）清疏施工机具配备要求

序号	设备机具名称	数量
1	人货两用工具车	1 辆
2	风镐	2 把
3	空压机	1 台
4	夯实机	1 台
5	铁锹	2 把
6	十字镐	2 把
7	锄头	2 把
8	镰刀	2 把
9	皮尺	1 盒

二、施工要求

1. 要求沟内无杂草，无土石淤塞，纵坡适度，水流畅通，如图3—1—6所示。

图3—1—6　疏通后的边沟

2. 沟内挖出的废土及清除的杂草灌木等应丢弃在边沟1 m以外处或集中清运，不得堆到边沟内或路肩、边坡上。

三、施工过程

1. 清除沟内及沟坡杂物

（1）清除杂草、灌木丛。

（2）清除沟内淤塞物。

（3）清除边坡松散土石。

2. 检查调整沟底纵坡

土质沟沟底纵坡坡度不小于0.5%，平原地区排水困难地段，不宜小于0.3%。对不符合要求路段要加大纵坡，使之不小于要求值。

3. 修复断面

修整边沟（或排水沟），使边沟横断面尺寸符合设计要求或恢复到淤塞前状况，满足排水需要，如图3—1—6所示。

思考与练习

一、选择题

1. 路基养护作业内容包括（　　）。

A. 维修路面　　B. 疏通边沟

C. 修剪行道树　　D. 维修护栏

2. 为了保证沟渠迅速排水，应经常疏通，使沟底保持不小于（　　）的纵坡，在平原地区排水有困难的地段，也不宜小于0.2%。

A. 0.2%　　B. 0.5%　　C. 0.8%　　D. 1.0%

3. 公路管理所准备对所管养的一段沟底纵坡为7.5%土质边沟实施加固，适宜的加固类型是（　　）。

A. 简易加固　　B. 干砌　　C. 浆砌　　D. 不加固

二、判断题

1. 路基养护维修工程的第一步是根据路基病害现象和损坏程度，查明原因，制定有针对性的养护维修方案。（　　）

2. 维修、加固路肩是确保路基稳定的关键环节。（　　）

3. 当排水沟的沟底纵坡大于3%时，需要进行加固。（　　）

三、简答题

1. 路基排水设施养护工作有哪些要求？

2. 地下排水设施养护的工作要点是什么？

四、实训题

实训项目：清理公路边沟。

实训实施条件：

1. 选择公路一侧边沟（最好是校园内道路）。

2. 穿着反光工作服。

3. 镰刀、铁锹、锄头、木桩、锤子、3 m 直尺、卷尺等。

4. 设置安全作业区所需的安全设施一套。

质量要求：清理后边沟内无杂草、无土石淤塞，纵坡适度，水流畅通。

任务二　路肩与边坡养护

◆ 了解路肩、边坡、挡土墙的养护要求。

◆ 掌握路肩、边坡、挡土墙养护的方法。

◆ 能够处治边坡小坍方。

工作任务

2011 年 6 月 10 日，张三与李四对国道×××进行例行巡查，发现一处路基土质边坡轻微坍方，如图 3—2—1 所示，请完成该路段路基坍方处治工作。

图 3—2—1　路基边坡坍方

相关理论

一、路肩养护

路肩是公路两侧位于行车道外缘至路基边缘，具有一定宽度的带状部分。路肩分为硬路肩和土路肩。用路面材料铺筑加固后的路肩称为硬路肩；未经铺筑加固的路肩称为土路肩。

1. 路肩的作用

（1）保护路面。

（2）临时停车。

（3）提供侧向余宽，引导视线，增加行车的安全性和舒适性。

（4）增加挖方路基弯道地段的视距。

（5）为设置交通安全设施或养护作业提供工作场地。

2. 路肩养护的要求

（1）公路路肩应保持平整、坚实，横坡平整顺适，排水顺畅。

（2）土路肩或草皮路肩的横坡应略大于路面横坡，硬路肩与路面横坡相同。

（3）硬路肩的病害应参照同类型路面病害处治方法处理。

3. 路肩养护工作的内容

路肩病害大多是由于水的作用造成的，所以路肩养护工作的重点就是减少或消除水对路肩的危害。

（1）保持路肩平整、坚实

1）清除路肩上的杂物、积水。

2）清除因堆积物堆积而形成的高路肩。

3）整修路肩与路面产生的错台。

4）填平路肩上出现的车辙、坑槽。

（2）整修路肩的横坡

1）对于土路肩，横坡过大时，应用良好的砂性土填补并压实。

2）横坡过小时，应铲削整修至规定坡度。

3）对于硬路肩，宜结合大中修工程进行调整。

（3）改善陡坡路段（路线纵坡大于5%）的路肩

1）设置截水明槽。自纵坡坡顶起，每隔20 m左右两边交错设置0.30～0.50 m宽的斜向截水明槽，并用碎（砾）石填平，同时在路肩边缘处设置高0.10 m、顶宽0.10 m、底宽0.20 m的拦水土埂，在每条截水明槽处留一淌水缺口，其下边的边坡用草皮或砌石加固，使雨水集中在截水明槽内排出，如图3—2—2所示。

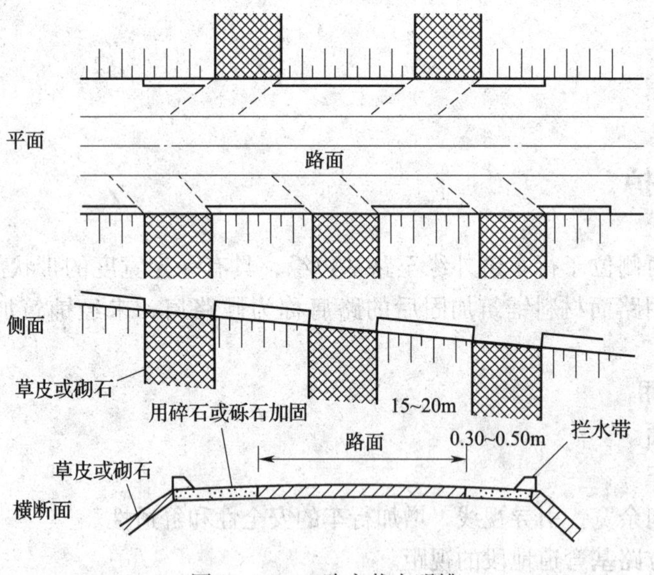

图3—2—2　路肩截水明槽

2）用粒料加固土路肩或铺筑硬路肩。

（4）修补路肩外侧边缘被流水冲缺或牲畜踩踏、车轮碾压形成的缺口。

（5）有计划地加固、硬化路肩，或用沥青、水泥混凝土材料改铺硬路肩。

（6）在铺筑硬路肩有困难的路段，种植草皮或利用天然草来加固路肩。

（7）养护和修理路肩边缘带。

二、边坡养护

1. 路基边坡养护的要求

路基边坡养护工作的目的是确保边坡的稳定性，因此边坡养护的要求如下：

（1）边坡应保持平顺、坚实。

（2）边坡有缺口、坍塌或高边坡碎落、侧滑等病害，应分别针对具体情况采取相应的加固整修措施。

2. 未防护加固的路基边坡的养护

（1）路堑边坡的日常养护与维修

1）应经常观察路堑，特别是深路堑边坡的稳定情况，注意发现边坡病害。

2）发现危岩、浮石，应及时处理、清除。

3）当土路堑边坡出现冲沟时，应及时用黏土填塞捣实。

4）如出现潜流涌水，可开沟隔断水源，将水引向路基之外。

5）及时清理路堑边坡的碎落和坍塌堆积物。

（2）路堤边坡、护坡道的日常维护

1）路堤边坡、护坡道因雨水冲刷，形成冲沟和缺口时，应及时用黏结性良好的土修补拍实。

2）对较大的冲沟和缺口，如图3—2—3所示，修理时应将原边坡挖成台阶形，然后分层填筑压实，并注意与原坡面衔接平顺。

图3—2—3　路基缺口

3. 已防护加固边坡的养护

（1）植被防护

1）应经常检查植被的生长状态，及时补种。

2）草皮护坡根部有局部冲空现象，用黏土填塞捣实。

（2）砌石防护

1）护坡石块有松动现象，干砌护坡用小石块嵌紧，浆砌护坡用小石块嵌紧后用砂浆勾缝。

2）局部脱落，用石块填补，嵌紧、勾缝。

3）泄水孔堵塞，应及时疏通。

（3）抛石加固边坡

抛石有空缺或冲失，应及时添补填实，或选用大块石压铺在表面。

（4）石笼加固边坡

1）笼框、铁丝出现腐蚀或断开，应及时修理笼框，填满石块。

2）填石有脱落现象，应予以填满，封闭笼框。

三、挡土墙养护

挡土墙是为防止路基填土或山坡土体坍塌而修筑的能够抵挡侧向土压力，保持土体稳定的墙式构造物。在公路工程中，它广泛应用于路堤或路堑边坡、隧道洞口、桥梁及河流岸壁等，是公路的重要组成部分。

1．挡土墙的养护要求

（1）对挡土墙应加强检查，发现病害应查明原因，并观察其发展趋势，采取相应的修复、加固等措施，损坏严重时，可考虑全部或部分拆除重建。

（2）应保持挡土墙的泄水孔畅通。定期检查、维修、清理伸缩缝、沉降缝，使其正常发挥作用。

2．挡土墙的检查

挡土墙是重要的公路设施，为确保挡土墙能安全正常发挥作用，在养护工作中必须加强对其技术状况的检查评价，发现裂缝、倾斜、鼓肚、滑动、下沉、表面风化、泄水孔不通、墙后积水、地基错台或空隙等情况时，应查明原因，并观察其发展趋势，然后根据结构种类和损坏实情，采取合理的修理加固措施。对检查和修理加固的情况，应做好工作记录，建立技术档案。

（1）在日常养护工作中，应经常检查挡土墙是否出现损坏。

（2）每年春秋两季各进行一次定期检查。在北方冰冻严重地区要注意检查挡土墙在冰冻融化后墙身及基础的变化等情况。

（3）在地震或通过超重车辆等后，应进行特殊检查。

3．挡土墙病害的修复

（1）挡土墙裂缝（见图3—2—4）的修补

对挡土墙裂缝的修补，应在裂缝已停止发展后进行。

1）对混凝土砌块或砌石挡土墙裂缝修补的方法是将裂缝缝隙凿毛，清除碎渣和杂物，然后用水泥砂浆填塞。

图 3—2—4　挡土墙裂缝

2）对混凝土或钢筋混凝土挡土墙裂缝修补的方法是将裂缝缝隙清理干净后，用环氧树脂灌缝黏合。

（2）挡土墙倾斜、鼓肚、滑动、下沉的处理

1）锚固法。适用于水泥混凝土或钢筋混凝土挡土墙，如图 3—2—5 所示。采用高强度钢筋做锚杆，穿入预先钻好的孔内，用水泥砂浆灌满锚杆后插入岩体部位，固定锚杆，待砂浆达到一定强度后，对锚杆进行张拉，然后用锚头固紧。

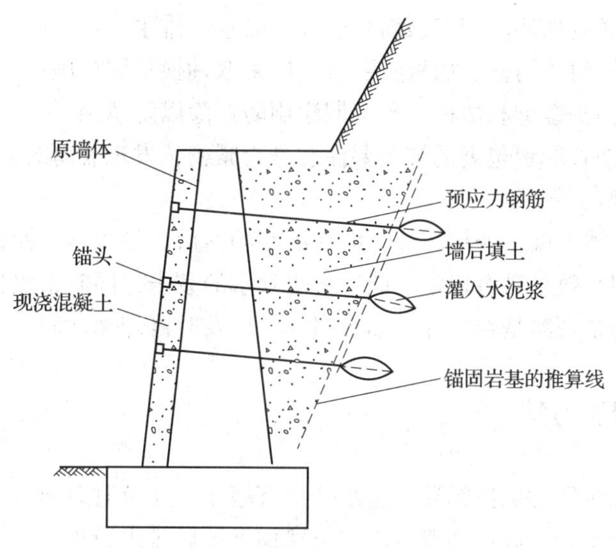

图 3—2—5　锚固法加固挡土墙

2）套墙加固法。在原墙外侧加宽基础，加厚墙身，如图 3—2—6 所示。施工时，应挖除一部分墙后填土，减少压力，同时应注意新旧基础和墙身的结合。方法是凿毛旧基础和旧墙身，必要时设置钢筋锚栓和石榫，以增强联结力。墙后回填土时必须分层填筑并夯实。

3）增建支撑加固法。如图3—2—7所示，在挡墙外侧，每隔一定的间距，增建支撑墙。支撑墙基础的埋置深度、尺寸和间距应通过计算确定。

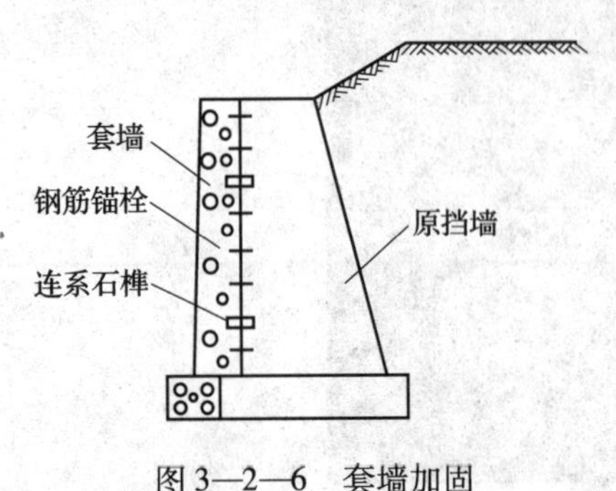

图3—2—6　套墙加固

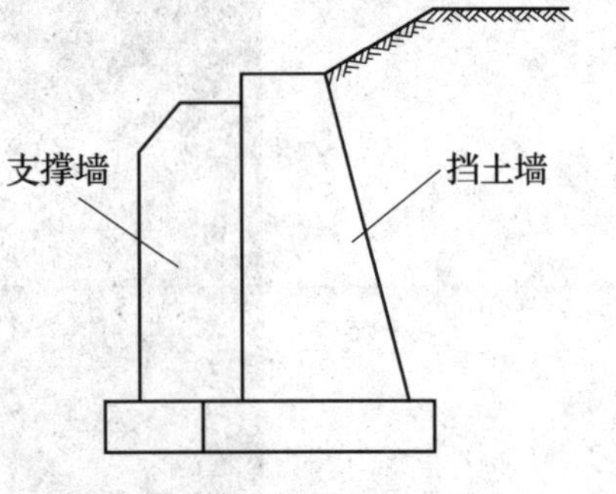

支撑墙
挡土墙

图3—2—7　增建支撑墙加固

4）部分拆除重建。原挡土墙损坏严重，采用以上加固方法不能达到设计强度要求时，则应考虑将损坏部分拆除重建。为防止不均匀沉降，新旧挡土墙之间应设置沉降缝，并应注意新旧挡土墙接头的协调。

（3）挡土墙表面风化剥落的养护

砖石、混凝土或钢筋混凝土挡土墙表面出现风化剥落时，应将风化表层凿除，喷涂水泥砂浆保护层，防止剥落恶化。当风化剥落严重时，应将风化部分拆除重砌。

（4）锚杆式或加筋土挡墙的养护

1）应做好锚杆式或加筋土挡墙顶面和墙外的防水、排水。

2）发现变形、倾斜或肋柱、挡板断裂时，应采取抽换加固措施。

3）对出露式的锚头螺母和垫板，要定期涂刷防锈漆以防锈蚀。

4）如用砂浆或沥青麻絮包裹的锚头要注意是否紧密，发现脱落时，应及时修补。

（5）浸水挡土墙的养护

除经常检查浸水挡土墙是否损坏外，应在洪水期前后详细观察、检查挡土墙。汛前检查的目的是确定其作用、效果是否稳定，能否承受洪水的袭击，同时采取相应的防护、加固措施；汛后检查的目的是观察是否损坏，如有损坏，应及时修理和加固。

四、泄水孔清疏方法

挡土墙的泄水孔应经常保持畅通。泄水孔如有堵塞，应及时疏通。如无法疏通，应另行选择适当位置增设泄水孔，或在墙背后沿挡土墙加做墙后排水设施，一般可增设盲沟将水引出路基。

1. 泄水孔堵塞的清疏

泄水孔被杂物堵塞排水不畅，可直接清除孔内堵塞物。

2. 泄水孔进水口处反滤层被堵塞的修复

泄水孔进水口处反滤层被填土堵塞时，应挖开墙后的填土，重做反滤层。

任务实施

一、施工机具准备

土质边坡轻微坍方处治施工需要的机具设备见表 3—2—1。

表 3—2—1　　施工机具设备要求

序号	设备机具名称	数量
1	人货两用工具车	1 辆
2	挖掘机	1 台
3	自卸车	1 台
4	夯实机	1 台
5	铁锹	5 把
6	锄头	5 把
7	花杆	6 根
8	皮尺	1 盒

二、施工要求

1. 修复后的边坡应与原坡面衔接平顺。
2. 修整后的边坡应坚实，如图 3—2—8 所示。
3. 清除的废土及杂草灌木等应集中清运，弃至指定地点。

图 3—2—8　修整后的边坡

三、施工过程

1. 清除坍方

（1）清除杂草、灌木等杂物。

（2）清除边坡松散土。

（3）清除边沟淤塞物。

2. 施工放样

采用挂线放样，使修复后的边坡与原坡面衔接平顺。

3. 修复坡面

（1）挖边坡台阶。土质边坡发生轻微坍塌修整时，不能直接在边坡上贴土修补，而应在毁坏的地段从下往上挖成台阶。

（2）从下往上分层填土、夯实，夯实后的宽度应稍超出原来的坡面。

（3）用锄头、铁锹修整边坡。

4. 清运弃土

清除坍方后挖出的废土及清除的杂草灌木等应集中清运，弃至指定地点，不得堆到边沟内或路肩、边坡上。

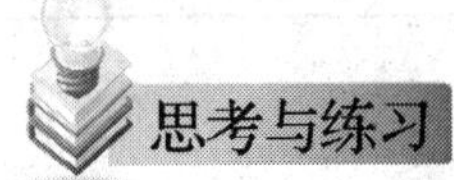

一、选择题

1. 路肩的作用包括（　　）。

A. 堆放养护材料　　B. 保护边沟

C. 保护路面　　D. 使路容美观

2. 对挡土墙裂缝的修补，应在（　　）进行。

A. 发现裂缝时　　B. 未出现裂缝时

C. 裂缝已停止发展后　　D. 墙体破坏后

二、判断题

1. 土路肩或草皮路肩的横坡应略大于路面横坡。（　　）

2. 路堤边坡的较大冲沟和缺口，应用黏土填塞捣实。（　　）

三、简答题

1. 路肩养护工作有哪些要求？

2. 简述路堑边坡日常养护工作。

3. 挡土墙倾斜、鼓肚、滑动、下沉的处理方法有哪些？

四、实训题

实训项目：整修土路肩。

实训实施条件：

1. 选择一段有土路肩的公路（包括两侧路肩）。
2. 准备与原路肩相同的土。
3. 铁锹、扫帚、镐或锄头、盛水工具、3 m 直尺、卷尺、坡度尺等。
4. 穿着反光工作服。
5. 设置安全作业区所需的安全设施一套。

质量要求：路肩应平整坚实，横坡应平整顺适，土路肩应比路面横坡坡度大 1% ~ 2%。

任务三 路基翻浆处治

学习目标

- ◆ 了解路基翻浆的成因。
- ◆ 熟悉路基翻浆的分类和分级。
- ◆ 掌握翻浆的防治措施。
- ◆ 掌握路基下沉引起桥头跳车的修复技术。

工作任务

2011 年 4 月 15 日，张三与李四对国道 × × × 进行例行巡查，发现一处路基受地下水的影响，土基处于潮湿状态，导致轻微翻浆。请完成该路段路基翻浆处治工作。

相关理论

路基翻浆主要发生在季节性冰冻地区的春融时节，以及盐渍土、泥沼、水网、软土等地区。路基在冰冻春融期，因地下水位升高，排水不畅，土质不良，含水过多，造成路基湿软，强度下降，在行车荷载的反复作用下，路基出现弹软、裂缝、冒泥浆等翻浆现象，如图 3—3—1 所示。

图3—3—1　路基翻浆现象

一、路基翻浆的成因

造成路基翻浆的原因归纳起来主要有四个方面，即水分、温度、土质、行车荷载。

1．水分

水是路基翻浆的前提条件，翻浆过程就是水分在土基中转移、变化的过程。

2．温度

温度是路基翻浆的外部条件。一定的冻结深度和冷量是形成翻浆的重要条件。在同样的冻结深度和冷量的条件下，冬季负温作用的特点和化冻速度的快慢对形成翻浆的影响也很大。

3．土质

路基的土质是路基翻浆的内部条件，粉性土是易发生翻浆的土质，这种土的毛细水上升较高且快，在负温作用下水分聚流严重，土体强度降低快，易失去稳定性；黏性土毛细水上升虽高，但速度慢，只有水源充足的情况下才能形成翻浆；砂性土在一般情况下不会发生翻浆。

4．行车荷载

行车荷载是促使路基翻浆形成的条件。道路的翻浆现象是通过行车荷载的作用暴露出来的，当其他条件相同时在翻浆季节和翻浆路段上交通量越大、车辆越重，翻浆就会越多越严重。

二、路基翻浆的分类和分级

路基翻浆根据导致其发生的水类来源和翻浆时路面的变形破坏程度，分为五种类型（见表3—3—1）和三个等级（见表3—3—2）。

表 3—3—1　　路基翻浆的分类

序号	翻浆类型	导致翻浆的水类来源
1	地下水类	受地下水的影响，土基经常处于潮湿状态，导致翻浆。地下水包括上层滞水、潜水、层间水、裂隙水、泉水、管道漏水等。潜水多见于平原区，层间水、裂隙水、泉水多见于山区
2	地表水类	受地表水的影响，土基潮湿，导致翻浆。地表水主要指季节性积水，也包括路基、路面排水不良而造成的路旁积水和路面积水
3	土体水类	因施工遇雨或用过湿的土填筑路堤，造成土基原始含水量过大，在负温度作用下上部含水量显著增加，导致翻浆
4	气态水类	在冬季强烈的温差作用下，土中水主要以气态形式向上运动，聚积于土基顶部和路面结构层内，导致翻浆
5	混合水类	受地下水、地表水、土体水或气态水等两种以上水类综合作用产生的翻浆。此类翻浆需根据水源主次定名

表 3—3—2　　路基翻浆的分级

翻浆等级	路面变形破坏程度
轻	路面龟裂、潮湿、车辆行驶时有轻微颠簸
中	大片裂纹、路面松散、局部鼓包、车辙较浅
重	严重变形、翻浆冒泥、车辙很深

三、翻浆的防治措施

对于易发生翻浆的路段，应加强预防性养护，做好排水工作，保持路肩平整，边沟畅通，防止地表水渗入路基；冬季应及时清除积雪，防止冻融时软化路基引起翻浆。

路基发生翻浆病害时，应根据翻浆的类型和级别（翻浆程度）采取相应的防治措施，各种防治翻浆的措施见表 3—3—3。

表 3—3—3　　各种防治翻浆措施

编号	措施种类	适用翻浆类型	翻浆等级	适用地区或条件	使用说明
1	路基排水	①②⑤	轻、中、重	平原区、丘陵区、山区	适用于一切新、旧路
2	加高路基	①②⑤	轻、中、重	平原区、洼地、平地	新、旧路均可使用，必要时也可与③、④、⑤、⑥、⑦、⑧、⑨任何一类组合应用
3	砂桩、砂砾、垫层	①②③⑤	中、重	产砂、砾地区	新、旧路均可用，主要做垫层或与②、④类组合应用

续表

编号	措施种类	适用翻浆类型	翻浆等级	适用地区或条件	使用说明
4	石灰土结构层	①②③④⑤	中、重	缺少砂、石地区	新、旧路均可用，主要做基层或垫层，或与③、⑤类措施组合应用
5	煤渣、石灰土结构层	①②③④⑤	中、重	缺少砂、石地区，煤渣供应有保证	新、旧路均可用，主要做基层或垫层，或与④类措施组合应用
6	透水性隔离层	①⑤	中、重	产砂、石地区	适用于新路
7	不透水隔离层	①②④⑤	中、重	沥青、油毡、塑料薄膜供应有保证	多用于新路
8	盲沟	①⑤	轻、中、重	坡腰或横向地下水出露地段、地下水位高的地段	新、旧路均可使用
9	换土	①②③⑤	中、重	产砂砾或水稳定性好的材料地区	适用于新、旧路

几种常见防治路基翻浆措施的技术要点：

1. 路基排水

路面经常处于潮湿状态，使路基发软开始翻浆，应及时在路肩上开挖横沟，排除表面积水，沟宽 0.30 ~ 0.40 m，间距 5 m 左右，沟深至路面基层以下，高于边沟底。路面坑洼严重地段，除设置横沟外，还应顺路面边缘修纵向小盲沟或渗水井。

2. 设置砂桩

当路基翻浆时，可在行车道部位开挖圆形或矩形的渗水井，一般直径或边长为 0.30 ~ 0.50 m，将井内的水掏出，边掏水边加深井的深度，直至冰冻层以下。当渗水停止后，即可填入粗砂或碎（砾）石，以形成砂桩，其桩距和根数可根据翻浆的轻重程度而定，通常一个砂桩的影响面积为 6 ~ 10 m^2。

3. 设置透水性隔离层

透水性隔离层位置应在地下水水位以上，一般在土基 0.50 ~ 0.80 m 深度处（在盐渍土地区的翻浆路段，其深度应同时考虑要防止盐胀和次生盐渍化等要求），用碎石、砾石或粗砂铺筑，厚度为 0.10 ~ 0.20 m，分别自路基中心向两侧做成 3% 的横坡。为避免泥土堵塞，隔离层的上下两面各铺 0.01 ~ 0.02 m 厚的苔藓、泥炭、草皮或土工布等其他透水性材料防淤层。连接路基边坡的部位，应铺大块片石防止碎落。隔离层上部与路基边缘的高差应不小于 0.50 m，底部高出边沟底 0.20 ~ 0.30 m，如图 3—3—2 所示。

4. 设置不透水隔离层

在路面不透水的路基中，可设置不透水隔离层，如图 3—3—3 所示。设置深度与透水隔离层相同。当路基宽度较窄，隔离层可横跨全部路基；当路基较宽时，隔离层可铺设至路面边缘外。不透水隔离层所用的材料和厚度如下：

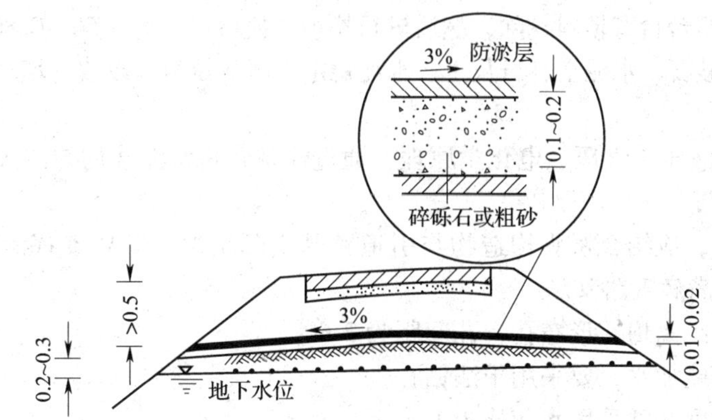

图3—3—2　透水性隔离层（单位：m）

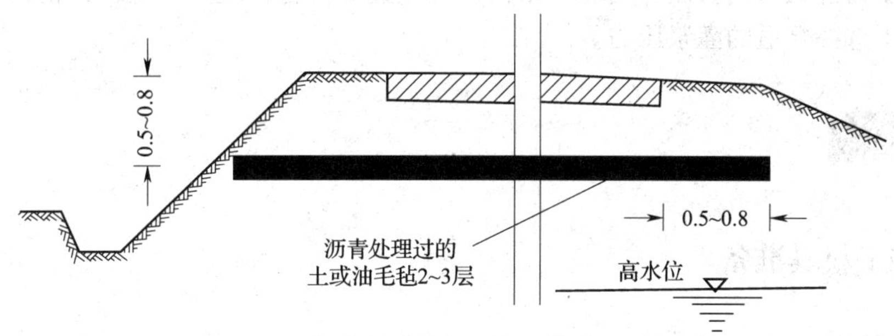

图3—3—3　不透水隔离层（单位：m）

（1）沥青含量为8% ~10%的沥青土或6% ~8%的沥青砂，厚度为25 ~30 mm。

（2）沥青直接喷洒，厚度为2 ~5 mm。

（3）用油毡（一般为2 ~3 层）或不易老化的特制塑料薄膜摊铺（盐渍土地区不可用塑料薄膜）。

5. 换土

挖除翻浆路段的稀泥，换填0. 40 ~0. 60 m厚的砂性土或碎（砾）石，分层填筑压实后重铺路面。严重翻浆部分，挖除全部软土，分层填入水稳定性良好的砂砾料，并分层压实。

四、路基下沉引起桥头跳车的修复技术

桥头跳车是指桥头构造物与引道路基填土衔接处产生较大差异沉降，使得路面形成台阶式的显著纵坡变化，导致高速行驶的车辆在这一路段产生颠簸跳跃现象。

当由于软土地基沉降、路基翻浆等病害，引起桥头跳车、路基沉陷时，应采取相应的技术措施进行处治。

几种常用桥头跳车的修复技术如下：

1．更换填料

更换填料是将桥台台背填料挖除，然后进行换填，换填厚度为0.50～0.80 m。采用水稳定性良好的填料，如砂石、水泥土、石灰土、水泥稳定碎石等填料，以改善填料的稳定性。

2．注浆法

注浆法是利用液压、气压、电化学原理，通过注浆管将水泥浆均匀注入路基来填充填料空隙，增强土体强度。

（1）布孔原则，应结合桥头构造物与引道路基实际情况，既要发挥灌浆孔的效率，又能保证水泥浆液充满病害路基。

（2）可采用等距离梅花形布孔，孔间距为2 m。

（3）钻孔时不能加水，要采用干法钻孔。

（4）水泥浆浓度通常采用水灰比为1:1。

（5）控制好灌浆压力。压力小，浆液扩散范围小，压流不到预计的土层，达不到预期效果。如果压力过大，则会破坏路基原结构，甚至造成桥台移位。因此，在正式施工前，应通过试验施工选择合适的灌浆压力。

一、施工机具准备

路基轻微的地下水类翻浆处治施工需要的机具设备见表3—3—4。

表3—3—4　　施工机具设备要求

序号	设备机具名称	数量
1	人货两用工具车	1辆
2	挖掘机	1台
3	自卸车	1台
4	夯实机	1台
5	风镐	2把
6	空压机	1台
7	铁锹	2把
8	十字镐	2把
9	锄头	5把
10	皮尺	1卷

二、施工要求

1．对于发生翻浆的路段，应做好排水工作，保持路肩平整，边沟畅通。

2. 处治后的路基应坚实，路面应平整。

3. 清除的废土应集中清运，弃至指定地点。

三、施工过程

1. 排水

(1) 疏通、加深路基边沟，以消除地下水对路基的侵害。

(2) 疏通排水沟渠，保证水流畅通，避免边沟积水。

(3) 修建可堵截、导引、降低地下水位的盲沟来降低地下水位。

2. 换土

(1) 按照“圆洞方补，斜洞正补”的原则，画出需换土处治区域的轮廓线。换土区域应大于软弹区。

(2) 沿所画轮廓线开挖，挖除被地下水浸湿软弹的路基土 0.40～0.60 m。

(3) 换填入砂性土或碎（砾）石，分层填筑，用夯实机将填补好的部分压（夯）实。

(4) 整平路基。

3. 重铺路面

按原路面结构、路面材料重新铺筑换土区域路面，使新铺筑路面与原路面保持平整。若是沥青路面，新填筑的部分应略高于原路面 2～3 mm。

4. 清运弃土

施工挖出的废土应集中清运，弃至指定地点，不得堆到路肩或边坡上。

一、选择题

1. 造成路基翻浆的原因包括（　　）。

A. 路面材料　　B. 土质

C. 施工方法　　D. 养护技术

2. 某段公路路面出现了大片裂纹，经现场查看分析是由于路基翻浆造成，该路段路基翻浆等级是（　　）。

A. 中　　B. 重　　C. 轻　　D. 不能判断

3. 更换填料修复桥头跳车时，换填厚度宜控制在（　　）m。

A. 5.00～8.00　　B. 0.20～0.50

C. 0.80～1.50　　D. 0.50～0.80

二、判断题

1. 经常通行超载车的公路，一定会造成路基翻浆病害。（　　）

2. 设置透水性隔离层，适用于新修路。（　　）

三、简答题

1. 路基翻浆的防治措施有哪些?

2. 简述注浆法修复桥头跳车的施工要点。

任务四　特殊地区路基养护

◆ 熟悉盐渍土地区路基病害的防治方法。
◆ 熟悉泥沼和软土地区路基病害的防治方法。
◆ 了解黄土地区、沙漠地区、多年冻土地区路基养护措施。

特殊地区主要是指盐渍土地区、泥沼和软土地区、黄土地区、沙漠地区、多年冻土地区等。

一、盐渍土地区路基病害的养护

盐渍土是不同程度的盐碱化土的统称。在公路工程中，一般指地表下1.0 m深的土层内易溶盐平均含量大于0.3%的土。在我国西北、东北的干旱气候地区及沿海平原地区分布有大面积的盐渍土，如图3—4—1所示。

图3—4—1　盐渍土

由于土中含有易溶盐，土的物理性质、力学性质和筑路性质发生了变化，盐渍土地区公路受水流侵袭后，路基易出现坍塌或溶陷，应加强排水并采取相应的加固措施。

1. 盐渍土地区路基病害

盐渍土在干旱季节和干旱地区，因盐类的胶结和吸湿、保湿作用，有利于路基稳定，但一旦受到雨水、冰雪融化的作用，含水量急增，出现湿化坍塌、沉陷、路基发软，致使强度降低，丧失稳定性，甚至失去承载力，导致路基出现泥泞、路基翻浆及冻胀病害加重；受水侵蚀，强度显著下降，发生沉陷；硫酸盐发生盐胀作用，使土体表面层结构破坏和疏松，以致产生路面被拱裂及路肩、边坡被剥蚀等现象。

2. 盐渍土地区路基病害养护方法

（1）保持路基排水良好

1）边沟沟底要保持0.5%～1%的纵坡。

2）在低矮平坦排水困难的地段要加宽、加深边沟。

3）对加深加宽边沟的弃土，可堆筑在边沟外缘，形成护堤，以保护路基不被水淹。

4）在边沟外增设横向排水沟，其间距不大于500 m，沟底纵坡为2%～3%。

5）秋冬季节或春融时期，路肩容易出现盐胀隆起，甚至翻浆，对隆起的部分应及时铲去，使地面水及时排出。

（2）路肩加固

1）路肩表层用粗粒、透水性良好的材料如粗砂、砾石掺配当地土封闭。

2）0.15 m厚盐壳平铺加固。

3）硬化路肩。

（3）边坡加固

1）路堤边坡受雨水或化雪冲融，出现沟槽、溶洞、松散等病害，可采用盐壳平铺或黏土掺砂铺土压密，防止疏松。

2）为防止边坡水土流失，在坡脚处各侧增设宽2 m的护坡道，护坡道高出常水位0.20 m以上。

3）在边坡和护坡道上选择种植一些耐盐性的树木或草本植物（如红杨、甘草、白茨之类）以增强边坡稳定。

二、泥沼和软土地区路基病害的养护

泥沼是表层有泥炭覆盖，以下为淤泥或淤泥质土的低洼潮湿地带。软土主要是由天然含水量大、压缩性高、承载能力低的淤泥沉积物及少量腐殖质所组成的土。泥沼和软土地区路基应加强排水，改善排水条件，采取适当的技术措施稳固路基。泥沼地区公路如图3—4—2所示。

1. 泥沼和软土地区路基病害

泥沼、软土地带的路基，因地面低洼、降水充足、地下水位高、含水饱和、透水性小、压缩性大、抗剪强度低，同时在填土荷载和行车荷载作用下，容易出现沉降、冰冻膨胀、沉陷、滑动、基底向两侧挤出等病害。

图 3—4—2　泥沼地区公路

2. 泥沼和软土地区路基养护方法

（1）降低水位

通过排水降低地下水位，促进路基土渗透固结，达到稳固路基的效果。

1）在路基两侧开挖沟渠。

2）直接加深路堤两侧边沟。

3）在低于地下水水位的两侧边沟底部设置渗沟。

4）采用砂石垫层、石灰桩、砂井（桩）、袋装砂井、塑料排水板，以及土工织物滤垫等方法，对地基进行处理。

（2）反压护道

为防止地基产生剪切、滑移，保证路基稳定，在路堤两侧或一侧填筑的起反压作用的具有一定宽度和厚度的土体，称为反压护道。

当路堤下沉，路堤两侧或下坡一侧隆起时，在路堤两侧或一侧填筑反压护道，在护道重力作用下，使路堤两侧（或单侧）被挤出隆起的趋势得以平衡，保证路堤稳定。

（3）换土

将病害处路堤下的软土全部挖出，换填强度较高、渗透性较好的砂砾石、碎石。

（4）抛石挤淤

抛石挤淤为强迫换土的一种形式，是指用片石将软土挤出路基础范围，以提高路基强度，适用于液性指数大、层厚较薄的松软地基。采用不易风化的较大片（块）石，直径一般不小于 0. 30 m。其方法是先将病害路段的路堤挖到软土层，抛石自路堤中部开始，逐步向两侧展开，使淤泥挤出，在片（块）石抛至一定高度后（一般要露出淹没水面），用压路机碾压，然后在其上铺设反滤层，再填土至路基设计高度。

（5）植物防护

路堤两侧边坡，栽植柳、枫、杨等亲水性好、根系发达的树木，以增强路基抵抗冲刷和侵蚀的能力。

三、黄土地区路基病害的养护

在干燥气候条件下形成的多孔性具有柱状节理的黄色粉质土称为黄土。黄土主要分布在昆仑山、秦岭、山东半岛以北的干旱和半干旱地区，其中以黄土高原的黄土沉积最为典型。

黄土地区路基遇水容易发生沉陷、坍塌、边沟冲深和蚀宽、边坡松散等病害，应根据各种病害特征采取相应的处治措施。

1. 黄土地区路基病害

（1）坡面在多次干湿循环后，出现裂缝、小块剥落、小型塌方、大小沟槽、陷穴等，如图3—4—3所示。

图3—4—3 黄土地区路基病害

（2）边沟被水冲深、蚀宽，使路肩、边坡脚受到破坏。

（3）边坡土体受积水浸泡后发生滑坍。

2. 黄土地区路基养护措施

黄土地区的路基沉陷病害主要是由黄土陷穴和湿陷造成的。黄土陷穴和湿陷是由黄土经水冲蚀与溶蚀所形成的一种特殊物理地质现象，对路基的危害较大。

水是引起黄土陷穴和湿陷的外因，因此防止黄土陷穴和湿陷引起路基变形的首要措施就是加强防、排水，采取封闭防水、拦截、分散的处理原则。

四、沙漠地区路基病害的养护

我国沙漠地区主要分布在北方干旱、半干旱地区。

1. 沙漠地区公路路基的主要病害

由于沙漠地区气候比较干燥、雨量稀少、风沙大，地表植被较稀疏、低矮，容易形成的路基病害如下：

（1）路基及其设施被沙掩埋，称为沙埋，如图 3—4—4 所示。沙埋是沙漠公路的主要病害。

图 3—4—4　路基沙埋病害

（2）边坡或路肩风蚀。

2. 沙漠地区公路防沙的措施

沙漠地区路基养护采取“固、阻、输、导”等措施进行综合治理。公路两侧的固沙植物应加强管护。

五、多年冻土地区路基病害的养护

在我国的东北、西北及青藏高原的高寒地区，由于年平均气温在 0℃以下，地下形成一层能长期保持冻结状态的土，这种土称为多年冻土。山区公路挖方边坡至地下含水层处，含水层中的水在冬季边渗边冻，可以漫延整个路幅，长度可达数十米乃至百余米，称为涎流冰。

1. 多年冻土地区路基病害

低温地带的多年冻土往往含有大量水分或夹有冰层，易引起的路基病害如下：

（1）路堑边坡坍塌，路基底发生不均匀沉陷。

（2）水分向路基上部积聚引起冻胀、翻浆。

（3）路基底的冰丘、冰堆使路基鼓胀，引起路基、路面的开裂与变形，而溶解后又发生不均匀沉陷等。

2. 多年冻土地区路基养护措施

（1）多年冻土地区的路基养护，应遵循“保护冻土”的原则，在填土路基坡脚 20 m 范围内不得破坏原地貌，取土坑应设在坡脚 20 m 以外。

（2）多年冻土地区路基应注意加强排水，填土路基上方 20 m 以外、路堑坡顶 5 m 以外应设置截水沟，将雨雪水引到路基以外。

（3）对有涎流冰产生的路段，应适当提高路基高度，保持路基高于涎流冰最大壅冰高度加 0.5 m。

一、选择题

1. 盐渍土地区公路路基出现坍塌或溶陷的原因是（　　）。

A. 水　　B. 土质C. 风D. 雪

2. 为防止软弱地基产生剪切、滑移，保证路基稳定，在路堤两侧或一侧填筑的起反压作用的具有一定宽度和厚度的土体，称为（　　）。

A. 挡土墙　　B. 路肩墙C. 反压护道D. 护坡道

3. 黄土地区防止路基沉陷病害的首要措施就是（　　）。

A. 防冻胀　　B. 防、排水C. 边坡防护D. 植树绿化

二、判断题

1. 抛石挤淤应采用较大的片（块）石，直径一般不小于1.0 m。（　　）

2. 沙埋是沙漠公路的主要病害。（　　）

三、简答题

1. 简述泥沼和软土地区的路基养护方法。

2. 简述多年冻土地区的路基养护措施。

模块四

沥青路面养护

任务一　沥青路面养护对策

- 熟悉沥青路面养护要求。
- 能够选择沥青路面的养护对策。
- 能够选择沥青路面损坏维修措施。

某高速公路为沥青路面，其某路段的路面损坏状况指数 $PCI=84.76$，路面行驶质量指数 $RQI=83.29$，路面车辙深度指数 $RDI=75.60$，横向力系数 $SFC=50$，强度满足要求。试确定该路段的养护对策。

一、沥青路面的养护要求

1. 对沥青路面必须进行预防性、经常性和周期性养护。
2. 经常清扫路面，及时清除杂物、积雪积冰等，做好路面排水工作，保持路面处于整洁状态。

3. 加强路况巡查，发现病害，及时修补、处治，保持路面处于良好的技术状况。

4. 沥青路面的技术状况应符合《公路技术状况评定标准（附条文说明）》（JTG H20—2007）。定期对路面的技术状况进行调查和评定，科学制订公路养护维修计划。

5. 沥青路面养护维修材料的技术要求应符合《公路沥青路面设计规范》（JTG D50—2006）和《公路沥青路面施工技术规范》（JTG F40—2004）的有关规定。

6. 对沥青路面采取中修、大修和改建时，应遵守《公路养护技术规范》（JTG H10—2009）、《公路沥青路面施工技术规范》（JTG F40—2004）、《公路路基施工技术规范》（JTG F10—2006）和《公路路面基层施工技术规范（附文条说明）》（JTJ 034—2000）的有关规定。大交通量路段应制订科学合理的交通组织方案，减少施工对通行车辆的影响。

二、沥青路面的养护对策

沥青路面养护对策应根据公路等级、交通量、路面技术状况的调查及评定结果，结合养护资金情况确定。可采取的养护维修对策见表4—1—1。当因路面不能满足现有交通量或荷载的需要时，应通过提高现有路面等级或通过加宽路面等改建措施提高道路的通行能力和服务质量。

表4—1—1　　沥青路面养护对策

评价指标	高速公路、一级公路	二级及以下公路	采取措施
路面损坏状况指数（PCI）（在满足强度要求的情况下）	优、良	优、良、中	以日常养护为主，并对局部破损进行小修
	中及中以下	次及次以下	中修罩面
强度	不满足要求	不满足要求	大修补强
路面行驶质量指数（RQI）	优、良	优、良、中	以日常养护为主
	中及中以下	次及次以下	加铺罩面等改善路面的平整度
抗滑能力（SFC）	SFC <40	SFC <33.5	加铺罩面等提高路表面的抗滑能力

三、沥青路面常见损坏维修措施的选择

沥青路面的损坏应分析其产生的原因，并根据损坏的类型、损坏的程度、气候条件及技术经济比较采用相应的维修措施。沥青路面常见损坏的维修措施可参照表4—1—2选用。凡因土基、基层强度不足或水稳性能不好而造成的路面损坏，应先处治好基层（具体的施工工艺见本模块任务三），再重做面层。

表 4—1—2　　　　沥青路面常见损坏的维修措施

维修技术		基层强度不足	龟裂			块状裂缝		纵向裂缝		横向裂缝		坑槽	松散		沉陷	车辙		拥包	泛油
			轻	中	重	轻	重	轻	重	轻	重		轻	重		轻	重		
裂缝处理	清缝并灌缝					√	√	√	√	√									
	扩缝并灌缝					√	√	√	√	√									
	压缝带封缝									√	√								
坑槽填补	冷凿热补			√	√		√		√		√	√		√	√			√	
	微波热补			√	√		√		√		√	√		√	√			√	
	红外线热补			√	√		√		√		√	√		√	√			√	
	冷凿冷补											√		√	√			√	
	喷射冷补											√		√	√			√	
面层处理	雾封层		√			√		√		√			√						
	沥青复原剂（CAP）		√			√		√		√			√						
	沥再生		√			√		√		√			√						
	微表处				√		√		√		√			√		√			√
	超薄磨耗层（NovaChip）				√		√		√		√			√		√			√
	热拌沥青混凝土薄层罩面						√							√			√		√
其他	浅层注浆	√																	
	深层注浆														√				

1. 裂缝维修措施

(1) 在高温季节全部或大部分可愈合的轻微裂缝

在高温季节全部或大部分可愈合的轻微裂缝可不加处理。

(2) 在高温季节不能愈合的局部轻微裂缝

在高温季节不能愈合的局部轻微裂缝，沿裂缝涂少量稠度较低的沥青。

(3) 局部裂缝

局部裂缝可采用清缝灌缝、扩缝灌缝及压缝带封缝等维修措施，见表 4—1—2。具体的施工工艺见本模块任务四。

(4) 大面积裂缝

基层强度尚好时，根据裂缝损坏程度及技术经济比较可选用坑槽填补技术或面层处理技术，见表 4—1—2。具体的施工工艺见本模块任务五和任务六。

2. 坑槽维修措施

坑槽维修可根据气候条件及技术经济比较选用冷凿热补、微波热补、红外线热补、冷凿冷补或喷射冷补等措施。具体的施工工艺见本模块任务五。

3. 松散维修措施

(1) 轻度松散

轻度松散可以根据技术经济比较采用面层处理技术中的雾封层、沥再生、沥青复原剂(CAP)等措施。

(2) 严重松散

严重松散可以根据技术经济比较采用坑槽填补技术或面层处理技术中的微表处、超薄磨耗层(NovaChip)、热拌沥青混凝土薄层罩面等措施，见表4—1—2。具体的施工工艺见本模块任务五和任务六。

4. 沉陷维修措施

(1) 因路基不均匀沉降引起的局部路面沉陷，若土基和基层已经密实稳定，不再继续下沉，可只修补面层。根据路面的破损情况分别采取下列维修措施：

1) 路面略有下沉，无破损或仅有少量轻微裂缝，可在沉陷处喷洒或涂刷黏层沥青，再用沥青混合料填补沉陷部分并压实平整。

2) 因路基沉陷导致路面破损严重，矿料已松动、脱落形成坑槽的，应参照坑槽的维修方法予以处治，即根据气候条件及技术经济比较可选用冷凿热补、微波热补、红外线热补、冷凿冷补或喷射冷补等措施。具体的施工工艺见本模块任务五。

(2) 桥涵台背因填土不实出现不均匀沉降的，可视情况选择以下处理方法：

1) 挖除沥青面层或者铣刨沥青面层，在沉陷的部分加铺基层后重做面层。

2) 采用注浆加固处理。具体的施工工艺见本模块任务七。

5. 车辙维修措施

(1) 路面在车辆荷载作用下产生的压密型车辙，只需在面层做一薄层沥青罩面。

(2) 路面表面因车辆行驶而产生的车辙，应将出现车辙的面层铣刨，然后重铺沥青面层，一般采用SBS改性沥青混合料或者SMA修补车辙。

(3) 路面受横向推挤形成的横向波形车辙，如果已经稳定，可将凸出部分削除，在波谷部分喷洒或涂刷黏结沥青，再填补沥青混合料并找平、压实。

(4) 因面层与基层间有不稳定的夹层而形成的车辙，应将面层挖除，清除夹层后，重做面层。

车辙维修可根据车辙深度及技术经济比较选用不同的维修措施。轻度车辙可选用微表处或超薄磨耗层(NovaChip)等维修措施，严重车辙可采用热拌沥青混凝土薄层罩面。具体的施工工艺见本模块任务六。

6. 拥包维修措施

(1) 已趋于稳定的轻微拥包，应将拥包用机械铣刨或人工挖除，如果除去拥包后，路表不够平整，应予以处治。

(2) 因面层沥青用量过多或细料集中而产生较严重拥包，或路面连续出现拥包且面积较大，但路面基层仍属稳定，则应用机械或人工将拥包全部除去，并低于路表面约 10 mm。扫尽碎屑、杂物及粉尘后用热沥青混合料重做面层。

(3) 因基层局部含水量过大或强度不足或水稳性不好而造成的拥包，应先处治好基层后，再重做面层。

拥包的维修应参照坑槽的维修方法予以处治，即可根据气候条件及技术经济比较选用冷凿热补、微波热补、红外线热补、冷凿冷补或喷射冷补等措施。具体的施工工艺见本模块任务五。

7. 泛油抗滑性能不足维修措施

高等级公路修复泛油病害通常采取表面加铺或表层铣刨加铺的措施来处理，可根据损坏程度及技术经济比较选用微表处、超薄磨耗层（NovaChip）或热拌沥青混凝土薄层罩面等措施，具体的施工工艺见本模块任务六。

(1) 只有轻微泛油的路段，可撒上 3 ~ 5 mm 粒径的干净石屑或粗砂，并用压路机碾压或控制行车碾压。

(2) 泛油较重的路段，可视情况采用下述方法之一进行处治：

1) 先撒 5 ~ 10 mm 粒径的碎石，用压路机碾压，待稳定后，再撒 3 ~ 5 mm 粒径的干净石屑或粗砂，并用压路机碾压或控制行车碾压。

2) 采用微表处或者超薄磨耗层（NovaChip）进行处理。

(3) 面层含油量高，且已形成软层的严重泛油路段，可视情况采用下述方法之一进行处治：

1) 先撒一层 10 ~ 15 mm 粒径（或更大）的碎石，用压路机碾压，待基本稳定后，再分次撒上 5 ~ 10 mm 粒径的碎石，并碾压成形。

2) 将含油量过高的软层铣刨清除后，重做面层。

采用撒料方式处治泛油时应注意以下事项：

①处治时间应选择在泛油路段已出现全面泛油的高温季节。

②撒料应顺行车方向撒，先粗后细；做到少撒、薄撒、匀撒、无堆积、无空白。

③禁止使用含有粉粒的细料。

④采用压路机或引导行车碾压，使所撒石料均匀压入路面。

⑤如采用行车碾压，应及时将飞散的粒料扫回，待泛油稳定后，将多余浮动的石料清扫并回收。

已知该高速公路某路段的 $PCI=84.76$，$RQI=83.29$，$RDI=75.60$，$SFC=50$，强度满足要求。

因为，$PCI=84.76$，$RQI=83.29$

查表 2—0—1 可知：

该路段路面损坏状况（PCI）为良，路面行驶质量（RQI）为良。

又因为该路段强度满足要求，且 $SFC=50>40$

查表 4—1—1 可知：

该路段的养护对策是以日常养护为主，并对局部破损进行小修。

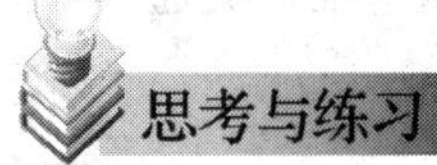

1. 某二级公路为沥青路面，其某路段的路面损坏状况指数 $PCI=64.35$，路面行驶质量指数 $RQI=75.25$，强度满足要求。试确定该路段的养护对策。

2. 试述在高温季节不能愈合的局部轻微裂缝的维修措施。

3. 试述轻度松散的维修措施。

4. 采用撒料方式处治泛油时应注意哪些事项？

任务二　沥青路面日常保养

- ◆ 熟悉沥青路面日常养护的内容。
- ◆ 掌握清扫路面的方法。
- ◆ 了解防雪防滑的方法。

请对某养护中心所管养的四级公路 K345 +000 ~ K347 +000 路段（沥青路面）实施人工清扫。

一、沥青路面日常保养的内容

1. 日常巡视与检查

（1）路面上是否有明显的病害，其危害程度及趋势。

（2）路面上是否有可能损坏路面或妨碍交通的堆积物等。

2．清扫路面。

3．排除路面积水、积雪、积冰、积砂，铺设防滑料、灭尘剂或压实积雪维持交通。

4．处理沥青路面的泛油、拥包、裂缝、松散等病害。

5．路缘石的修理和刷白。

二、清扫路面

巡查过程中发现路面有杂物应及时清扫。路面日常清扫的频率可参照表 4—2—1。

表 4—2—1　　沥青路面日常清扫频率

项　　目	清扫频率
二级及二级以上公路	宜不少于 1 次/天
二级以下公路	宜不少于 1 次/周
路面分隔带内	宜不少于 1 次/月

注：长隧道内和大型桥梁的清扫频率应适当增加。

路面的清扫方法有机械清扫和人工清扫。高速公路和一级公路应以机械清扫为主，其他等级的公路可以用机械和人工相结合的方式进行清扫。

1．机械清扫

（1）机具设备配备要求

机械清扫作业需配备有安全导向灯的清扫车，如图 4—2—1 所示。

图 4—2—1　清扫车

(2）施工工艺

机械清扫作业施工工艺见表4—2—2。

表4—2—2　　机械清扫作业施工工艺

序号	施工工序	工艺要求
1	作业准备	检查清扫车各装置，确保清扫车扫把、吸尘、洒水、垃圾箱、警示灯等装置工作正常
2	路面清扫 	①按安全操作规程的要求操作清扫车 ②清扫车进入清扫路段时，应开启所有的警示灯，进入隧道路段时，还应打开车辆灯光。清扫作业时须注意车后车辆的动态，并鸣笛示意 ③清扫时，开启清扫装置，清扫车沿着清扫路线以5～10 km/h的速度行驶
3	垃圾处理 	清扫结束，将垃圾倒卸于指定地点，并用水将清扫车垃圾箱冲洗干净

2. 人工清扫

(1）机具设备配备要求

人工清扫作业需要的机具设备配备见表4—2—3。

表 4—2—3　　人工清扫作业机具设备配备表

序号	机具设备名称	序号	机具设备名称
1	人货两用工具车 	3	斗车 
2	扫把 	4	夹具、编织袋等 

（2）施工工艺

人工清扫作业施工工艺见表 4—2—4。

表 4—2—4　　人工清扫作业施工工艺

序号	施工工序	工艺要求
1	工人运送	一般每 2 ~ 3 km 配 1 名作业人员，用工具车（须开启警示灯）将作业人员依次运送到指定地点，当工具车需临时停靠时，应摆放反光锥等安全设施
2	路面清扫、垃圾捡拾 	①作业人员应面向来车方向作业，并注意观察前面车辆动态 ②作业人员用扫把将负责的路段清扫干净。扫把无法清扫的区域，则用夹具将垃圾捡拾干净 ③作业人员穿越道路时，必须注意前方来车，严禁在弯道、危险地段穿越

续表

序号	施工工序	工艺要求
3	垃圾处理 	将垃圾堆放在路肩边缘不影响行车的地方，由工具车集中装车运往指定地点统一处理

工作任务中实施人工清扫可参照表4—2—3中的机具和表4—2—4中的施工工序进行。

三、除雪防滑

当降雪影响正常通行时，应组织人员与机械清除路面积雪。在冬季降雪或下雨后，路面出现结冰时，应在桥面、陡坡、急弯、桥头引道撒铺一层防滑料。在环保允许的情况下，也可撒布融雪材料。

预防和清除路面薄冰作业如下：

1. 材料要求

除冰隔雪的材料应颗料均匀、干燥、无受潮结团现象。

（1）盐类材料

盐类一般使用工业盐（颗粒状）或盐砂混合料。砂采用中砂，盐砂质量经验比为1:500～1:800。

撒布盐类除冰材料费用相对较低，且操作方便，应用较广。但盐类材料对环境污染（如水、鱼塘等）及路面破坏相对较大，且当气温低于-8℃时，除冰效果也不理想。

（2）化学融雪剂

常用的化学融雪剂有$CaCl_2 \cdot H_2O$、$MgCl_4 \cdot H_2O$，其效果好，适用温度可达-30℃，但费用较高，且易被风吹走。

（3）道路防滑剂

道路防滑剂与盐类相比有防滑融冰能力强、费用省、使用时间长、路面摩擦大、饱和溶液极限冰点低、生产工艺无“三废”等特点。

建议使用环保型融雪剂或污染小的道路防滑剂。

2. 机具设备配备要求

预防和清除路面薄冰作业需要的机具设备配备见表4—2—5。

表4—2—5　　　　预防和清除路面薄冰作业机具设备配备表

序号	机具设备名称	序号	机具设备名称
1	红外线测温仪	4	铁铲
2	鼓风机	5	漏斗、扫把
3	照明设施（晚上作业用）	6	人货两用工具车

3. 施工工艺

预防和清除路面薄冰作业施工工艺见表4—2—6。

表4—2—6　　　　预防和清除路面薄冰作业施工工艺

序号	施工工序	工艺要求
1	作业准备	①进入冬季，应成立除冰融雪应急小组，设专人负责气象信息收集 ②检查喷撒设备，确保设备正常工作，准备除冰融雪材料 ③做好上路车辆轮胎的防滑措施，保证制动效果
2	路面监测	用红外线测温仪随时监测路面温度，判断最佳作业时间，即在路面温度接近冰点前1～2 h安排作业
3	喷撒作业	①根据不同材料和路面结冰情况确定喷撒量，工业盐的喷撒量一般为80 g/m² ②在起始阶段可适当增大撒布量，对于易结冰或易发生交通事故的路段及须减速的收费广场等路段，应适当增大撒布量或撒布次数 ③应均匀喷撒除冰融雪材料

思考与练习

1. 试述沥青路面日常保养的内容。
2. 试述机械清扫作业中路面清扫工序的工艺要求。
3. 试述人工清扫作业中路面清扫工序的工艺要求。
4. 除冰融雪作业的最佳作业时间是指哪段时间？

任务三　沥青路面基层的维修

◆ 掌握沥青路面基层强度不足的维修方法。

某养护中心所管养路段 K12 +300 处的裂缝出现较严重的冒浆现象，经检测，路表弯沉值大于设计值，请对该处基层实施处治。

沥青路面基层强度不足可采用浅层注浆进行维修。浅层注浆是指采用水泥浆等浆液对沥青路面基层强度不足的路段进行压力注浆，从而提高路面的强度。

浅层注浆适用于沥青路面基层有较严重冒浆现象的纵横向裂缝处治和基层松散、强度不足病害的处治。

一、材料要求

浅层注浆用的水泥浆是以水泥作为胶结材料，掺加适当比例的外加剂拌制而成。若使用外加剂，浆液的配合比一般为水∶水泥∶外加剂 = （0.4 ~0.45）∶1∶0.006。

配制的浆液初凝时间不早于 2 h，终凝时间不超过 3.5 h，灌浆 24 h 后基层抗压强度应达到 3.0 MPa。

1. 水泥

普通 32.5R 硅酸盐水泥，符合现行国家标准要求。

2. 水

洁净饮用水。

二、机具设备配备要求

浅层注浆施工需要的机具设备配备见表4—3—1。

表4—3—1 **浅层注浆施工机具设备配备表**

序号	机具设备	序号	机具设备
1	水车 	6	钻孔机 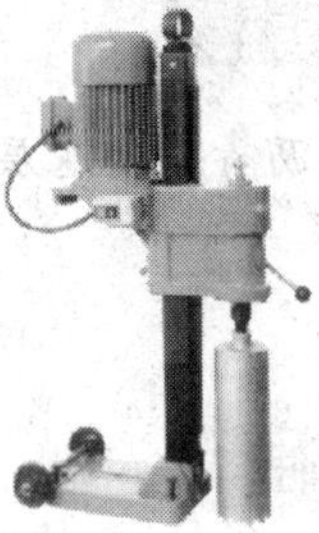
2	发电机 	7	灌浆泵 
3	搅拌机	8	套管
4	高压软管	9	扫把
5	铁铲	10	人货两用工具车

三、施工工艺

浅层注浆施工工艺见表4—3—2。

表 4—3—2 浅层注浆施工工艺

序号	施工工序	工艺要求
1	作业准备	①准备好施工所用材料 ②检查施工机械设备是否正常运行
2	布置养护维修作业控制区 	顺着交通流的方向设置安全设施
3	布孔 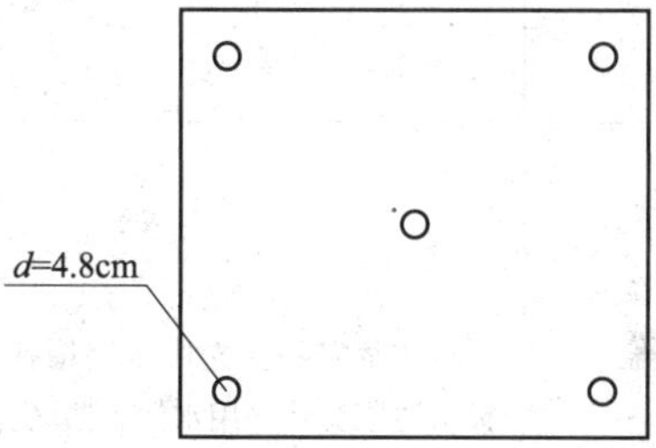	在病害范围内等孔距呈梅花状布孔，孔位应在病害处。裂缝两端的孔位距路缘石不小于 0. 8 m
4	钻孔 	垂直钻孔，孔深为基层厚度的 2/3，且不得穿透基层，钻杆直径为 48 mm
5	设置套管	用镀锌水管制成套管，作为导浆管。将导浆管插入灌浆孔内。导浆管底部封闭，在距管底 50 mm 左右的管壁上钻一排孔，用于漏浆
6	配制浆液	按配合比将水、外加剂混合搅拌，然后加入水泥搅拌均匀制成注浆浆液，并用滤网过滤。配制好的浆液必须在初凝前使用完毕

续表

序号	施工工序	工艺要求
7	连接注浆管	将注浆管与套管连接，连接头与套管头的搭接长度不小于50 mm，确保密封不漏浆。注浆完毕，待压力表显示为零时方可拆卸
8	注浆 	按先灌注路面外围孔，后路面中间孔的顺序分两次注浆 第一次注浆：启动注浆泵，逐渐加压灌注浆液。当出现以下任一情况时即停止灌注：①相邻孔内或裂缝中冒浆；②裂缝周围沥青面层出现轻微抬升；③灌注压力达到0.5 MPa 间隔15 min后进行第二次注浆：注浆压力不得高于第一次，当出现上述余下的两种情况之一时即停止注浆
9	封孔 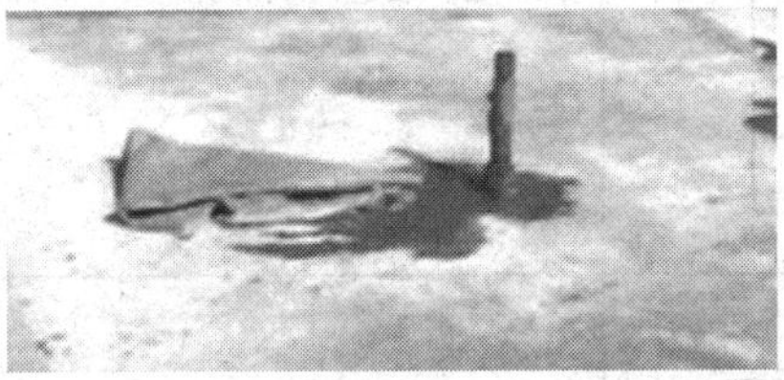	每注浆完一孔先用木塞堵孔，待注浆完毕后，拔出注浆套管并用水泥砂浆堵孔
10	清理现场	注浆完毕，应将路面清扫干净，必要时采用高压水冲洗
11	开放交通	施工完毕须进行养护，待基层强度达到3 MPa时，即可逆着交通流方向撤除路面安全设施，开放交通

工作任务中路段K12 +300处的裂缝出现冒浆现象，因路表弯沉大于设计值，表明基层强度不足，需先处治基层。可采取浅层注浆法进行处治，参照表4—3—1中的机具和表4—3—2中的施工工序实施处治。

四、施工质量标准

1. 注浆后的路面没有损坏、隆起现象。
2. 基层强度达到3 MPa以上。

3. 路表弯沉能够满足设计的允许值。

思考与练习

一、填空题

1. 当养护作业开始前，应________________交通流的方向设置安全设施。

2. 当养护作业结束时，应________________交通流的方向撤除路面安全设施。

3. 注浆完毕，待压力表显示为________时方可拆卸注浆管。

二、简答题

1. 简述浅层注浆法的施工工序。

2. 简述浅层注浆法中的注浆工艺。

三、实训题

实训项目：修补基层。

实训实施条件：

1. 校园内实训场地的沥青道路。

2. 修补基层的机具设备一套。

3. 设置安全作业区所需的安全设施一套。

4. 反光工作服若干套（视分组人数定）。

任务四　沥青路面裂缝的维修

学习目标

◆ 熟悉沥青路面裂缝的维修方法。

◆ 能够进行沥青路面裂缝维修作业。

工作任务

养护中心拟对管养路段 K12 +800 处的裂缝病害进行修补，如图 4—4—1 所示。天气晴，请对该病害实施修补。

图 4—4—1　沥青路面的裂缝

相关理论

一、裂缝的维修方法

裂缝的主要维修方法见表 4—4—1。

表 4—4—1　　裂缝的维修方法

维修方法	释义	适用条件
清缝灌缝	使用热空气喷枪或压缩空气将裂缝中的碎屑吹出，然后灌入热沥青或者乳化沥青进行封填	是一种局部处理方法，适用于处治沥青路面各种类型的裂缝
扩缝灌缝	使用路面锯或开槽机在原有裂缝上设置填缝槽，然后放置填缝料或者灌缝进行封填	是一种局部处理方法，适用于处治沥青路面横向及纵向裂缝
压缝带封缝	用液化气喷枪烧烤缝面，并用余温烧烤压缝带使其软化，然后粘贴于缝隙进行封缝	是一种局部处理方法，适用于处治沥青路面横向裂缝

注：压缝带封缝方法对于深层裂缝处理效果不佳，且价格相对较高。

二、机具设备配备要求

各种裂缝维修方法需配备的机具设备见表 4—4—2。

三、裂缝维修作业

1. 清缝灌缝

（1）材料要求

采用热沥青或乳化沥青等灌缝材料应符合国家标准，SBS 改性沥青宜采用《公路沥青路面施工技术规范》（JTG F40—2004）中的 I－D 型改性沥青。

表 4—4—2　　　　裂缝维修机具设备配备表

序号	机具设备	清缝灌缝	扩缝灌缝	压缝带封缝
1	灌缝机 	√	√	
2	开槽机 		√	
3	鼓风机 	√	√	
4	竹片 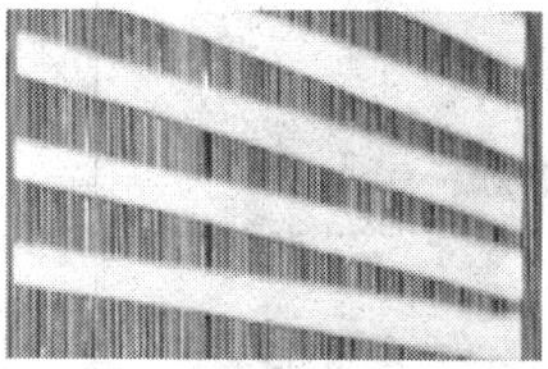	√	√	
5	液化气喷火枪 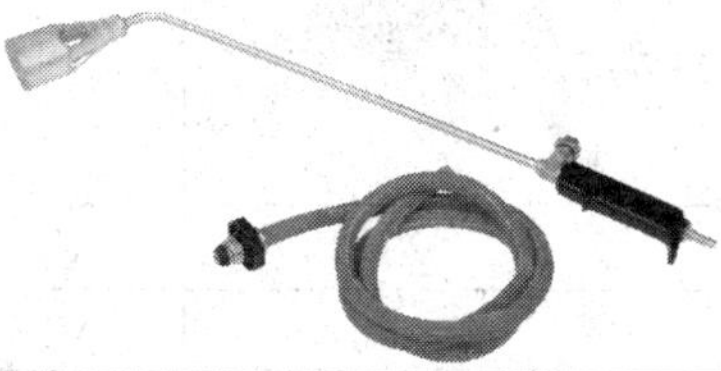			√

续表

序号	机具设备	清缝灌缝	扩缝灌缝	压缝带封缝
6	介刀 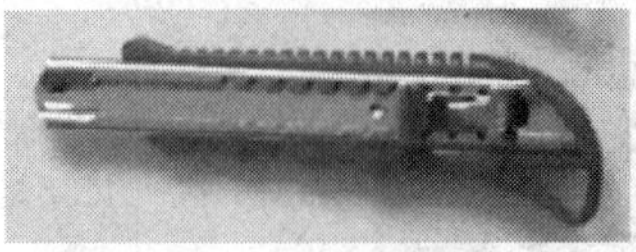			√
7	卷尺 			√
8	铁锅 			√
9	灰刀 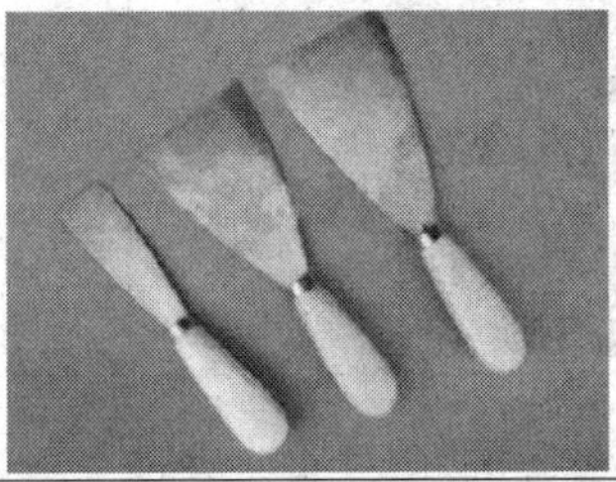			√
10	铁锤 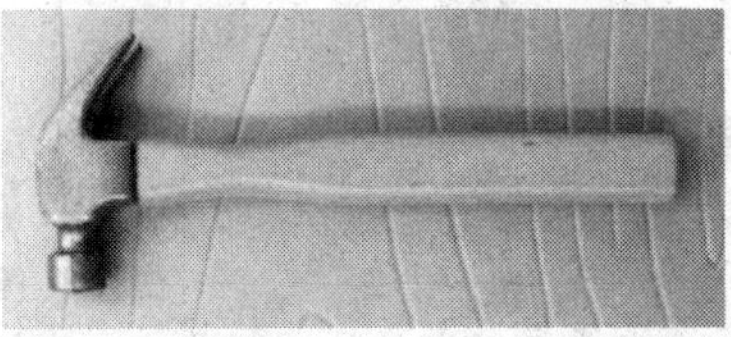			√
11	清缝小工具 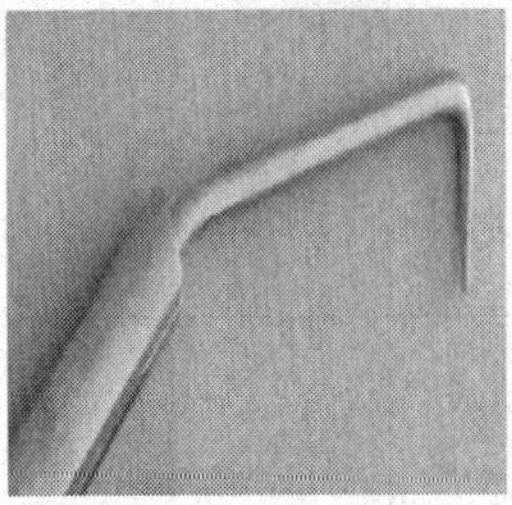  铁钩　刷子	√	√	√
12	铁铲、扫把	√	√	√
13	人货两用工具车	√	√	√

(2) 施工工艺

清缝灌缝作业施工工艺见表4—4—3。

表4—4—3　　清缝灌缝作业施工工艺

序号	施工工序	工艺要求
1	作业准备	①准备好施工所用材料 ②检查施工机械设备是否正常运行
2	布置养护维修作业控制区	顺着交通流的方向设置安全设施
3	填缝料加热	先将填缝料加热，宜加热至170～180℃
4	清缝 	①用铁钩钩出缝内的松动颗粒 ②用扫把扫除路表泥沙杂质及缝内的颗粒和粉尘 ③用鼓风机将缝内粉尘、杂质吹扫干净，并吹至缝内干燥
5	灌缝 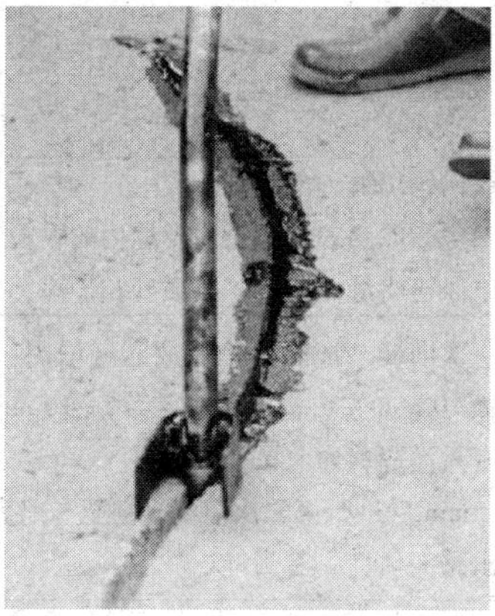	①第一次灌缝。把灌缝枪头放入缝槽内，匀速移动灌缝至距路表面10 mm左右 ②撒入石屑（或粗砂），用竹片把石屑（或粗砂）嵌入灌缝料内 ③第二次灌缝。3～5 min后进行第二次灌缝。灌至与路表面齐平，避免灌缝料溢出路面
6	清扫路面	将路面废料清扫干净，集中装车运离现场，不得将废料弃于路边
7	开放交通	待灌缝料冷却至常温后，即可逆着交通流的方向撤除路面安全设施，开放交通

(3) 施工质量标准

1）填缝应饱满并与路面基本平齐。

2）施工后裂缝处不渗水。

2. 扩缝灌缝

（1）材料要求

采用热沥青或乳化沥青等灌缝材料应符合国家标准，SBS 改性沥青宜采用《公路沥青路面施工技术规范》（JTG F40—2004）中的 I－D 型改性沥青。

（2）施工工艺

扩缝灌缝作业施工工艺见表 4—4—4。

表 4—4—4　扩缝灌缝作业施工工艺

序号	施工工序	工艺要求
1	作业准备	①准备好施工所用材料 ②检查施工机械设备是否正常运行
2	布置养护维修作业控制区	顺着交通流的方向设置安全设施
3	填缝料加热	先将填缝料加热，宜加热至 170～180℃
4	开槽 	用开槽机对准裂缝开槽，槽宽 15～20 mm，深约 30 mm
5	清缝	①用铁钩钩出缝内的松动颗粒 ②用扫把扫除路表泥沙杂质及缝内的颗粒和粉尘 ③用鼓风机将缝内粉尘、杂质吹扫干净，并吹至缝内干燥
6	灌缝	①第一次灌缝。把灌缝枪头放入缝槽内，匀速移动灌缝至距路表面 10 mm 左右；撒入粒径为 5～10 mm 的碎石，用竹片把碎石嵌入灌缝料内 ②3～5min 后进行第二次灌缝。灌至与路表面齐平，避免灌缝料溢出路面
7	清扫路面	将路面废料清扫干净，集中装车运离现场，不得将废料弃于路边
8	开放交通	待灌缝料冷却至常温后，即可逆着交通流的方向撤除路面安全设施，开放交通

从图 4—4—1 可知工作任务中路段 K12＋800 处的裂缝为重度横向裂缝，可采取扩缝灌缝进行修补，参照表 4—4—2 中的机具和表 4—4—4 中的施工工序实施修补。

（3）施工质量标准

1）填缝应饱满并与路面基本平齐。

2）施工后裂缝处不渗水。

3. 压缝带封缝

（1）材料要求

压缝带处治面层裂缝作业材料应具备良好的黏结性、弹性、耐水性、高温稳定性、低温柔韧性、耐冲击性和耐久性，使用方便快捷。对于较宽的裂缝，所填材料为乳化沥青砂，应现场拌制。

（2）施工工艺

压缝带封缝作业施工工艺见表4—4—5。

表4—4—5　　压缝带封缝作业施工工艺

序号	施工工序	工艺要求
1	作业准备	①准备好施工所用材料 ②检查施工机械设备是否正常运行
2	布置养护维修作业控制区	顺着交通流的方向设置安全设施
3	清缝	①用铁钩钩出缝内的松动颗粒 ②用扫把扫除路表泥沙杂质 ③用刷子清扫缝内及缝面的粉尘等杂质
4	沥青砂填缝	对缝宽 >10 mm 的裂缝，用乳化沥青砂填实至路表面齐平。沥青砂含油量约为8%，应现场拌制
5	裁割封缝条	按裂缝两侧各外延10 mm的宽度裁割好封缝条，封缝条的头尾部以斜口方式相接，做到无缝隙
6	烘烤粘贴封缝条	①用液化气喷火枪烘烤封缝条粘贴面至表面熔化 ②边烘烤封缝条，边对准缝粘贴，应保证裂缝基本位于封缝条的中间位置
7	压实封缝条	封缝条粘贴完后，用铁锤拍实，使其紧贴路面
8	开放交通	待封缝条冷却至常温后，即可逆着交通流的方向撤除路面安全设施，开放交通

（3）施工质量标准

1）封缝条粘贴牢固，表面平整，首尾相接处无缝隙。

2）施工后裂缝处不渗水。

思考与练习

一、简答题

1. 简述清缝灌缝的施工工序。

2. 简述扩缝灌缝的施工工序。

3. 简述压缝带封缝的施工工序。

4. 试述灌缝工序的工艺。

二、实训题

实训项目：修补沥青路面裂缝。

实训实施条件：

1. 校园内实训场地的沥青道路。

2. 修补沥青路面裂缝的机具设备一套。

3. 设置安全作业区所需的安全设施一套。

4. 反光工作服若干套（视分组人数定）。

任务五　沥青路面坑槽的维修

学习目标

- 熟悉沥青路面坑槽的维修方法。
- 能够完成沥青路面坑槽的维修作业。

工作任务

养护中心拟对管养路段 K101 +680 处的坑槽病害进行修补，如图 4—5—1 所示。天气情况为小雨，请对该坑槽病害实施修补。

图 4—5—1　沥青路面的坑槽

相关理论

一、坑槽的维修方法

坑槽的主要维修方法见表 4—5—1。

表 4—5—1　　坑槽的维修方法

维修方法	释　义	适用条件
冷凿热补	切割并凿除需要处理的路面部分，然后用热拌沥青混合料填补并压实	适用于沥青路面常见的坑槽、龟裂、块状裂缝、翻浆、修补不良以及小面积沉陷、松散、泛油、拥包等病害的处治
微波热补	利用微波加热技术对坑槽等病害部位进行加热，再用铁铲和铁耙耙松表面混合料，铲除不能利用的旧混合料，添加新沥青混合料，最后压实路面	
红外线热补	利用红外线加热技术对坑槽等病害部位进行加热，再用铁铲和铁耙耙松表面混合料，铲除不能利用的旧混合料，添加新沥青混合料，最后压实路面	
冷凿冷补	凿除需要处理的路面部分，然后用冷拌沥青混合料填补并压实	适用于气温较低、雨雪季节或工期紧迫情况下沥青路面坑槽的修补作业，包括坑槽的临时性修补作业
喷射冷补	利用自动坑槽修补车自带的鼓风机清洁坑槽内部，并用喷管喷射的沥青混合料直接修补坑槽	

坑槽的维修方法主要考虑气候条件及现有的机具设备情况，在气候条件适宜的情况下，尽量采用热补法。

二、机具设备配备要求

各种坑槽维修方法需配备的机具设备见表4—5—2。

表4—5—2　　坑槽维修机具设备配备表

序号	机具设备名称	冷凿热补	微波热补	红外线热补	冷凿冷补	喷射冷补
1	沥青混合料加热设备	√				
2	微波热补设备		√			
3	红外线热补设备			√		
4	自动坑槽修补车					√

续表

序号	机具设备名称	冷凿热补	微波热补	红外线热补	冷凿冷补	喷射冷补
5	沥青加热炉 	√	√	√	√	
6	切缝机 	√				
7	电镐或风镐 	√			√	
8	羊镐 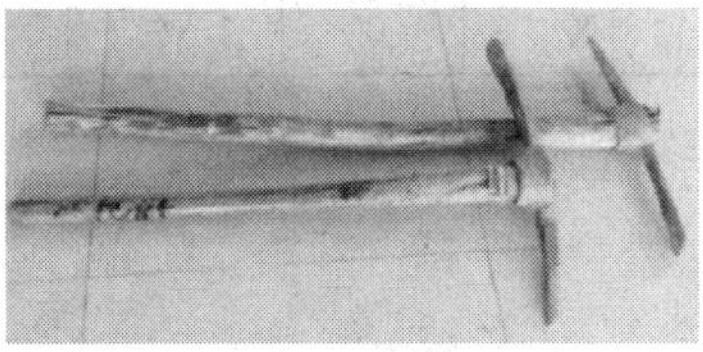		√	√		
9	背式鼓风机 	√	√	√	√	

续表

序号	机具设备名称	冷凿热补	微波热补	红外线热补	冷凿冷补	喷射冷补
10	喷洒装置 		√	√	√	
11	小型振动压路机 	√	√	√	√	
12	铁耙 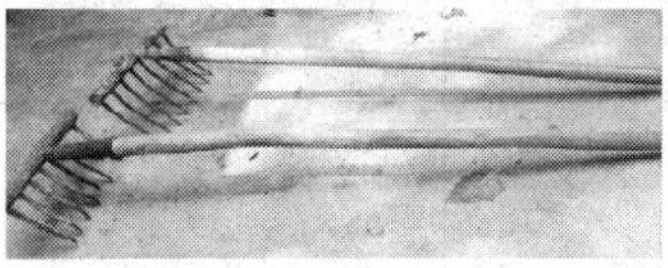	√	√	√	√	
13	3 m 直尺、卷尺等 	√	√	√	√	
14	斗车		√	√		
15	红外线测温仪	√	√	√		
16	铁铲、扫把	√	√	√	√	
17	人货两用工具车	√	√	√	√	√

三、坑槽维修作业

1. 冷凿热补

（1）材料要求

冷凿热补作业采用同质修补法。黏层油一般采用 AH－70 重交热沥青，质量符合《公路沥青路面施工技术规范》（JTG F40—2004）的要求。

（2）施工工艺

冷凿热补作业施工工艺见表 4—5—3。

表 4—5—3 冷凿热补作业施工工艺

序号	施工工序	工艺要求
1	作业准备	①准备好施工所用材料，如沥青混合料、热沥青等 ②检查施工机械设备是否正常运行
2	布置养护维修作业控制区	顺着交通流的方向设置安全设施
3	确定处治范围 	一般沿病害四周向外再扩大 100 mm 的区域确定为处治范围。根据"圆洞方补，斜洞正补"的原则用粉笔将处治范围画成矩形
4	路面切缝 	①用切缝机沿所画的处治范围标线切缝，注意走线顺直，切缝深度不要超过处治层厚度 ②如果坑槽较深（70 mm 以上），应分层修补，层间应形成阶梯搭接，搭接宽度一般为 100 mm 左右
5	凿除路面 	①用风镐或电镐等凿除工具在距离切缝 50 mm 左右向处治部位中间凿除处治层 ②凿除沥青混凝土时，沥青黏结层或封层等一并凿除，不留夹层，且保证坑槽底部平整 ③凿除的废料应运离现场集中堆放，不得随意弃于路边 ④若发现基层的表层松散，则应一并将松散部分凿除。当基层凿除厚度 <60 mm 时，在刷涂透层乳化沥青后用沥青碎石或粗粒式沥青混合料铺筑并压实；当基层凿除厚度 >60 mm时则用 C15 或 C20 混凝土铺筑并振实
6	清理坑槽 	①用铁铲、扫把清理掉松散混合料 ②用鼓风机将槽内细小松散颗粒吹扫干净，并保持坑槽内干燥

续表

序号	施工工序	工艺要求
7	涂洒热沥青 	在坑槽的四壁及底部涂刷一层热沥青，热沥青用量为0.8 kg/m^2左右。注意坑槽四壁不得漏涂，保证涂洒均匀
8	添加新混合料 	①新混合料使用前应加热并保温至规定温度，一般普通沥青混合料的加热温度为140～150℃，改性沥青混合料的加热温度为160～170℃ ②宜按1.30左右的松铺系数添加新混合料（确保混合料压实后比原路面略高） ③在卸料时应注意防止粗细集料离析
9	混合料修整  	①将加热好的新料铺至工作面100 mm范围外的旧路面上 ②用铁耙把混合料由外向里耙，使细料能填充在坑槽边缘，保证坑槽边缘新旧路面接缝在碾压后结合紧密，不渗水 ③用不带齿的铁耙把坑槽表面沥青混合料耙平，使沥青混合料表面粗细料均匀不出现离析。如果表面粗料过多或相对集中时，应铲除部分粗料

续表

序号	施工工序	工艺要求
10	混合料碾压	①用小型振动压路机按先四边后中心、先静压后振压、前后左右交替碾压的原则及时碾压。碾压的重叠宽度为压路机轮宽的1/3～2/3 ②对新旧路面接缝处，应骑缝碾压，必要时采用45°斜压 ③碾压遍数一般为静压1遍，振压3遍。静压1遍后，应马上检查新补路面表面及新旧路面接缝处，对于缺料部位，应即刻补充新料或细料进行碾压。禁止在碾压多遍后再补充新料 ④当分层碾压时，若坑槽下面层压路机难以作业，可用振动夯充分夯实
11	清理现场	修补完毕，将作业处的垃圾和废料全部清扫干净，运离现场集中堆放
12	开放交通	待沥青混合料冷却至常温后，即可逆着交通流的方向撤除路面安全设施，开放交通

（3）施工质量标准

1）新补路面应比原路面略高，但新旧路面高度差不能超过5 mm。

2）新补路面与原路面应结合紧密，表面粗糙度合适，且无泛油和离析现象。

3）新补路面应碾压密实，表面无轮迹。

4）新修补坑槽处的渗水系数小于50 mL/min。

2．微波热补

（1）材料要求

微波热补作业采用同质修补法。黏层油一般采用AH－70重交热沥青，当旧料部分可再利用时，喷洒适量的PA－1系列快裂式改性乳化沥青。沥青材料应符合《公路沥青路面施工技术规范》（JTG F40—2004）的要求。

（2）施工工艺

微波热补作业施工工艺见表4—5—4。

表 4—5—4　　微波热补作业施工工艺

序号	施工工序	工艺要求
1	作业准备	①准备好施工所用材料，如沥青混合料、热沥青等，并将沥青混合料在施工前一天晚上装入微波设备辅料加热箱备用 ②检查施工机械设备是否正常运行
2	布置养护维修作业控制区 	顺着交通流的方向设置安全设施
3	确定处治范围 	病害的处治范围一般沿病害四周向外再扩大 100 mm 以上，同时还应考虑微波修补设备加热板热点区域。根据“圆洞方补，斜洞正补”的原则用粉笔将处治范围画成矩形
4	加热病害路面 	将微波车准确定位，放下加热板，根据画定的处治范围来确定加热板需开启的区域。路面加热时间根据混合料的不同而不同，以路面混合料能耙松为原则，普通沥青路面加热时间比改性沥青路面加热时间稍短

续表

序号	施工工序	工艺要求
5	铲除旧混合料 	①路面加热完后，微波修补设备退出处治部位 ②即刻用铁铲和铁耙耙松处治范围的表面混合料 ③若旧混合料松散黏结性差，则将处治范围的旧混合料全部铲除；当旧混合料较好还能部分利用时，则只铲除不能利用的混合料 ④铲除的废料应运离现场集中堆放，不得随意弃于路边 ⑤如果坑槽深度达到 70 mm 以上，或铲除路面表层后，发现下一层路面已损坏，则需将该部位下层路面加热，并按照上述方法铲除旧混合料 ⑥如果坑槽较深（70 mm 以上），应分层修补，层间应形成阶梯搭接，搭接宽度一般为 100 mm 左右 ⑦若发现基层表层松散，则一并将松散部分凿除。当基层凿除厚度 <60 mm 时，在刷涂透层乳化沥青后用沥青碎石或粗粒式沥青混合料铺筑并压实；当基层凿除厚度 >60mm 时则用 C15 或 C20 混凝土铺筑并振实
	修整坑槽 	用羊镐配合铁铲凿边，保证坑槽四壁垂直，轮廓整齐成矩形，坑槽底部也应凿平
6	清理坑槽	①用铁铲、扫把清理掉松散混合料 ②用鼓风机将槽内细小松散颗粒吹扫干净，并保持坑槽内干燥
7	涂洒热沥青 	在坑槽的四壁及底部涂刷一层热沥青，热沥青用量为 0.8 kg/m^2左右。注意坑槽四壁不得漏涂，保证涂洒均匀

续表

序号	施工工序	工艺要求
8	添加新混合料  	①新混合料使用前应在微波修补设备辅料加热箱中加热到规定的温度，一般普通沥青混合料的加热温度为140～150℃，改性沥青混合料为160～170℃ ②旧料部分再利用时（热再生），在添加新料前，先在旧料表面喷洒适量的乳化沥青 ③宜按1.30左右的松铺系数添加新混合料（确保混合料压实后比原路面略高） ④在卸料时应注意防止粗细集料离析
9	混合料修整 	①将加热好的新料铺至工作面100 mm范围外的旧路面上 ②用铁耙把混合料由外向里耙，使细料能填充在坑槽边缘，保证坑槽边缘新旧路面接缝在碾压后结合紧密，不渗水 ③用不带齿的铁耙把坑槽表面沥青混合料耙平，使沥青混合料表面粗细料均匀不出现离析。如果表面粗料过多或相对集中时，应铲除部分粗料
10	混合料碾压 	①用小型振动压路机按“先四边后中心、先静压后振压、前后左右交替碾压”的原则及时碾压。碾压的重叠宽度为压路机轮宽的1/3～2/3 ②对新旧路面接缝处，应骑缝碾压，必要时采用45°斜压 ③碾压遍数一般为静压1遍，振压3遍。静压1遍后，应马上检查新补路面表面及新旧路面接缝处，对于缺料部位，应即刻补充新料或细料进行碾压。禁止在碾压多遍后再补充新料 ④当分层碾压时，若坑槽下层压路机难以作业，可用振动夯充分夯实
11	清理现场	修补完毕，将作业处的垃圾和废料全部清扫干净，运离现场集中堆放
12	开放交通	待沥青混合料冷却至常温后，即可逆着交通流的方向撤除路面安全设施，开放交通

(3) 施工质量标准

1) 新补路面应比原路面略高，但新旧路面高度差不能超过 5 mm。

2) 新补路面与原路面应结合紧密，表面粗糙度合适，且无泛油和离析现象。

3) 新补路面应碾压密实，表面无轮迹。

4) 新修补坑槽处的渗水系数小于 50 mL/min。

3. 红外线热补

红外线热补作业的材料要求及施工质量标准与微波热补作业相同。

红外线热补作业施工工艺除沥青混合料需在施工前一天晚上加热保温与微波热补作业不同外，其余均与微波热补作业相同，具体施工工艺参见表 4—5—4。

4. 冷凿冷补

(1) 材料要求

冷凿冷补作业材料采用冷补沥青混合料。黏层油一般采用 AH－70 重交热沥青，临时性修补时采用阳离子快裂型乳化沥青。沥青材料质量应符合《公路沥青路面施工技术规范》(JTG F40—2004) 的要求。

(2) 施工工艺

冷凿冷补作业施工工艺见表 4—5—5。

表 4—5—5　冷凿冷补作业施工工艺

序号	施工工序	工 艺 要 求
1	作业准备	①准备好施工所用材料 ②检查施工机械设备是否正常运行
2	布置养护维修作业控制区	顺着交通流的方向设置安全设施
3	确定处治范围	一般沿病害四周向外再扩大 100 mm 的区域确定为处治范围。根据“圆洞方补，斜洞正补”的原则用粉笔将处治范围画成矩形
4	凿除路面	①用风镐在距离处治范围标线 50 mm 左右向处治部位中间凿除处治层 ②凿除沥青混凝土时，沥青黏结层或封层等一并凿除，不留夹层，且保证坑槽底部平整 ③雨季临时性修补作业时可人工将坑槽周围松散部分凿除 ④凿除的废料应运离现场集中堆放，不得随意弃于路边
5	清理坑槽	①用铁铲、扫把清理掉松散混合料 ②用鼓风机将槽内细小松散颗粒吹扫干净，并保持坑槽内干燥，雨天临时性修补时无须吹干坑槽
6	涂洒沥青	①在坑槽的四壁及底部涂洒一层热沥青，热沥青用量为 0.8 kg/m^2 左右。注意坑槽四壁不得漏涂，保证涂洒均匀 ②临时性修补时则涂洒乳化沥青，用量约为 0.4～0.6 kg/m^2 ③雨天修补则不用涂洒黏层油

续表

序号	施工工序	工 艺 要 求
7	添加冷补料	宜按 1.30 左右的松铺系数添加冷补料（确保冷补料压实后比原路面略高）
8	混合料碾压	①用小型振动压路机按“先四边后中心、先静压后振压、前后左右交替碾压”的原则及时碾压。碾压的重叠宽度为压路机轮宽的 1/3 ~ 2/3 ②对新旧路面接缝处，应骑缝碾压，必要时采用45°斜压 ③碾压遍数一般为静压 1 遍，振压 3 遍。静压 1 遍后，应马上检查新补路面表面及新旧路面接缝处，对于缺料部位，应即刻补充新料或细集料进行碾压。禁止在碾压多遍后再补充新料 ④当分层碾压时，若坑槽下层压路机难以作业，可用振动夯充分夯实
9	清理现场	修补完毕，将作业处的垃圾和废料全部清扫干净，运离现场集中堆放
10	开放交通	逆着交通流的方向撤除路面安全设施，开放交通

（3）施工质量标准

1）新补路面应比原路面略高，但新旧路面高度差不能超过 5 mm。

2）新补路面与原路面应结合紧密，表面粗糙度合适，且无泛油和离析现象。

3）新补路面应碾压密实，表面无轮迹。

4）新修补坑槽处的渗水系数小于 50 mL/min。

5. 喷射冷补

（1）材料要求

喷射冷补作业材料采用冷补沥青混合料。黏层油一般采用热的乳化沥青。沥青混合料采用的黏结料为乳化沥青，临时性修补时采用阳离子快裂型乳化沥青，集料通常采用的是 4.75 ~ 9.5 mm 的单一粒径的洁净碎石。沥青材料质量应符合《公路沥青路面施工技术规范》（JTG F40—2004）的要求。

（2）施工工艺

喷射冷补作业施工工艺见表 4—5—6。

表 4—5—6　　喷射冷补作业施工工艺

序号	施工工序	工 艺 要 求
1	作业准备	①准备好施工所用材料 ②检查施工机械设备是否正常运行
2	布置养护维修作业控制区	顺着交通流的方向设置安全设施
3	清洁坑槽	用鼓风机将坑槽内残留的松散粒料、杂物及积水吹出坑槽
4	喷洒黏层油	在坑槽内的四壁和底面喷洒热沥青，要求喷洒均匀，不留空白，也不流淌
5	喷洒沥青混合料	通过喷管喷洒沥青混合料，从坑槽底层逐渐喷到表面
6	喷撒石屑	在修补表面处均匀喷撒一薄层石屑
7	开放交通	清洁作业区域，逆着交通流的方向撤除路面安全设施，开放交通

(3) 施工质量标准

1) 新补路面应比原路面略高，但新旧路面高度差不能超过 5 mm。

2) 新补路面与原路面应结合紧密，表面粗糙度合适，且无泛油和离析现象。

3) 新修补坑槽处的渗水系数小于 50 mL/min。

任务实施

由于是雨天，因此采用临时性修补（冷凿冷补），该坑槽病害修补施工工艺见表 4—5—7。

表 4—5—7　　坑槽病害修补施工工艺

序号	施工工序	工艺要求
1	作业准备	①准备好施工所用材料 ②检查施工机械设备是否正常运行
2	布置养护维修作业控制区	顺着交通流的方向设置安全设施
3	清理坑槽	①用铁铲、扫把清理掉松散混合料 ②用鼓风机将槽内细小松散颗粒吹扫干净
4	添加冷补料	宜按 1.30 左右的松铺系数添加冷补料（确保冷补料压实后比原路面略高）
5	混合料碾压	①用小型振动压路机按“先四边后中心、先静压后振压、前后左右交替碾压”的原则及时碾压。碾压的重叠宽度为压路机轮宽的 1/3 ~ 2/3 ②对新旧路面接缝处，采用骑缝碾压 ③碾压遍数为静压 1 遍，振压 3 遍。静压 1 遍后，应马上检查新补路面表面及新旧路面接缝处，对于缺料部位，应即刻补充新料进行碾压
6	清理现场	修补完毕，将作业处的垃圾和废料全部清扫干净，运离现场集中堆放
7	开放交通	逆着交通流的方向撤除路面安全设施，开放交通

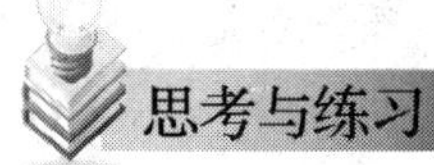

思考与练习

一、填空题

1. 沥青路面坑槽修补时按照________________的原则，画出所需处治的范围。

2. 坑槽修补时，混合料的碾压按________________的原则进行。

3. 宜按__________左右的松铺系数添加新混合料。

4. 坑槽修补添加新料时，将加热好的新料铺至工作面 100 mm 范围________的旧路面上，用铁耙把混合料____________。

二、选择题

1. 下图所示工具为（　　）。

A. 3 m 直尺　　B. 钢尺　　C. 抹平板　　D. 卷尺

2. 沥青路面坑槽的处治范围一般为沿病害四周向外再扩大（　　）。

A. 50 mm　　B. 100 mm　　C. 50 cm　　D. 100 cm

3. 沥青路面坑槽槽深达（　　）mm 以上时，应分层修补。

A. 50　　B. 60

C. 70　　D. 80

4. 新补路面与原路面（　　）。

A. 平齐　　B. 相比应略高

C. 相比应略低　　D. 前面的选项都对

三、判断题

1. 在修补时，新加的改性沥青混合料的加热温度一般为 160 ~ 170℃。（　　）

2. 振压后，对于缺料部位，应即刻补充新料或细料进行碾压。（　　）

四、实训题

实训项目：修补坑槽。

实训实施条件：

1. 校园内实训场地的沥青道路。

2. 修补坑槽的机具设备一套。

3. 设置安全作业区所需的安全设施一套。

4. 反光工作服若干套（视分组人数定）。

任务六　沥青路面面层处理

◆ 了解沥青路面罩面的分类及适用范围。

◆ 熟悉各种面层处理技术，并能完成面层处理作业。

◆ 了解沥青路面再生技术。

养护中心所管养的沥青路面路段 K22 +200 ~ K30 +000 出现严重车辙，该路段为一级公路，请选择适当的修复措施。

一、罩面的基本概念

沥青路面罩面是指旧路面强度指标符合要求的情况下，在旧沥青路面面层上加铺的沥青混合料薄处理层，统称为沥青路面罩面。

1. 罩面的类型

沥青路面罩面按其使用功能划分为三种，即普通型罩面（简称罩面）、防水型罩面（简称封层）、抗滑层罩面（简称抗滑层）。

2. 适用范围

（1）罩面

主要适用于消除破损，恢复原有路面平整度，改善路面性能的修复工作。

（2）封层

主要适用于提高原有路面的防水性能、平整度和抗滑性能的修复工作。

（3）抗滑层

主要适用于提高路面抗滑能力的修复工作。

3. 厚度要求

（1）罩面

1）罩面厚度应根据路段的交通量、公路等级、路面状况、使用功能等综合考虑后确定。

2）当路面状况指数、行驶质量指数在中、良等级，路面仅有轻度块状裂缝时，可采用较薄的罩面层（厚 10 ~ 30 mm）。

3）当路面破损、平整度、抗滑三项指标都在中等以下，要求恢复到优、良等级时，可采用较厚的罩面层（厚 30 ~ 50 mm）。

4）一般情况下，高速公路、一级公路罩面宜采用 40 ~ 50 mm 的厚度；其他公路可采用较薄的罩面层（厚 10 ~ 40 mm）。

5）各级公路的罩面厚度不得小于最小施工层厚度。

（2）封层

1）交通量较大、重型车较多的路段宜采用厚约 10 mm 的封层。

2）在中等交通量路段宜采用厚约 7 mm 的封层。

3）在交通量小、重型车少的路段采用厚 3 ~4 mm 的封层。

（3）抗滑层

1）用于高速公路、一级公路时宜采用不小于 40 mm 的厚度。

2）用于二级公路时，宜采用中粒式、细粒式沥青混凝土结构，也可采用热拌沥青碎石或沥青表面处治结构，厚度不得小于最小施工层厚度。

3）用于三级、四级公路时可采用乳化沥青封层结构，厚度可为 5 ~10 mm。

二、沥青路面面层处理方法

面层处理的主要方法见表 4—6—1。

表 4—6—1　　面层处理方法

<table>
<tr><th>维修方法</th><th>释义</th><th>适用条件</th></tr>
<tr><td>雾封层</td><td>利用专用雾封层洒布车在沥青面层喷洒一层薄薄的、高渗透性的改性乳化沥青，以形成一层严密的防水层将路面空隙封闭，起到隔水防渗、保护路面的作用</td><td rowspan="2">适用于处治沥青表层轻度松散、填补轻度裂缝等损坏，包括更新和保护旧氧化沥青路面。该措施采用后会显著降低路面抗滑性能，抗滑系数 SFC≥45 的路面才能采用</td></tr>
<tr><td>沥青复原剂（CAP）</td><td>是一种含活化物的冷混合沥青还原剂。将配制拌和好的沥青复原剂和中砂混合物喷洒于路面表层，CAP 渗透进旧沥青中，激活老化沥青胶质，恢复其原有的活性、黏结性和弹性，形成新的保护层</td></tr>
<tr><td>沥再生</td><td>是一种新型的高效渗透性的沥青再生密封剂。将其喷洒于路面表层，一个月后沥再生的渗透深度可达 15 mm 以上，与原沥青结构层融为一体，从而缓解了路面的硬化脆裂程度，恢复了路面的弹性、柔韧性和黏结性</td><td>适用于处治沥青表层轻度松散、填补轻度裂缝等损坏，包括更新和保护旧氧化沥青路面。沥再生应用后基本不会影响路面抗滑性能，在路面抗滑性能能够满足要求的路面才能使用沥再生</td></tr>
<tr><td>微表处</td><td>采用适当级配的石屑或砂、填料与聚合物改性乳化沥青、外加剂和水，按一定比例拌制成流动型混合料，将其均匀地摊铺在路面上形成沥青罩面</td><td rowspan="2">适用于处治沥青大面积出现致密、光滑发亮情况（泛油）、抗滑性不足、轻微车辙、非活动性裂缝、松散及沥青老化等损坏</td></tr>
<tr><td>超薄磨耗层（NovaChip）</td><td>使用专用设备，在旧沥青路面上喷洒一层较厚的特种改性乳化沥青（约 1.1 L/m ^{2}）时，同步摊铺热拌沥青混合料，此时乳化沥青上升裹附在热拌沥青混合料的石料四周，乳化沥青黏结层破乳，使超薄热沥青混凝土层与原路面实现充分黏接，最后经压路机碾压一次形成 10 ~30 mm 厚的超薄罩面</td></tr>
<tr><td>热拌沥青混凝土薄层罩面</td><td>在原有路面上加铺一层厚度不超过 30 mm 的热拌沥青混合料。主要采用热拌密实型沥青混合料 AC、沥青玛蹄脂碎石结合料 SMA、多碎石沥青混凝土 SAC 等</td><td>适用于处治沥青泛油、抗滑性不足、车辙、块状裂缝、松散等损坏，可改善路面平整度，对路面的补强也有一定的作用</td></tr>
</table>

雾封层、沥青复原剂（CAP）应用后会显著降低路面抗滑性能，使用寿命相对较短。使用时必须考虑原路面的抗滑性能，防止采用该措施后，路面的抗滑系数达不到养护规范的要求。

新材料、新技术

1. 沥青复原剂（CAP）

沥青复原剂是一种含活化物的冷混合沥青还原剂，具有双组分，可根据路况来决定两种组分的掺配比例。CAP 的用量一般为 0.25～0.5 kg/m。CAP 对于沥青路面老化、水损坏、微裂缝等病害有比较明显的实施效果。

CAP 的工作过程可以概括为以下几步：材料渗透进入到沥青中→激活老化胶质→恢复老化胶质弹性→改善沥青的黏结性能和内聚力→形成新的保护膜。

2. 沥再生

沥再生是一种新型的高效渗透性的沥青再生密封剂，呈黑色油状，是由美国首先研究开发和应用的，最初用在军用机场，后来由军用转为民用并逐步推广到加拿大、巴西等国家。它能在沥青路表形成密封层，抵御水、阳光、化学物品等对沥青路面的侵蚀。同时，沥再生具有较强的温度适用性、抗腐蚀能力和耐久性，且基本上不影响路面的抗滑性能，是一种充满活性的、能渗透沥青表层并将沥青激活的结合剂，应用沥再生能使路面长期处于较佳的工作状况。

3. 超薄磨耗层（NovaChip）

超薄磨耗层（NovaChip）是一种功能完善的道路养护新技术，是专门针对交通荷载大、路面性能要求高的高级路面提出的，主要应用于高等级沥青或水泥混凝土路面的预防性养护和处理，也可以作为新建道路的表面磨耗层。

超薄磨耗层使用专用设备（NovaPaver）施工，特种改性乳化沥青黏结层喷洒与改性热沥青混合料摊铺同步进行，经过压路机压实后一次形成 10～30 mm 厚的超薄罩面。

NovaChip 养护技术的应用主要可解决如下问题：

（1）解决路面防水问题，防止水对路面的破坏，起到封水层的作用。

（2）解决道路横向排水问题，很好地消除雨天行车溅起的水雾，减少交通事故的发生。

（3）降低噪声，超薄磨耗层铺筑后，其噪声仅相当于普通路面行车噪声的一半。

（4）施工不需铣刨原有路面，可减少施工时的扬尘，有利于环保。

（5）施工投入人力少，施工速度快。施工人员和施工时间仅为传统路面施工的1/10。

（6）罩面厚度仅为10～30 mm，减少在原路面添加的荷载，这在桥面预防性养护施工中尤为有效。

NovaChip施工采用的专用设备NovaPaver，包含受料斗、螺旋输送器、乳化沥青储罐、特种改性乳化沥青黏结层（NovaBond）喷洒及计量系统、宽度可调节的振动熨平板等组件，设备运转能够一次性完成NovaBond的喷洒、热沥青混合料摊铺及熨平，可在NovaBond喷洒5 s内进行热沥青混合料摊铺，在热沥青混合料摊铺之前，履带或其他部位不能接触喷洒在路面上的NovaBond，摊铺宽度可调。

NovaChip施工在国内属于新技术，它对施工控制的要求比较高，需有施工经验的专业公司和人员进行施工，以保证施工质量。

三、机具设备配备要求

各种面层处理技术需要的机具设备配备见表4—6—2。

表4—6—2　　各种面层处理技术机具设备配备表

机具设备	雾封层	沥青复原剂（CAP）	沥再生	微表处	热拌沥青混凝土薄层罩面	超薄磨耗层（NovaChip）
专用摊铺机（封层车） 				√		
专用设备NovaPaver					√	
沥青摊铺机 						√

续表

机具设备	雾封层	沥青复原剂（CAP）	沥再生	微表处	热拌沥青混凝土薄层罩面	超薄磨耗层（NovaChip）
沥青拌和楼 					√	√
自卸车 					√	√
压路机 					√	√
沥青洒布车 	√	√	√			√
清扫设备（清扫车、高压气泵、扫把等）	√	√	√	√	√	√
人货两用工具车	√	√	√	√	√	√

四、面层处理施工

1. 雾封层

（1）材料要求

雾封层所使用的材料一般为乳化沥青和水，也可添加一定比例的添加剂。乳化沥青和水的比例一般为1∶1（含水率一般为43%），可根据实际情况确定比例，最大一般为1∶5。

乳化沥青可以是阳离子或阴离子，技术要求应符合相关规范的规定。

水为洁净饮用水。

（2）施工工艺

雾封层施工工艺见表4—6—3。

表4—6—3　　雾封层施工工艺

序号	施工工序	工艺要求
1	作业准备	①对原路面进行抗滑性能和渗水系数检测，确保满足施工要求 ②了解施工阶段的气候情况，确保施工时路面温度≥15℃，无雨 ③准备好施工所用材料，在施工前24 h内按比例稀释好乳化沥青 ④检查施工机械设备是否正常运行
2	布置养护维修作业控制区	顺着交通流的方向设置安全设施
3	修补、清扫路面 	①彻底挖补原路面的局部坑槽、拥包，预封补活动性裂缝等损坏 ②清扫原路面，清除表面杂物并吹干，原路面不得有积水
4	装料	将已稀释好的乳化沥青装进沥青洒布车的储存灌内
5	试洒	试洒1 m^2，确定合适的洒布量（一般喷洒量为0.23～0.45 L/m^2），据此确定洒布车行走的速度和油泵机挡

续表

序号	施工工序	工艺要求
6	洒布雾封层	匀速开动沥青洒布车，打开开关喷洒乳化沥青。乳化沥青要洒布均匀，不应有空白或积聚现象
7	开放交通	待雾封层干涸，不再黏脚后（一般需 4 h），即可逆着交通流的方向撤除路面安全设施，开放交通

（3）施工质量标准

工程完工后，施工单位应将全线以 1 ~ 3 km 作为一个评定路段进行质量检查与验收，检查项目及要求见表 4—6—4。

表 4—6—4　　雾封层验收检验要求

项目		质量要求	检测频率	方法
表观质量	外观	表面喷洒均匀	全线连续	目测
抗滑性能	边线	连续平直	全线连续	目测
	摆值 F_b（BPN）	≥42	5 个点/km	T0964 - 95
	横向力系数 SFC_{50}	≥40	全线连续	T0965 - 95
	构造深度 TD（mm）	≥0. 55	5 个点/km	T0961 - 95
渗水系数		≤10 mL/min	5 个点/km	T0971 - 95

2. 沥青复原剂（CAP）

（1）材料要求

沥青复原剂是以乳化沥青为基质，添加活性剂的制成品。乳化沥青的技术要求应符合相关规范的规定。

（2）施工工艺

沥青复原剂的施工除装进沥青洒布车的材料为沥青复原剂及中砂拌和物外，其余均与雾封层施工工艺相同，具体施工工艺参见表 4—6—3。

（3）施工质量标准

同雾封层，见表 4—6—4。

3. 沥再生

(1) 材料要求

沥再生由多种成分按比例合成，其中煤沥青35%～50%，石油蒸馏液32%～42%，再生剂15%～40%。应符合相关规范要求。

(2) 施工工艺

沥再生的施工除喷洒的材料是沥青再生密封剂外，其余均与雾封层施工工艺相同，具体施工工艺参见表4—6—3。

(3) 施工质量标准

同雾封层，见表4—6—4。

4. 微表处

(1) 材料要求

各种原材料应符合《公路沥青路面施工技术规范》(JTG F40—2004) 的要求。矿料级配应根据铺筑厚度、处治目的、公路等级等选用，并应符合《公路沥青路面施工技术规范》(JTG F40—2004) 的要求。

1) 改性乳化沥青。必须选用阳离子型聚合物改性的乳化沥青，改性剂剂量不宜小于3%。

2) 集料。坚硬、粗糙、耐磨、洁净。当用于抗滑表层时，应符合规范中有关磨光值的要求。

细集料宜采用碱性石料生产的机制砂或洁净的石屑。

微表处所用集料的最大粒径和砂当量对微表处摊铺的成功与否影响很大。对集料中的超粒径颗粒必须筛除。

3) 填料。掺加的填料可以是矿粉、水泥、消石灰等。填料应干燥、疏松，无结团。填料的掺加量必须通过混合料设计试验确定。

4) 添加剂。常用的添加剂包括无机盐类添加剂、有机类添加剂等。对于阳离子乳化沥青混合料，无机盐类添加剂一般会延长可拌和时间，延缓成形。

添加剂的掺加不应对混合料路用性能产生不利影响。未经试验验证的添加剂不得在施工中采用。

5) 水。洁净饮用水。

(2) 施工工艺

微表处施工工艺见表4—6—5。

表4—6—5　　微表处施工工艺

序号	施工工序	工艺要求
1	作业准备	①对原路面进行抗滑性能和渗水系数检测，确保满足施工要求 ②及时了解气候情况，确保施工时气温≥10℃，无雨 ③准备好施工所用材料，如改性乳化沥青、集料等 ④检查施工机械设备是否正常运行
2	布置养护维修作业控制区	顺着交通流的方向设置安全设施

续表

序号	施工工序	工艺要求
3	修补、清扫路面 	①彻底挖补原路面的局部坑槽、拥包，预封补较宽的裂缝等损坏，保证原路面表面平整、密实 ②清扫原路面，清除表面杂物并吹干，原路面不得有积水
4	放样画线	从路缘开始放样，画出走向控制线。画线要求顺直、准确
5	装料拌和 	①将各种材料同时按比例送进摊铺机相应料箱内，应保证集料的湿度均匀一致 ②将装好料的摊铺机开至施工起点，对准走向控制线，调试好摊铺机 ③确认各料门的高度或开度后开动机器，接合拌和缸离合器，使搅拌轴正常运转，并开启摊铺箱螺旋分料器 ④打开各料门控制开关，使矿料、填料、水几乎同时进入拌和缸，当拌和缸内混合料达到半筒时，打开出口使混合料流入摊铺槽内，此时应注意观察混合料的稠度 ⑤如果稀浆固化后出现剥落，可以适当增加乳液（改性乳化沥青）的用量，适当减少水用量，改善混合料配比
6	摊铺  	①流入摊铺槽的混合料体积达到槽内体积的2/3时，开动摊铺机前进，并立即测定混合料的稠度，当稠度符合规定要求后，摊铺机可按1.5～3 km/h匀速摊铺，同时使摊铺机下部喷水管喷水，使路面保持湿润 ②在摊铺的过程中，发现有沟迹、松散时，应立即修补或挖除重铺 ③混合料摊铺后，应立即进行人工找平，找平的重点是：起点、终点、纵向接缝，过厚、过薄或不平处，尤其对超大粒径矿料产生的刮痕，应尽快清除并填平 ④摊铺机上任何一种材料用完时，应立即停止送料，待拌和筒、摊铺槽内混合料全部摊铺完后，停止前进，将摊铺机移到路外，立即用高压水冲净拌和机和摊铺槽，而后再补充所缺的材料 ⑤加完料重新摊铺时，从前一车摊铺终点后退3～4 m处开始，使前后两次有一段重叠。将凸起和过稀混合料刮除，避免刚开机油水比不准而引起的脱落，使接茬平顺整齐
7	开放交通	当混合料由褐色转变成黑色，固化成形后，即可逆着交通流的方向撤除路面安全设施，开放交通

(3) 施工质量标准

工程完工后，施工单位应将全线以1～3 km作为一个评定路段进行质量检查与验收，检查项目及要求见表4—6—6。

表4—6—6　微表处验收检验要求

检测项目		要求或允许偏差	检测频率	检测方法
外观		表面平整、密实、均匀，无松散、刮痕，无花白料，无凹坑、轮迹	全线连续	目测
横向接缝		对接平顺、无泛油	每条	目测
纵向接缝		宽度＜80 mm 平整度＜6 mm	全线连续	目测或用尺量 3 m直尺
边线		任意30 m长度范围内的水平波动不得超过±50 mm	全线连续	目测或用尺量
稠度		落地成形	随时	T0751
厚度		－10%～20%	5个点/km	钻孔
冠状隆起		3～5 mm	1个断面/100 m	3 m直尺测量
构造深度	车辙填充	开放交通前≥1.5 mm 开放交通两天后≥0.8 mm	5个点/km	T0961
	罩面	开放交通前≥1.5 mm 开放交通两天后≥1.0 mm		
渗水系数	车辙填充	开放交通前≤600 mL/min 开放交通两天后≤150 mL/min	3个点/km	T0971
	罩面	开放交通前≤600 mL/min 开放交通两天后≤150 mL/min		
横向力系数	罩面	开放交通后≥50	全线连续	T0965

5. 热拌沥青混凝土薄层罩面

(1) 材料要求

各种原材料应符合《公路沥青路面施工技术规范》(JTG F40—2004) 的要求。

1) 沥青。采用沥青或改性沥青，沥青标号宜按照公路等级、气候条件、交通条件、施工方法等，结合当地的使用经验，经技术论证后确定。

2) 粗集料。应洁净、干燥、无风化、不含杂质。粗集料最大粒径应与处治层的厚度相适应。

3) 细集料。应洁净、干燥、无风化、不含杂质，并有适当的级配范围。

(2) 施工工艺

热拌沥青混凝土薄层罩面施工工艺流程如图 4—6—1 所示。

热拌沥青混凝土薄层罩面施工工艺见表 4—6—7。

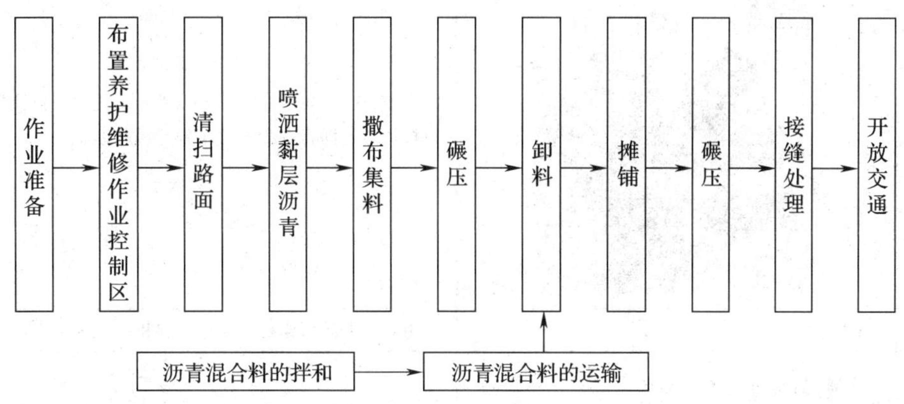

图 4—6—1 超薄磨耗层施工工艺流程图

表 4—6—7 热拌沥青混凝土薄层罩面施工工艺

序号	施工工序	工艺要求
1	作业准备	①了解施工阶段的气候情况，确保施工时气温≥10℃，无雨 ②准备好施工所用材料，如沥青、集料等 ③检查施工机械设备是否正常运行，提前 0.5 ~ 1 h 预热熨平板不低于 100℃
2	布置养护维修作业控制区	顺着交通流的方向设置安全设施
3	清扫路面	清扫原路面，清除表面杂物、油污并吹干，原路面不得有积水
4	喷洒黏层沥青	匀速开动沥青洒布车，打开开关喷洒 SBS 改性沥青，喷洒量为 0.6 ~ 1.2 kg/m^2。沥青要洒布均匀，不应有空白或积聚现象

续表

序号	施工工序	工艺要求
5	撒布集料 	撒布50% ~60%的4.75 ~9.5 mm的单一粒径集料，集料粒径应与沥青混凝土层集料粒径相匹配
6	碾压	用双轮钢筒压路机或轮胎压路机碾压成形
7	沥青混合料的拌和（后场） 	①按配合比控制混合料的拌和 ②改性沥青加热温度控制在180℃左右，重交通沥青加热温度控制在165℃左右，矿料加热温度控制在180 ~190℃，混合料的出场温度控制在165 ~180℃ ③沥青混合料的拌和时间应根据具体情况经试拌确定，以沥青均匀裹覆集料为度，无花白、离析、糊料等
8	沥青混合料的运输（后场） 	①应采用载重量较大的自卸车运送沥青混合料 ②自卸车的数量应根据拌和能力和摊铺速度确定，并应保证在摊铺机前有2 ~4辆待卸车 ③自卸车每次使用前后必须打扫干净，在车厢板和底部涂一薄层隔离剂或防黏剂，可用1∶3的柴油水混合液。 ④自卸车运料时，宜用篷布或棉毯覆盖沥青混合料 ⑤如混合料的温度不符合施工温度要求或结块、遭雨淋，应该废弃不用
9	卸料 	①必须由专人指挥自卸车将料卸到摊铺机料斗 ②自卸车应在摊铺机前100 ~300 mm处停住，空挡等候，由摊铺机推动前进开始缓慢卸料，避免撞击摊铺机 ③自卸车每次卸料必须倒净，如有剩余，应及时清除，防止硬结

续表

序号	施工工序	工艺要求
10	沥青混合料摊铺 	①摊铺作业应连续、匀速、不间断地进行，不得随意变换速度或中途停顿 ②在摊铺过程中应随时检查摊铺厚度和路拱横坡，不符合要求时应及时进行调整 ③摊铺机摊铺不到的死角由人工摊铺整形
11	沥青混合料碾压  	①碾压按“先低后高，先慢后快，先轻后重”的原则进行 ②压实按初压、复压、终压（包括成形）三个阶段进行，碾压时的温度应符合相关规范的要求 ③初压用10～12 t的双轮钢筒压路机以2～3 km/h的速度碾压2遍 ④复压宜用总重不小于25 t的轮胎压路机以6 km/h的速度碾压至稳定无显著轮迹为止，一般不少于6遍 ⑤如复压后已无明显轮迹或其他表面缺陷时可免去终压。终压宜用光轮压路机静压至路面平整、无轮迹为止，一般不少于2遍 ⑥压路机无法压实的死角，应采用振动夯板夯实 ⑦压路机不得在新铺的沥青混合料上掉头、转向、左右移动或紧急制动
12	接缝处理 	①纵缝采用冷接缝，搭接宽度约50 mm。在后续碾压作业时应跨缝碾压，保证纵向接缝顺直 ②横向接缝，在摊铺段结束时，摊铺机在接近端部前约1 m处将熨平板稍稍抬起驶离现场，人工将端部混合料铲平齐后再碾压，新铺路面与原路面应连接平顺
13	开放交通	应待热拌沥青混合料路面完全自然冷却，混合料表面温度低于50℃后，即可逆着交通流的方向撤除路面安全设施，开放交通

针对工作任务提出的养护中心所管养的沥青路面路段 K22 + 200 ~ K30 + 000 出现严重车辙，根据表 4—1—2 及表 4—6—1 可知，当路面整段出现严重车辙时应采用热拌沥青混凝土薄层罩面，具体施工工艺见表 4—6—7。

（3）施工质量标准

热拌沥青混凝土薄层罩面施工质量要求应符合《公路沥青路面施工技术规范》（JTG F40—2004）的规定。

6. 超薄磨耗层（NovaChip）

（1）材料要求

1）改性热沥青混合料（NovaChip 混合料）。NovaChip 由粗集料、细集料和沥青混合形成胶泥，填料可以是石灰、水泥等。

①集料。粗集料必须接近立方体，要严格控制针片状的含量，集料的耐久性要好。

用于高速公路和一级公路时，粗集料的各项指标要符合表 4—6—8 的要求，细集料的各项指标要符合表 4—6—9 的要求。

表 4—6—8　NovaChip 混合料粗集料要求

<table>
<tr><th colspan="3">指标</th><th>单位</th><th>技术要求</th><th>检测方法</th></tr>
<tr><td colspan="2">石料压碎值</td><td>不大于</td><td>%</td><td>26</td><td>T0316</td></tr>
<tr><td colspan="2">洛杉矶磨耗损失</td><td>不大于</td><td>%</td><td>28</td><td>T0317</td></tr>
<tr><td colspan="2">坚固性</td><td>不大于</td><td>%</td><td>12</td><td>T0314</td></tr>
<tr><td colspan="2">针片状颗粒含量（混合料）</td><td>不大于</td><td>%</td><td>15</td><td rowspan="3">T0312</td></tr>
<tr><td colspan="2">其中粒径大于 9.5 mm</td><td>不大于</td><td>%</td><td>12</td></tr>
<tr><td colspan="2">其中粒径小于 9.5 mm</td><td>不大于</td><td>%</td><td>18</td></tr>
<tr><td rowspan="2">破碎面</td><td>1 个破碎面</td><td>不大于</td><td>%</td><td>100</td><td rowspan="2">T0346</td></tr>
<tr><td>2 个及以上破碎面</td><td>不大于</td><td>%</td><td>90</td></tr>
<tr><td colspan="2">磨光值 PSV</td><td>不大于</td><td>BPN</td><td>42</td><td rowspan="2">T0321</td></tr>
<tr><td colspan="2">表观相对密度</td><td>不大于</td><td>t/m^3</td><td>2.6</td></tr>
<tr><td colspan="2">吸水率</td><td>不大于</td><td>%</td><td>2</td><td>T0304</td></tr>
<tr><td colspan="2"><0.075 mm 颗粒含量（水洗法）</td><td>不大于</td><td>%</td><td>1</td><td>T0310</td></tr>
<tr><td colspan="2">软石含量</td><td>不大于</td><td>%</td><td>3</td><td>T0320</td></tr>
</table>

参考国外经验，NovaChip 混合料的级配主要有三种，见表 4—6—10。级配 A 比较密实，多应用在机场道路上；级配 B 应用比较广泛，它比级配 A 的构造深度要大、摩擦性能要好；级配 C 主要应用在大交通量的路面上，它提供的构造深度更大、摩擦性能更好。

表 4—6—9　　NovaChip 混合料细集料要求

指标		单位	技术要求	检测方法
表观相对密度	不小于	t/m^3	2.5	T0328
坚固性（>0.3 mm 部分）	不小于	%	12	T0340
含泥量（<0.075 mm 含量）	不大于	%	3	T0333
砂当量	不小于	%	60	T0334
亚甲蓝值	不大于	g/kg	25	T0349
棱角性（流动时间）	不小于	S	30	T0345

表 4—6—10　　NovaChip 混合料常用级配

筛孔尺寸（mm）	级配 A		级配 B		级配 C	
	通过质量百分率（%）	允许波动范围（%）	通过质量百分率（%）	允许波动范围（%）	通过质量百分率（%）	允许波动范围（%）
16					100	
13.2			100		85~100	
9.5	100		85~100	5	60~80	5
4.75	40~50	4	28~38	4	28~38	4
2.36	22~32	3	25~32	4	25~32	4
1.18	15~25	3	15~23	3	15~23	3
0.6	10~18	3	10~18	3	10~18	3
0.3	8~13	3	8~13	3	8~13	3
0.15	6~10	2	6~10	2	6~10	2
0.075	4~7	2	4~7	2	4~7	2

②沥青。NovaChip 混合料所用的 NovaBinder 沥青一般采用改性沥青，指标要求见表 4—6—11。

表 4—6—11　　NovaBinder 沥青（SBS 改性沥青）指标要求

项目	规范要求	实验方法
测力延度比 4℃，5 cm/min	≥0.3	ASTM D266
针入度，25℃，100 g，5 s，0.1 mm	≥50	T0604-2000
软化点，℃	≥65	T0603-1993
密度 15℃，g/cm^3	实测	T0604-2000
延度，5 cm/min，5℃，cm	≥20	T0605-1993
布鲁克费尔德粘度，135℃，Pa·s	≤3	T0625-2000

续表

项目		规范要求	实验方法
闪点,℃		≥230	T0611 - 1993
48 h 离析,℃		≤2.5	T0661 - 2000
弹性恢复，25℃,%		≥70	T0662 - 2000
旋转薄膜烘箱后残留物	质量损失,%	≤1.0	T0610 - 1993
	延度，5 cm/min，5℃，cm	≥15	T0605 - 1993
	针入度比，25℃,%	≥60	T0604 - 2000

2）特种改性乳化沥青黏结层（NovaBond）。NovaBond 沥青指标要求见表 4—6—12。

表 4—6—12　NovaBond 沥青（乳化沥青）指标要求

项目		规范要求	实验方法
赛波特粘度，50℃		20 ~ 100	T0623 - 1993
蒸发残留物含量，%		≥63.0	T0608 - 1993
筛上剩余物试验，850 μm，%		≤0.05	T0652 - 1993
储存稳定性，1 天，%		≤1.0	T0655 - 1993
蒸发残留物性质	针入度，25℃，100 g，5 s，0.1 mm	60 ~ 150	T0604 - 2000
	延度，10℃，5 cm/min，cm	≥40.0	T0605 - 1993
	软化点，℃	≥50.0	T0606 - 2000
	弹性恢复，10℃，%	≥60.0	T0662 - 2000
	溶解度，三氯乙烯，%	≥97.5	T0607 - 1993

（2）施工工艺

超薄磨耗层（NovaChip）施工工艺流程如图 4—6—2 所示。

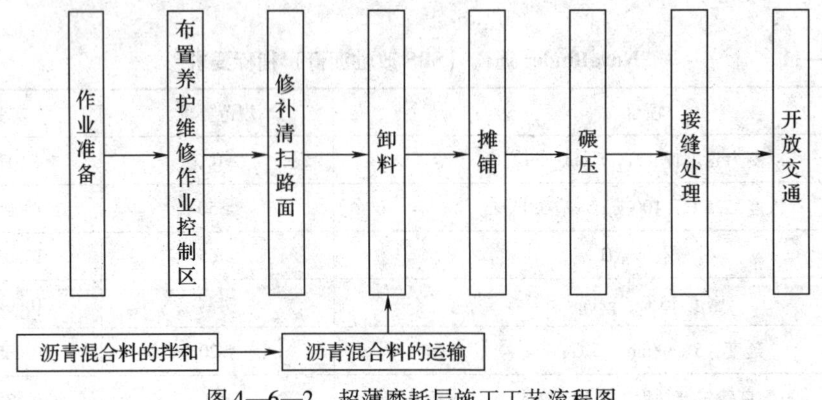

图 4—6—2　超薄磨耗层施工工艺流程图

超薄磨耗层（NovaChip）施工工艺见表4—6—13。

表4—6—13　　超薄磨耗层（NovaChip）施工工艺

序号	施工工序	工艺要求
1	作业准备	①对原路面进行强度检测，确保原路面强度状况良好 ②了解施工阶段的气候情况，确保施工时气温≥10℃，无雨 ③准备好施工所用材料，如沥青、集料等 ④检查施工机械设备是否正常运行，提前0.5～1 h预热，熨平板不低于100℃
2	布置养护维修作业控制区	顺着交通流的方向设置安全设施
3	修补、清扫路面	①彻底挖补原路面的局部坑槽、拥包、龟裂、车辙深度超15 mm的车辙，预封补活动性裂缝及缝宽大于6 mm的裂缝等损坏，保证原路面表面平整、密实 ②清扫原路面，清除表面杂物并吹干，原路面不得有积水
4	沥青混合料的拌和（后场）	①按配合比控制混合料的拌和 ②沥青加热温度不高于175℃，矿料加热温度控制在180～190℃，混合料的出场温度控制在170～185℃ ③沥青混合料的拌和时间应根据具体情况经试拌确定，以沥青均匀裹覆集料为度，无花白、离析、糊料等。参考拌和时间为45～47 s
5	沥青混合料的运输（后场）	①应采用载重量较大的自卸车运送沥青混合料 ②自卸车的数量应根据拌和能力和摊铺速度确定，并应保证在摊铺机前有2～4辆待卸车 ③自卸车每次使用前后必须打扫干净，在车厢板和底部涂一薄层隔离剂或防黏剂，可用1:3的柴油水混合液 ④自卸车运料时，宜用篷布或棉毯覆盖沥青混合料 ⑤如混合料的温度不符合施工温度要求或结块、遭雨淋，应该废弃不用，NovaChip混合料的储存时间不得超过4 h
6	卸料	①必须由专人指挥自卸车将料卸到摊铺机料斗 ②自卸车应在摊铺机前100～300 mm处停住，空挡等候，由摊铺机推动前进开始缓慢卸料，避免撞击摊铺机 ③自卸车每次卸料必须倒净，如有剩余，应及时清除，防止硬结
7	摊铺	①NovaBond黏层沥青在60～80℃的温度下喷洒，喷洒量需精确计量 ②NovaChip混合料的摊铺温度控制在162～174℃之间 ③摊铺作业应连续、匀速、不间断地进行，不得随意变换速度或中途停顿 ④摊铺过程中由专人跟踪检测松铺厚度，每10 m抽取一个断面，每个断面检测3处，不符合要求时及时通知摊铺机手及时进行调整 ⑤摊铺过程中局部掉粒要及时进行人工处理，摊铺机摊铺不到的死角由人工摊铺整形

续表

序号	施工工序	工 艺 要 求
8	碾压	①混合料摊铺后立即用10～12 t的双轮钢筒压路机静压2～3遍，在直线段应从两侧向中央碾压，在超高路段则由低向高碾压 ②碾压时路面温度不得低于90℃ ③压路机无法压实的死角，应采用振动夯板夯实 ④压路机不得在新铺的沥青混合料上掉头、转向、左右移动或紧急制动
9	接缝处理	①纵缝采用冷接缝，搭接宽度约50 mm。在后续碾压作业时应跨缝碾压，保证纵向接缝顺直 ②横向接缝，在摊铺段结束时，摊铺机在接近端部前约1 m处将熨平板稍稍抬起驶离现场，人工将端部混合料铲平齐后再碾压，新铺路面与原路面应连接平顺
10	开放交通	应待热拌沥青混合料路面完全自然冷却，混合料表面温度低于50℃后，即可逆着交通流的方向撤除路面安全设施，开放交通

（3）施工质量标准

工程完工后，应对NovaChip层进行抽样检测，检测项目有外观、横向接缝、纵向接缝、边线、厚度、冠状隆起、构造深度及横向力系数，要求见表4—6—6。

五、沥青路面再生技术

路面破损严重，采用罩面等措施不能使路面恢复良好的工作状态时，为保证必要的服务功能，应进行翻修并对旧沥青面层尽可能予以再生利用。

沥青路面再生是指将旧沥青路面经过翻挖、回收、破碎、筛分后，与再生剂、新沥青材料、新集料等按照一定比例重新拌和成沥青混合料，满足一定的路用性能并重新铺筑于路面的施工方法。对旧沥青路面进行再生利用，可以大大节省路用材料、人力和物力，并且解决了废料堆放的问题，利于环保。

1．沥青路面再生分类

沥青路面再生分类见表4—6—14。

表4—6—14　　沥青路面再生分类

分类	定义	适用范围	技术特点
厂拌热再生	是指将旧路面翻松后，就地打碎（或运至厂内打碎）后运到再生处理厂，添加新骨料、稳定处理材料或再生剂等，拌和而得到新的沥青混合料，经摊铺、碾压而成沥青路面的施工方法	适用于各个等级公路的沥青面层及柔性基层	①厂拌热再生RAP（“旧料”）掺配比例相对较低 ②技术难度小，适用范围广，质量控制容易，应用最广

续表

分类	定义	适用范围	技术特点
就地热再生	是指采用特殊的加热装置在短时间内将沥青路面加热至施工温度，然后以机械方式铣刨（25 mm左右）旧路面，再根据混合料性能要求掺加新骨料、再生剂等，经搅拌、摊铺、碾压而成沥青路面的施工方法	适用于仅存在浅层轻微病害的高速公路及一级、二级公路沥青路面表面层的就地再生利用，再生层可用做上面层或中面层	①RAP全部就地再生利用 ②再生深度有限，适用范围较窄，一般只用于路面预防性养护
厂拌冷再生	是指采用乳化沥青与旧料和新集料在常温下拌和成混合料，经摊铺、碾压而成沥青路面的施工方法	适用于高速公路和一级、二级公路沥青路面的下面层及基层、底基层，三级、四级公路沥青路面的面层。当用于三级、四级公路的上面层时，应加铺上封层	性能较好，RAP要求较低，适用范围较广
就地冷再生	是指利用旧沥青材料及部分基层材料进行现场破碎加工，加入部分新骨料及一定量的添加剂、水，在满足级配的前提下，在自然的环境温度下连续完成材料的铣刨、破碎、添加、拌和、摊铺及压实成形形成新的结构层的施工方法	适用于一级、二级、三级公路沥青路面的就地再生利用，用于高速公路时应进行论证。对于一级、二级公路，再生层可作为下面层、基层；对于三级公路，再生层可作为面层、基层，用做上面层时应加铺上封层	①RAP全部再生，RAP要求低，价格便宜 ②冷再生层一般不能直接作为表层

2. 就地冷再生施工简介

(1) 就地冷再生设备

就地冷再生设备如图4—6—3所示。

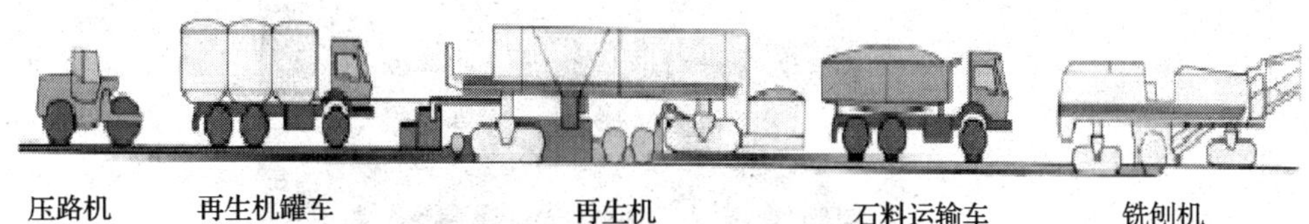

图4—6—3 就地冷再生设备工作装置示意图

(2) 施工工艺

就地冷再生施工工艺见表4—6—15。

表 4—6—15　　就地冷再生施工工艺

序号	施 工 工 序
1	作业准备
2	布置养护维修作业控制区
3	铣刨机铣刨旧路面 
4	运输车将新骨料直接卸入再生机前端的接料斗 
5 	水泥稀浆搅拌输送车（或乳化沥青罐车）通过管道把水泥稀浆（或乳化沥青）输送到再生机 

续表

序号	施 工 工 序
6	再生机完成新旧材料的拌和、摊铺及预压实 
7	压路机完成再生层的最终压实成形 
8	接缝处理
9	开放交通

思考与练习

一、填空题

1. 沥青路面罩面按其使用功能划分为__________、__________、__________。

2. 热拌沥青混凝土薄层罩面沥青混合料的碾压应按____________________的原则进行。

3. 热拌沥青混凝土薄层罩面沥青混合料的碾压应按__________、__________、__________三个阶段进行。

4. 沥青路面再生可分为__________、__________、__________、__________。

二、选择题

1. （　　）主要适用于提高原有路面的防水性能、平整度和抗滑性能的修复工作。

A. 罩面　　B. 封层　　C. 抗滑层　　D. 黏层

2. （　　）主要适用于消除破损，恢复原有路面平整度，改善路面性能的修复工作。

A. 罩面　　B. 封层　　C. 抗滑层　　D. 黏层

3. 当路面破损、平整度、抗滑三项指标都在中等以下，要求恢复到优、良等级时，应采用（　　）mm 的罩面层。

A. 5 ~ 10　　B. 10 ~ 30　　C. 10 ~ 40　　D. 30 ~ 50

三、简答题

1. 请画出雾封层施工工艺流程图。
2. 请画出微表处施工工艺流程图。
3. 请画出超薄磨耗层施工工艺流程图。
4. 请画出热拌沥青混凝土薄层罩面施工工艺流程图。

任务七　深层注浆加固处治沉陷

◆ 熟悉深层注浆加固处治方法。

◆ 能够利用深层注浆方法维修路面沉陷病害。

某养护中心所管养路段 K8 + 100 处的桥头路段出现沉陷，经检测，路表弯沉值大于设计值，该处路基沉降未稳定，请对该处沉陷实施处治。

深层注浆是指采用水泥浆等浆液对桥头下沉路基进行注浆处理，从而减少甚至消除由于路基的沉降而产生的桥头与桥面之间的高度差。

深层注浆适用于桥头路段路基沉降不稳定，加固路基的病害处治作业。

一、材料要求

深层注浆用的水泥浆是以水泥作为胶结材料，掺加适当比例外加剂拌制而成。配制的浆液在干燥土中或水中照样迅速固结，浆液固结率为100%，固结过程中不析水，浆液固结体本身强度高，终凝抗压强度大于等于20 MPa。

1. 水泥

普通32.5R硅酸盐水泥，符合现行国家标准的要求。

2. 水

洁净饮用水。

二、机具设备配备要求

深层注浆施工需要的机具设备配备见表4—7—1。

表4—7—1　　深层注浆施工机具设备配备表

序号	机具设备	序号	机具设备
1	水车	6	搅拌机
2	发电机	7	灌浆泵
3	钻孔机	8	扫把
4	套管	9	铁铲
5	高压软管	10	人货两用工具车

三、施工工艺

深层注浆施工工艺见表4—7—2。

表4—7—2　　深层注浆施工工艺

序号	施工工序	工 艺 要 求
1	作业准备	①准备好施工所用材料 ②检查施工机械设备是否正常运行
2	布置养护维修作业控制区	顺着交通流的方向设置安全设施
3	布孔	在病害范围内等孔距呈梅花状布孔，孔位应在病害处。裂缝两端的孔位距路缘石不小于0.8 m

续表

序号	施工工序	工 艺 要 求
4	钻孔	垂直钻孔，孔深为超过基层底部进入路基，钻杆直径为 63 mm
5	设置套管	用镀锌水管制成套管，作为导浆管。将导浆管插入灌浆孔内。导浆管底部封闭，在距管底 50 mm 左右的管壁上钻一排孔，用于漏浆
6	配制浆液	按配合比将水、外加剂混合搅拌，然后加入水泥搅拌均匀制成注浆浆液，并用滤网过滤。配制好的浆液必须在初凝前使用完毕
7	连接注浆管	将注浆管与套管连接，连接头与套管头的搭接不小于 50 mm，确保密封不漏浆。注浆完毕，待压力表显示为零时方可拆卸
8	注浆	①按先灌注路面外围孔，后路面中间孔的顺序分两次注浆 ②第一次注浆：启动注浆泵，逐渐加压灌注浆液。当出现以下任一情况时即停止灌注：相邻孔内或裂缝中冒浆；裂缝周围沥青面层出现轻微抬升；灌注压力达到 0.5 MPa ③间隔 15 min 后进行第二次注浆：注浆压力不得高于第一次，当出现上述余下的两种情况之一时即停止注浆
9	封孔	每注浆完一孔先用木塞堵孔，待注浆完毕后，拔出注浆套管并用水泥砂浆堵孔
10	清理现场	注浆完毕，应将路面清扫干净，必要时采用高压水冲洗
11	开放交通	施工完毕须进行养生 12 h，方可逆着交通流的方向撤除路面安全设施，开放交通

工作任务中提到的某管养路段中 K8 +100 处的桥头路段出现沉陷，该处沉陷采取深层注浆法进行处治，可以参照表 4—7—1 中的机具和表 4—7—2 中的施工工艺步骤进行维修。

四、施工质量标准

1. 注浆后的路面没有损坏、隆起现象。
2. 浆液的强度和膨胀指标达到要求，对施工浆液的抗压、泌水和膨胀三个指标进行检测。
3. 路表弯沉能够满足设计要求的允许值。

一、填空题

1. 深层注浆用的水泥浆由＿＿＿＿＿＿、＿＿＿＿＿、＿＿＿＿＿配制而成。
2. 深层注浆施工布孔时，裂缝两端的孔位距路缘石＿＿＿＿＿＿ m。

二、选择题

1. 深层注浆钻孔时，钻杆直径为（　　）mm。

A. 48　　B. 63　　C. 480　　D. 630

2. 深层注浆施工后须养护（　　）。

A. 4 h　　B. 12 h　　C. 7 天　　D. 14 天

3. 深层注浆适用于处治（　　）沉降不稳定引起的路面沉陷。

A. 路基　　B. 基层　　C. 沥青路面　　D. 水泥混凝土路面

三、判断题

1. 深层注浆用的水泥浆可采用 42.5R 的水泥。（　　）

2. 深层注浆的孔深为超过基层底部进入路基。（　　）

四、实训题

实训项目：修补因桥头路段路基沉降不稳造成的路面沉陷。

实训实施条件：

1. 深层注浆修补沉陷的机具设备一套。

2. 设置安全作业区所需的安全设施一套。

3. 反光工作服若干套（视分组人数定）。

模块五

水泥混凝土路面养护

任务一　水泥混凝土路面养护对策

◆ 熟悉水泥混凝土路面养护的目的和要求。

◆ 能够选择水泥混凝土路面的养护对策。

◆ 能够正确选择水泥混凝土路面修复措施。

某一级公路的某段水泥混凝土路面的路面损坏状况指数 $PCI = 87.76$，路面行驶质量指数 $RQI = 83.02$，抗滑性能指数 $SRI = 79.01$，强度满足要求。试确定该路段的养护对策。

水泥混凝土路面目前已成为我国发展高等级路面的重要形式之一，虽然它具有强度高、刚度大、稳定性好、使用寿命长、耐久性好等优点，但是一旦开始破坏，破损就会迅速发展，且修补比其他路面困难。因此，必须在对水泥混凝土路面进行经常性认真检查的基础上，及时发现存在的问题和缺陷，并针对水泥混凝土路面的常见病害进行仔细分析，找出产生的原因，采取有效的技术措施，做好预防性、经常性养护，保证路面处于完好状态，充分

发挥水泥混凝土路面使用寿命长的特点。

一、水泥混凝土路面的养护要求

1．水泥混凝土路面养护工作必须贯彻“预防为主、防治结合”的方针。通过日常的巡视观察，及早发现缺陷，查清原因，及时采取适当的措施，有计划地进行修理和改善，以保持路面状况的完好。

2．水泥混凝土路面应以机械养护为主，并积极采用新技术、新材料、新工艺。

3．水泥混凝土路面养护必须贯彻安全生产的方针。其安全技术、劳动保护等必须符合有关规定。做到安全生产，文明施工，保护环境。

二、水泥混凝土路面的养护对策

水泥混凝土路面的养护对策，应根据现有路面使用质量状况、公路性质、等级和交通量等因素，并结合养护资金情况确定。可采取的养护维修对策见表 5—1—1。

表 5—1—1　　水泥混凝土路面养护对策

评价指标	高速公路、一级公路	二级及以下公路	采取措施
路面损坏状况指数（PCI）	优、良	优、良、中	采取日常养护和局部或个别板块修补措施
	中及中以下	次及次以下	采取全路段修复或改善措施
强度	不满足要求	不满足要求	采取铺筑沥青混凝土或水泥混凝土加铺层措施，提高其承载能力
路面行驶质量指数（RQI）	优、良	优、良、中	以日常养护为主
	中及中以下	次及次以下	采取罩面或加铺层等措施，改善路面的平整度
抗滑性能指数（SRI）	中及中以下	次及次以下	采取刻槽、罩面等措施，提高路表面的抗滑能力

三、水泥混凝土路面常见损坏维修措施的选择

水泥混凝土路面的损坏应分析其产生的原因，并根据损坏的类型、损坏的程度、气候条件及技术经济比较采用相应的维修措施。水泥混凝土路面常见的损坏维修措施可参照表 5—1—2 选用。凡因土基、基层强度不足或水稳定性不好而造成的路面损坏，应先处治好基层，再处治面层。

表 5—1—2 水泥混凝土路面常见的损坏维修措施

维修技术		破碎板		裂缝			板角断裂			错台		唧泥	边角剥落			接缝料损坏	坑洞	拱起	露骨
		轻	重	轻	中	重	轻	中	重	轻	重		轻	中	重				
脱空处理	水泥灌浆法										√	√							
	沥青灌注法										√	√							
更换接缝填缝料											√	√				√		√	
裂缝处理	压注灌浆法	√		√			√												
	直接灌浆法	√		√			√												
	扩缝灌浆法	√		√			√												
	条带罩面法	√			√			√						√					
	全深度补块法					√			√						√			√	
错台处理	磨平法									√									
	填补法										√								
表面功能恢复	稀浆封层																		√
	微表处																		√
	热拌沥青混凝土薄层罩面																		√
	机械刻槽																		√
	坑洞修补																√		
面板翻修		√	√			√													

1. 破碎板维修措施

轻度破碎板可根据裂缝损坏程度及技术经济比较选用压注灌浆法、直接灌浆法、扩缝灌浆法和条带罩面法，严重破碎板采用面板翻修技术，具体的施工工艺见本模块任务四和任务七。

2. 裂缝维修措施

裂缝维修可根据裂缝损坏程度及技术经济比较选用压注灌浆法、直接灌浆法、扩缝灌浆法、条带罩面法、全深度补块法及面板翻修技术，具体的施工工艺见本模块任务四和任务七。

3. 板角断裂维修措施

轻度板角断裂可根据裂缝损坏程度及技术经济比较选用压注灌浆法、直接灌浆法及扩缝灌浆法，中度板角断裂采用条带罩面法，严重板角断裂采用全深度补块法，具体的施工工艺见本模块任务四。

4. 错台维修措施

错台一般会伴有板底脱空现象，所以在进行错台维修时，应先采用沥青灌注法或水泥灌浆法处治好板底脱空，具体的施工工艺见本模块任务二。

轻度错台采用磨平法，严重错台采用填补法，具体的施工工艺见本模块任务五。

5. 唧泥维修措施

唧泥一般会伴有板底脱空现象，所以在进行唧泥维修时，应先采用沥青灌注法或水泥灌浆法处治好板底接脱空，具体的施工工艺见本模块任务二，再采用接缝填缝措施填封接缝。具体的施工工艺见本模块任务三。

6. 边角剥落维修措施

（1）轻度边角剥落时，应将剥落的表面清理干净，用沥青混合料或接缝料修补平整。

（2）中度边角剥落采用条带罩面法，具体的施工工艺见本模块任务四。

（3）严重边角剥落采用全深度补块法，具体的施工工艺见本模块任务四。

7. 接缝料损坏维修措施

（1）当水泥混凝土接缝的填缝料发生超过时，高速公路、一级公路超过面板 3 mm，其他等级公路超过面板 4 mm 时应铲平。

（2）填缝料外溢流淌到接缝两侧面板，影响路面平整度和路容时应予以清除。

（3）杂物嵌入接缝时应予以清除，若杂物是小石块或其他硬物时，应及时剔除。

（4）填缝料局部脱落时应进行灌缝填补，当填缝料脱落缺失大于 1/3 缝长或填缝料老化、接缝渗水严重时，应立即进行整条接缝的填缝料更换。具体的施工工艺见本模块任务三。

8. 坑洞维修措施

（1）对个别的坑洞，应清除洞内杂物，用水泥砂浆或环氧砂浆等材料填充，达到平整密实。

（2）对连成一片的较多坑洞，应采取薄层修补方法进行修补。

具体的施工工艺见本模块任务六。

9. 拱起维修措施

拱起处理应根据具体情况，采取不同的措施进行处治。

（1）板端拱起但路面完好时，应根据板块拱起的高低程度，计算要切除板块的长度。先将拱起板块两侧附近的 1 ~ 2 条横缝切宽，待应力充分释放后切除拱起端，逐渐使板块恢复原位，缝隙和其他接缝应清缝并灌入接缝材料。

（2）拱起板端发生断裂或损坏时，应采用全深度补块法。具体的施工工艺见本模块任务四。

（3）拱起板两端间因夹入硬物发生拱起，应将硬物清除干净，使板块恢复原位，清理接缝内杂物和灰尘，灌填缝料，具体的施工工艺见本模块任务三。

（4）胀缝间因传力杆部分或全部在施工时设置不当，使板受热时不能自由伸长而发生拱起，应重新设置胀缝。按水泥混凝土路面有关施工规范执行，使面板恢复原状。

10. 露骨维修措施

（1）较大范围的露骨损坏应铺设磨耗层，根据路面等级及技术经济比较选用稀浆封层、微表处或热拌沥青混凝土薄层罩面，具体的施工工艺见模块四任务六。

（2）局部路段的路面磨光露骨可采取金刚石研磨或机械刻槽的措施，以恢复水泥混凝土路面的表面平整度和摩擦系数。

任务实施

已知，该路段的 $PCI = 87.76$，$RQI = 83.02$，$SRI = 79.01$，强度满足要求。

查表 2—0—1 可知：

该路段路面损坏状况（PCI）为良，路面行驶质量（RQI）为良，抗滑性能指数（SRI）为中。

查表 5—1—1 可知：

该路段的养护对策为采取刻槽、罩面等措施，提高路表面的抗滑能力。

思考与练习

1. 某三级公路的某路段水泥混凝土路面，路面损坏状况指数 $PCI = 84.65$，路面行驶质量指数 $RQI = 65.25$，强度满足要求。试确定该路段的养护对策。

2. 试述水泥混凝土路面的养护要求。

3. 简述接缝料损坏的维修措施。

4. 简述拱起的维修措施。

任务二　水泥混凝土路面板底脱空的维修

学习目标

◆ 掌握水泥混凝土路面板底脱空的维修方法。

◆ 能够修复水泥混凝土路面板底脱空。

工作任务

经检测调查，管养路段中 K10 +280 处水泥板块弯沉值大于 0.2 mm，存在脱空，拟对其采用水泥灌浆法进行维修，请对该板块实施处治。

相关理论

水泥混凝土路面的板底脱空（Slab Hollow）是指由于排水不良、路基不均匀沉降，引起面板受力不均匀，基层材料液化，在行车载荷的重复作用下，板底材料流失，使板底出现空洞的现象。脱空往往伴随唧泥出现。水泥混凝土路面板底脱空区域的形成，是因为行车载荷作用下脱空区内的滞留水高速流动对基层的冲刷。脱空会导致路面板失去均匀支撑，从而在行车载荷作用下产生过量的应力而发生结合断裂。

板底脱空的位置可采用弯沉测定法，凡弯沉超过 0.2 mm 的应确定为板底脱空。

水泥混凝土路面唧泥、错台等病害常伴有脱空现象，在处治上述病害前，应进行板底脱空处治。

一、板底脱空的维修方法

板底脱空的主要维修方法见表 5—2—1。

表 5—2—1　　板底脱空维修方法

维修方法	适 用 条 件
水泥灌浆法	适用于严重脱空或基层、底基层脱空的板块
沥青灌注法	适用于轻微脱空或板下脱空的板块

二、板底脱空维修作业

1. 水泥灌浆法

(1) 材料要求

注浆用的水泥砂浆由水泥、砂、外加剂和水混拌而成。配制的浆液应具有自流渦密实性和早期膨胀性，初凝时间不早于 2 h，终凝时间不超过 3.5 h，注浆后 12 h 抗压强度应达到 3.5 MPa。原材料应满足以下要求：

1）水泥。选用 32.5R 或 42.5R 普通硅酸盐水泥。

2）粉煤灰。选用Ⅱ级粉煤灰。

3）砂。一般选用细砂。

4）早强剂。选用无明粉（主要成分为无水 Na_2SO_4）或 JK－24 型早强剂。

5）减水剂。选用 XP－Ⅱ型高效减水剂，其用量通过试验确定。

6）膨胀剂。宜选用 UEA 型膨胀剂（铝粉），其用量通过试验确定。

7）水。洁净饮用水。

(2) 机具设备配备要求

水泥灌浆法施工需要的机具设备配备见表 5—2—2。

表 5—2—2　　水泥灌浆法施工机具设备配备

序号	机具设备	序号	机具设备
1	水车	6	钻孔机
2	发电机	7	灌浆泵
3	搅拌机	8	套管
4	高压软管	9	扫把
5	铁铲	10	人货两用工具车

（3）施工工艺

水泥灌浆法施工工艺见表 5—2—3。

表 5—2—3　　水泥灌浆法施工工艺

序号	施工工序	工艺要求
1	作业准备	①准备好施工所用材料 ②检查施工机械设备是否正常运行
2	布置养护维修作业控制区	顺着交通流的方向设置安全设施
3	布孔 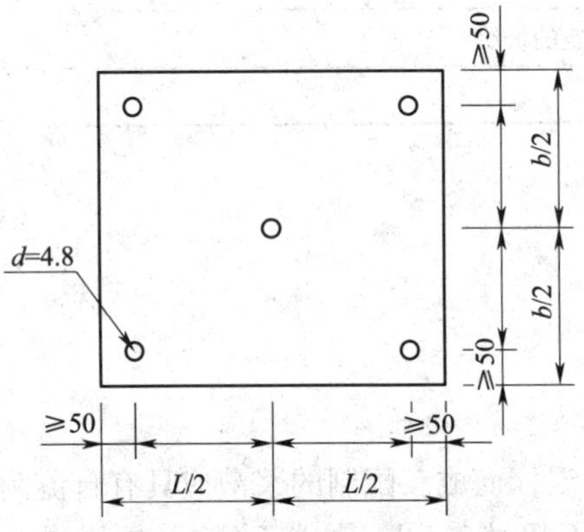 （单位：cm）	一般在一块板上等孔距呈梅花状布置 5 个孔，有裂缝的板在裂缝两侧各增加一个灌浆孔。布孔时应避开车辆行驶的轮迹带位置和裂缝位置。孔位距板边不小于 0.5 m，且孔位与裂缝间距 >0.3 m
4	钻孔 	垂直钻孔，孔深达底基层，钻杆直径为 48 mm

续表

序号	施工工序	工艺要求
5	设置套管	在灌浆孔中插入套管时，应露出板面 0.1 m，管底留 0.1 m 空隙
6	配制浆液	严格按确定的配合比配制，并搅拌均匀
7	连接注浆管	将注浆管与套管连接，连接头与套管头的搭接长度不小于 50 mm，确保密封不漏浆。注浆完毕后，待压力表显示为零时方可拆卸
8	灌浆 	①同一板块按先四角再中间的顺序分两次注浆 ②第一次注浆：启动注浆泵，逐渐加压灌注浆液。当出现以下任一情况时即停止灌注：水泥浆从接缝中冒出；混凝土板开始抬升；压力表压力达到 1.5 MPa。灌浆过程中如出现边坡冒浆或其他异常情况时，也应立即停止灌浆 ③间隔 15 min 后进行第二次注浆：注浆压力不得高于第一次，当出现上述三种情况中的未出现过的其他两种情况之一时即停止注浆
9	封孔 	每灌完一孔应用木楔堵孔
10	清理现场	注浆完毕，将路面清扫干净
11	封孔开放交通	待砂浆抗压强度达到 3.0 MPa 时，用水泥砂浆封孔，即可逆着交通流的方向撤除路面安全设施，开放交通

工作任务中提到的某管养路段中 K10 + 280 处水泥板块存在脱空病害，可以参照表 5—2—2 中的机具和表 5—2—3 中的施工工艺步骤进行维修。

2. 沥青灌注法

(1) 材料要求

注浆用的沥青砂由（乳化）沥青、砂、外掺剂和水混拌而成。其原材料应满足：

1) 沥青：采用慢裂快凝型乳化沥青，具有良好的渗透性能。也可采用液体沥青（稀释沥青）。其技术要求应满足有关技术规范。沥青宜掺加发泡剂。

2）砂：宜选用细度模数小于2.0的优质河砂，砂的含泥量应小于1%。

3）水：洁净饮用水。

（2）机具设备配备要求

沥青灌注法施工需要的机具设备配备见表5—2—4。

表5—2—4　　沥青灌注法施工机具设备配备表

序号	机具设备	序号	机具设备
1	水车	6	钻孔机
2	发电机	7	喷射压力泵
3	胶体搅拌机	8	套管
4	高压软管	9	扫把
5	铁铲	10	人货两用工具车

（3）施工工艺

沥青灌注法施工工艺见表5—2—5。

表5—2—5　　沥青灌注法施工工艺

序号	施工工序	工 艺 要 求
1	作业准备	①准备好施工所用材料 ②检查施工机械设备是否正常运行
2	布置养护维修作业控制区	顺着交通流的方向设置安全设施
3	布孔	一般在一块板上等孔距呈梅花状布置5个孔，有裂缝的板在裂缝两侧各增加一个灌浆孔。布孔时应避开车辆行驶的轮迹带位置和裂缝位置。孔位距板边不小于0.5 m，且孔位与裂缝间距>0.3 m
4	钻孔	垂直钻孔，孔深达底基层，钻杆直径为48 mm
5	清孔	用压缩空气将孔中的碎屑、杂物清除干净，并保持干燥（非乳化沥青）
6	配制浆液	严格按确定的配合比配制
7	连接注浆管	将注浆管与套管连接，连接头与套管头的搭接长度不小于50 mm，确保密封不漏浆
8	灌浆	宜用建筑沥青或乳化沥青砂（先压砂后压注乳化沥青），建筑沥青加热熔化温度一般为180℃ 灌注沥青压满后约30 s，拔出喷嘴，用木楔堵塞
9	清理现场	注浆完毕，将路面清扫干净
10	封孔开放交通	沥青温度下降后，拔出木楔，用水泥砂浆封孔，即可逆着交通流的方向撤除路面安全设施，开放交通

三、施工质量标准

1. 取芯观测芯样，混凝土板底与基层顶面间填充密实，基层芯样完整。
2. 路面板无明显错台或雨后路面板无唧泥现象。

思考与练习

1. 什么叫水泥混凝土路面板底脱空？
2. 板底脱空有哪些维修方法？
3. 水泥混凝土路面板底脱空修复时如何布孔？
4. 采用水泥灌浆法处治脱空时，在第一次灌浆过程中出现哪三种情况之一后，需立即停止注浆？
5. 简述水泥灌浆法的施工工序。

二、实训题

实训项目：修补水泥混凝土路面板底脱空。

实训实施条件：

1. 修补水泥混凝土路面板底脱空的机具设备一套。
2. 设置安全作业区所需的安全设施一套。
3. 反光工作服若干套（视分组人数定）。

任务三　水泥混凝土路面接缝的维修

学习目标

- ◆ 熟悉水泥混凝土路面接缝的维修方法。
- ◆ 能够更换水泥混凝土路面接缝填缝料。

工作任务

某养护中心经路况调查发现在管养的路段 K18 +300 处，水泥混凝土路面接缝出现较多脱落，如图 5—3—1 所示，请对该处病害进行维修。

图 5—3—1　水泥混凝土路面接缝料损坏

更换接缝填缝料法适用于水泥混凝土路面接缝填缝料的更换和灌缝作业。当大面积更换填缝料时，宜选择在干燥的秋冬季节施工。

一、材料要求

接缝填缝料一般采用常温施工条件下的填缝料，填缝料分为通用类（包括聚氨酯类、聚硫类、氯丁橡胶类和乳化沥青橡胶类等）和硅酮类两类，性能指标应符合相关规范的要求。

背衬条采用与填缝料不相粘的 ϕ10～40 mm 塑胶泡沫条。

二、机具设备配备要求

更换接缝填缝料作业需要的机具设备配备见表 5—3—1。

表 5—3—1　　接缝维修作业机具设备配备表

序号	机具设备	序号	机具设备
1	切缝机	3	灌缝枪
2	高压吹风机	4	漏斗

续表

序号	机具设备	序号	机具设备
5	发电机	9	压轮 
6	水车	10	电动搅拌器
7	刷缝机 	11	扫把、灰刀、铁钩、竹片等
8	高压清洗机 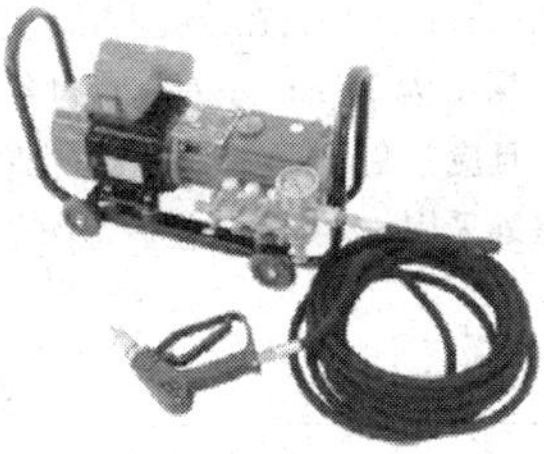	12	人货两用工具车

三、施工工艺

更换接缝填缝料作业施工工艺见表5—3—2。

表5—3—2　　接缝维修作业施工工艺

序号	施工工序	工艺要求
1	作业准备	①准备好施工所用材料 ②检查施工机械设备是否正常运行
2	布置养护维修作业控制区	顺着交通流的方向设置安全设施

续表

序号	施工工序	工艺要求
3	切缝 	用切割机沿接缝两侧（填缝料与混凝土的黏接面）各切一次，深度为30～40 mm，使原填缝料与混凝土剥离，形成新的接触面
4	清缝 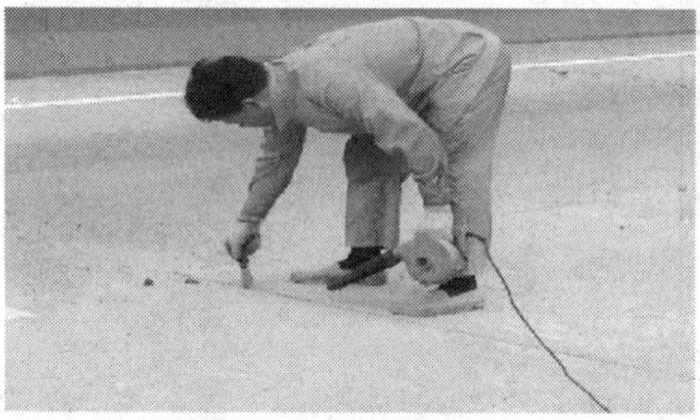	①用铁钩勾出缝内已剥离的旧填缝料 ②用高压清洗机将缝内泥砂、灰浆等清洗干净 ③待接缝自然干燥后，用刷缝机清刷接缝的两个侧壁 ④用鼓风机吹净接缝内的浮尘和杂质，并吹至缝内干燥
5	压背衬条 	将尺寸合适的背衬条平放在接缝上方，用压轮把背衬条压入缝内，压入深度为25 mm左右。背衬条需要搭接时，接头不应重叠，且应紧密无缝隙。一般缩缝采用ϕ10 mm的塑胶泡沫条，胀缝采用ϕ20 mm的塑胶泡沫条
6	配制填缝料 	填缝料的配制应严格按材料使用说明书进行操作，包括材料各组分添加的顺序、比例、搅拌时间等，拌制好的填缝料装入漏斗内待用，并在规定的时间内用完
7	装料	根据接缝的宽度选用合适的灌缝枪头。装料时打开漏斗，把填缝料小心装入灌缝枪内。应避免装料过多导致填缝料溢出，污染路面

续表

序号	施工工序	工艺要求
8	灌缝	①把灌缝枪头放入缝内，缓慢而均匀地沿缝灌注填缝料至距路表面 2 ~ 5 mm 的位置 ②若灌缝时填缝料溢出路面，则用灰刀将溢出的填缝料刮除，并修补低洼漏灌之处 ③用竹片挤压缝面，使缝面平整美观，均匀一致
9	清洗灌缝工具	施工完毕后，及时用汽油等溶剂清洗灌缝枪等灌缝工具，避免出现管道堵塞等问题
10	清理现场	修补完毕，将作业处的垃圾和废料全部清扫干净，运离现场集中堆放
11	开放交通	待填缝料固化后（约需 3 h），即可逆着交通流的方向撤除路面安全设施，开放交通

工作任务中提到的某管养路段中 K18 +300 水泥路面接缝出现较多脱落的病害，可以参照表 5—3—1 中的机具和表 5—3—2 中的施工工艺步骤进行维修。

四、施工质量标准

1. 填缝料的更换应做到饱满、密实、黏接牢固，无漏灌之处。
2. 填缝料的灌注高度夏天宜与面板平齐，冬天宜稍低于面板 2 mm。

思考与练习

一、填空题

1. 当大面积更换填缝料时，宜选择____________季节施工。

2. 用切割机切缝时，深度为__________ mm。

二、简答题

1. 简述清缝的工艺要求。
2. 简述更换接缝填缝料作业的施工工序。

三、实训题

实训项目：更换水泥混凝土路面接缝填缝料。

实训实施条件：

1. 校园内实训场地的水泥混凝土道路。
2. 更换水泥混凝土路面接缝填缝料的机具设备一套。
3. 设置安全作业控制区所需的安全设施一套。
4. 反光工作服若干套（视分组人数定）。

任务四　水泥混凝土路面裂缝的维修

- 熟悉水泥混凝土路面裂缝维修方法。
- 能够修复水泥混凝土路面裂缝。

某养护中心在管养的水泥混凝土路面左幅 K30 + 800 处，出现 2 mm 的非扩展性的表面裂缝，请对该处损坏实施维修。

一、裂缝的维修方法

水泥混凝土路面裂缝主要的维修方法见表 5—4—1。

表 5—4—1　　水泥混凝土路面裂缝维修方法

维修方法	适用条件
压注灌浆法	适用于处治缝宽≤0.5 mm 非扩展性的表面裂缝、轻度板角断裂及轻度破碎板等损坏
直接灌浆法	适用于处治缝宽在 0.5 ~ 3 mm 之间的非扩展性的表面裂缝、轻度板角断裂及轻度破碎板等损坏
扩缝灌浆法	适用于处治缝宽 < 3 mm 且裂缝处未剥落的轻微裂缝、轻度板角断裂及轻度破碎板等损坏
条带罩面法	适用于处治缝宽在 3 ~ 6 mm 之间且边缘有碎裂、贯穿全厚的中等裂缝、中度板角断裂及轻度破碎板等损坏
全深度补块法	适用于处治缝宽 > 6 mm 且边缘有错台的严重裂缝及严重板角断裂等损坏

二、材料要求

裂缝修补材料根据其功能可分为补强材料和密封材料。当水泥混凝土路面因强度不足而出现贯穿裂缝时，应采用补强材料；当水泥混凝土路面因干缩、温缩等原因出现表面裂缝，但路面结构强度仍满足使用要求时，应采用密封材料。

补强材料宜选用经改性的环氧树脂类材料或经乳化的环氧树脂乳液，要求见表 5—4—2。密封材料宜选用橡胶沥青、聚氨酯类（如硅酮、PU）灌浆材料，其要求见表 5—4—3。

表 5—4—2　　补强材料技术要求

性能	单位	技术要求
灌入稠度	S	<20
拉伸强度	MPa	≥5
黏结强度	MPa	≥3
断裂伸长率	%	2 ~ 5

表 5—4—3　　密封材料技术要求

性能	单位	技术要求
灌入稠度	S	<20
拉伸强度	MPa	≥4
黏结强度	MPa	≥4
断裂伸长率	%	≥50

用于路面植筋的植筋胶宜采用低黏度改性环氧树脂胶或硅酮类，其主要技术性能见表 5—4—4。

表 5—4—4　　　　路面植筋胶的技术性能

性能	单位	技术要求
黏度（25℃）	Pa · S	200 ~ 400
压缩强度	MPa	≥60
剪切强度	MPa	≥15
黏结强度	MPa	≥4
抗拉拔力（ϕ16 mm 螺纹钢）	kN	≥20

封缝料优先推荐采用高固体含量的改性乳化沥青和 SBS 改性沥青。乳化沥青具有高渗透性，可有效解决裂（接）缝灰尘问题，使其与缝结合更好，且成本相对较低。

三、机具设备配备要求

各种裂缝维修方法需配备的机具设备见表 5—4—5。

表 5—4—5　　　　裂缝维修机具设备配备表

序号	机具设备	压注灌浆	直接灌浆	扩缝灌浆	条带罩面补缝	全深度补块法
1	灌缝设备	√	√	√	√	√
2	清缝设备（鼓风机或吹风机）	√	√	√	√	√
3	清缝小工具（铁钩、竹片、刷子等）	√	√	√	√	
4	扩缝设备（电动角磨机或切缝机等）			√	√	√
5	风镐				√	√
6	钻孔机				√	√
7	振捣棒				√	√
8	抹平工具（铝合金尺等）				√	√
9	破碎机					√
10	灰刀	√			√	√
11	铁铲、扫把	√	√	√	√	√
12	人货两用工具车	√	√	√	√	√

四、裂缝维修作业

1. 压注灌浆法

压注灌浆法分为喷嘴灌入法和注射器注射法。

(1) 喷嘴灌入法

喷嘴灌入法施工工艺见表5—4—6。

表5—4—6　　喷嘴灌入法施工工艺

序号	施工工序	工艺要求
1	作业准备	①准备好施工所用材料 ②检查施工机械设备是否正常运行
2	布置养护维修作业控制区	顺着交通流的方向设置安全设施
3	清缝	先将缝内泥土、杂质清除干净，随后用钢丝刷将缝口刷一遍，并用鼓风机将缝内粉尘、杂质吹扫干净，并吹至缝内干燥
4	埋设灌浆嘴封闭裂缝	灌浆嘴每隔0.3 m安置一个，将松香和石蜡按1:2的比例配制并加热溶化黏住裂缝，用胶带将缝口贴牢，并在灌浆嘴及胶带上加封松香和石蜡
5	配灌浆材料	严格按要求配好灌浆材料并在规定的时间内用完
6	灌浆	将配制的灌浆材料溶液用压力灌浆器在30~40 min内灌入缝中，至灌浆材料将要顶动上面的胶布为止
7	封缝	灌浆材料上宜加一层水泥浆或砂浆抹面并喷养护剂，使表面颜色一致
8	加热增强、开放交通	用红外线灯或灯泡在已灌缝上加温1~2 h（温度控制在50~60℃）后，即可逆着交通流的方向撤除路面安全设施，开放交通

(2) 注射器注射法

注射器注射法施工工艺见表5—4—7。

表5—4—7　　注射器注射法施工工艺

序号	施工工序	工艺要求
1	作业准备	①准备好施工所用材料 ②检查施工机械设备是否正常运行
2	布置养护维修作业控制区	顺着交通流的方向设置安全设施
3	清缝	先将缝内泥土、杂质清除干净，随后用钢丝刷将缝口刷一遍，并用鼓风机将缝内粉尘、杂质吹扫干净，并吹至缝内干燥
4	配灌浆材料	将PCR主剂与固化剂按质量比100:0.7的比例掺配。配制时将固化剂倒入主剂中，拌和至固化剂完全溶解、颜色均匀即可
5	灌浆器注射	使用便携式灌浆设备抽入混合剂，对准插入缝隙注射，由中线向两边逐点灌浆至填满缝隙。若先灌浆段落渗入较多，应及时补注至饱满，若15 min内不再渗入则可认为已注满缝隙
6	开放交通	整个缝隙灌浆完成后，撒少许干水泥拌砂混合料覆盖3 h后，即可逆着交通流的方向撤除路面安全设施，开放交通

2. 直接灌浆法

直接灌浆法施工工艺见表5—4—8。

表5—4—8　　直接灌浆法施工工艺

序号	施工工序	工艺要求
1	作业准备	①准备好施工所用材料 ②检查施工机械设备是否正常运行
2	布置养护维修作业控制区	顺着交通流的方向设置安全设施
3	清缝	先将缝内泥土、杂质清除干净，随后用钢丝刷将缝口刷一遍，并用鼓风机将缝内粉尘、杂质吹扫干净，并吹至缝内干燥
4	铺设底胶	在缝内及路面涂刷一层聚氨酯底胶层，厚度为 0.3 ±0.1 mm，底胶用量为 0.15 kg/m^2
5	配灌浆材料	严格按要求配好灌浆材料
6	灌浆	用灌缝设备沿缝缓慢而均匀地将灌浆材料灌入缝内
7	开放交通	固化达到通车强度后，即可逆着交通流的方向撤除路面安全设施，开放交通

本工作任务中，在左幅 K30 + 800 处出现的 2 mm 非扩展性的表面裂缝，宜采用直接灌浆法修补，可以参照表5—4—5中的机具和表5—4—8中的施工工艺步骤进行维修。

3. 扩缝灌浆法

扩缝灌浆法施工工艺见表5—4—9。

表5—4—9　　扩缝灌浆法施工工艺

序号	施工工序	工艺要求
1	作业准备	①准备好施工所用材料 ②检查施工机械设备是否正常运行
2	布置养护维修作业控制区	顺着交通流的方向设置安全设施
3	扩缝	用扩缝设备沿裂缝进行切边扩缝，扩缝宽度宜为 10 ~ 15 mm，深度根据裂缝深度，最大不超过 2/3 板厚
4	清缝	先将缝内泥土、杂质清除干净，随后用钢丝刷将缝口刷一遍，并用鼓风机将缝内粉尘、杂质吹扫干净，并吹至缝内干燥
5	填石屑	填入 3 ~ 6 mm 的清洁石屑（含水量 <1%）
6	配制填缝料	严格按要求配好灌浆材料
7	装料	将灌浆材料装入灌缝设备内，应避免装料过多导致填缝料溢出，污染路面
8	灌缝	用灌缝设备沿缝缓慢而均匀地将灌浆材料灌入缝内至与路表面基本齐平并形成凹面
9	清洗工具	将灌缝工具及时清洗干净，避免堵塞
10	开放交通	填缝料固化后，即可逆着交通流方向撤除路面安全设施，开放交通

4. 条带罩面法

条带罩面法施工工艺见表5—4—10，条带罩面法钯钉布设示意图如图5—4—1所示。

表5—4—10　　条带罩面法施工工艺

序号	施工工序	工 艺 要 求
1	作业准备	①准备好施工所用材料 ②检查施工机械设备是否正常运行
2	布置养护维修作业控制区	顺着交通流的方向设置安全设施
3	切缝	在距裂缝距离不小于20 cm（通常为30 cm）且平行于缩缝的裂缝两侧采用切缝机进行切缝
4	凿除边缝内混凝土	用风镐或液压镐凿除两切缝内的混凝土，深度以1/3板厚（7～10 cm）为宜
5	钻钯钉孔	沿裂缝两侧10 cm，每隔30 cm打一对钯钉孔，钯钉孔的大小应略大于钯钉直径2～4 mm，并在两钯钉孔之间打与钯钉孔直径相同的钯钉槽
6	安装钯钉	钯钉采用ϕ16 mm螺纹钢筋，使用前应先除锈。钯钉长度分别不小于20 cm、30 cm，长短交错布置，弯钩长度不小于7 cm。分离式加铺层应将钯钉植入旧路面表面以下不小于3 cm。钯钉插入孔内前须先将孔内填满快硬砂浆
7	凿毛缝壁及清缝	缝内壁由人工凿毛以增强新旧混凝土的黏结力，并清除碎块及吹净表面尘土
8	涂刷砂浆	在修补面上刷一层与混凝土相同配比的修补砂浆或环氧水泥砂浆
9	浇筑混凝土	浇筑快硬混凝土，及时振捣密实、抹平
10	养生	喷洒养护剂养生。养护剂的喷洒面延伸到相邻旧混凝土内20 cm以上
11	切缝及填缝	用切缝机加深修补面板两侧的缩缝，并灌注填缝料
12	开放交通	固化达到通车强度后，即可逆着交通流的方向撤除路面安全设施，开放交通

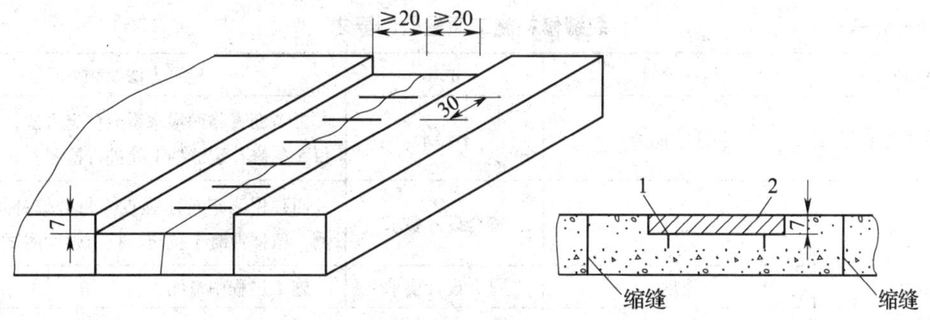

图5—4—1　条带罩面补缝（单位：cm）

1—钯钉　2—新浇混凝土

5．全深度补块法

全深度补块法（设置传力杆、拉杆）施工工艺见表5—4—11。

表5—4—11　　全深度补块法施工工艺

序号	施工工序	工 艺 要 求
1	作业准备	①准备好施工所用材料 ②检查施工机械设备是否正常运行
2	布置养护维修作业控制区	顺着交通流的方向设置安全设施
3	切割面板	在修补的面板上平行于缩缝进行保留板块画线，沿画线位置进行全深度切割
4	破板	破碎、清除不保留的板块，在破碎过程中不得伤及基层、相邻面板和路肩
5	基层处理	处理基层时严格整平基层，基层强度要符合规范要求
6	设置传力杆、拉杆	修复、安设传力杆和拉杆
7	浇筑混凝土	浇筑的混凝土面层应与相邻路面的横断面吻合，补块的表面纹理应与原路面吻合
8	养生	在补块上喷洒养生剂
9	切缝及填缝	将板中的缩缝锯切到1/4板厚处，将接缝材料填入缩缝内
10	开放交通	混凝土达到通车强度后，即可逆着交通流的方向撤除路面安全设施，开放交通

五、施工质量标准

填缝应饱满、均匀，与路表面基本齐平并形成凹面，填缝料与裂缝结合牢固。裂缝修补施工质量应符合表5—4—12及《公路水泥混凝土路面养护技术规范》（JTJ 073.1—2001）的要求。

表5—4—12　　裂缝修补施工质量检测要求

裂缝修补方法	检测项目	要求	检测方法及频率
灌浆法施工	防闭水能力	不渗水	参考沥青路面渗水系数测定方法，频率为每5条修补裂缝抽1处进行检测
条带罩面法或全深度补块法	强度	符合设计要求	回弹仪测定抗压强度，每处修补均需检测。留样混凝土抗压、抗折强度测试
	厚度	符合设计要求	施工过程中量测
	构造深度	0.7~1.1 mm	铺砂法：每处修补均需检测
	修补处与原板面高差	≤2 mm	3 m直尺，每处修补均需检测
	有条件时抽检横缝修补处传荷能力		

思考与练习

一、填空题

1. 水泥混凝土路面裂缝的修补可采用________、________、________、________、________等方法。

2. 裂缝修补材料根据其功能可分为________和________。

二、简答题

1. 简述压浆灌注法的适用条件及施工工序。

2. 简述扩缝灌浆法的适用条件及施工工序。

3. 简述条带罩面法的适用条件及施工工序。

4. 简述全深度补块法的适用条件及施工工序。

三、实训题

实训项目：修补水泥混凝土路面裂缝。

实训实施条件：

1. 校园内实训场地的水泥混凝土道路。

2. 水泥混凝土路面裂缝维修的机具设备一套。

3. 设置安全作业控制区所需的安全设施一套。

4. 反光工作服若干套（视分组人数定）。

任务五 水泥混凝土路面错台的维修

学习目标

◆ 掌握水泥混凝土路面错台维修方法。

◆ 能够修复水泥混凝土路面错台病害。

工作任务

某养护中心在管养的水泥混凝土路面 K10 + 280 处发现错台病害，错台的两面板高差约为 18 mm，如图 5—5—1 所示，请对该处损坏实施维修。

图 5—5—1　水泥混凝土路面错台

相关理论

一、错台的维修方法

错台的主要维修方法见表 5—5—1。但处治前应先对错台板进行板下封堵灌浆处理。

表 5—5—1　错台维修方法

维修方法	适 用 条 件
磨平法	适用于错台的两块板高差 <10 mm 的轻度错台
填补法	适用于错台的两块板高差 ≥10 mm 的严重错台

二、错台维修作业

1. 磨平法

磨平法的主要工序为：磨平→清缝→灌缝。

（1）磨平

从错台最高点开始向四周扩展，边磨边用 3 m 直尺找平，直至相邻两块板齐平为止，如图 5—5—2、图 5—5—3 所示。

（2）清缝

错台磨平后，将缝内泥土、杂质清除干净，随后用钢丝刷将缝口刷一遍，并用鼓风机将缝内粉尘、杂质吹扫干净，并吹至缝内干燥。

（3）灌缝

及时将填缝料均匀地沿缝灌注入接缝，填缝料应填至距路表面 2 ~ 5 mm 的位置。

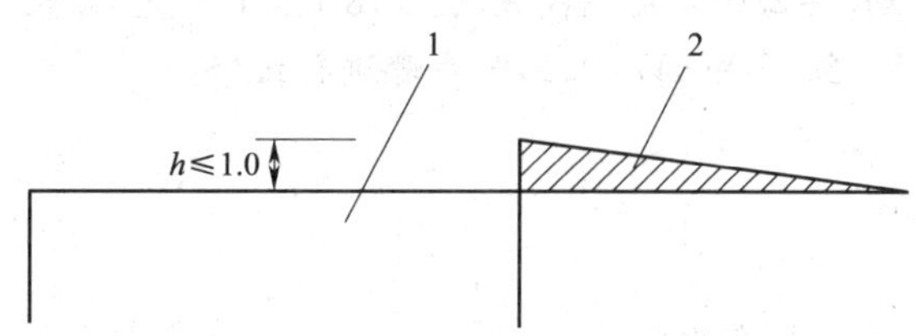

图 5—5—2　错台磨平法示意图（单位：cm）

1—下沉板　2—磨平

图 5—5—3　错台磨平法施工

2. 填补法

沥青砂填补法的施工工艺见表 5—5—2。

表 5—5—2　　　　**沥青砂填补作业施工工艺**

序号	施工工序	工 艺 要 求
1	作业准备	①准备好施工所用材料 ②检查施工机械设备是否正常运行
2	布置养护维修作业控制区	顺着交通流的方向设置安全设施
3	清扫路面	清扫路面，清除表面杂物并吹干
4	喷洒沥青	在处治范围内喷洒一层热沥青或乳化沥青，沥青用量为 0.40 ~ 0.60 kg/m^2
5	填补沥青砂	在处治范围内填补沥青砂，修补面纵坡变化应控制在 $i \leq 1\%$，并且加铺层厚度大于 10 mm
6	碾压	采用轮胎压路机碾压修补面
7	清理现场	将作业处的垃圾和废料全部清扫干净，运离现场集中堆放
8	初期养生及开放交通	初期应控制车辆慢速通过或待沥青砂完全成形后开放交通

本工作任务中，在 K10 +280 处发现高差约为 18 mm 的错台病害，属严重错台，宜采用填补法修补，可参照表 5—5—2 中的施工工艺步骤进行维修。

三、施工质量标准

1. 路面板无明显错台，行车平顺。

2. 错台病害经修补后，相邻板边缘的高差应小于 5 mm。其检测方法可将 3 m 直尺垂直于接缝放置，把 3 m 直尺置于相对较高的板块上，用塞尺或钢直尺测量 3 m 直尺与较低板块的高差。

思考与练习

一、简答题

1. 错台病害主要有哪些维修方法?

2. 简述磨平法处治错台中磨平工序的施工工艺。

3. 沥青砂填补法维修错台的基本工序包括哪些?

二、实训题

实训项目：水泥混凝土路面错台的维修。

实训实施条件：

1. 校园内实训场地的水泥混凝土道路。

2. 水泥混凝土路面错台维修的机具设备一套。

3. 设置安全作业控制区所需的安全设施一套。

4. 反光工作服若干套（视分组人数定）。

任务六　水泥混凝土路面坑洞的维修

学习目标

◆ 掌握水泥混凝土路面坑洞维修的方法。

◆ 能够修补水泥混凝土路面坑洞。

工作任务

某养护中心管养的水泥混凝土路面 K11 +380 处发现一个坑洞，请对其进行维修。

相关理论

一、坑洞的维修方法

坑洞的主要维修方法见表 5—6—1。

表 5—6—1　　坑洞维修方法

维修方法	适用条件
环氧砂浆修补法	适用于个别坑洞的处治
薄层修补法	适用于连成一片的较多坑洞的处治

二、坑洞维修作业

1. 环氧砂浆修补法

（1）材料要求

环氧砂浆具有黏结性好、弹性较好、耐久性好的特点，一般由环氧胶液、水泥和中砂配制，配合比为：环氧浆液∶水泥∶中砂 =1∶0.68∶3.74。环氧浆液由环氧树脂基液、增塑剂、稀释剂、硬化剂配制而成，各组分配合比为：环氧树脂基液∶邻苯二甲酸或二丁酯∶丙酮∶乙二胺 =1∶0.1∶0.08∶0.1。

（2）机具设备配备要求

环氧砂浆修补作业需要的机具设备配备见表 5—6—2。

表 5—6—2　　环氧砂浆修补作业机具设备配备表

序号	机具设备	序号	机具设备
1	小型搅拌器具	5	鼓风机
2	清理小工具	6	刷子
3	灰刀	7	扫把、铁铲
4	发电机	8	人货两用工具车

(3) 施工工艺

环氧砂浆修补作业施工工艺见表5—6—3。

表5—6—3　　环氧砂浆修补作业施工工艺

序号	施工工序	工 艺 要 求
1	作业准备	①准备好施工所用材料 ②检查施工机械设备是否正常运行
2	布置养护维修作业控制区	顺着交通流的方向设置安全设施
3	清理工作面	将坑洞处松散的混凝土块清除干净，再用扫把和鼓风机吹扫干净，使工作面干净干燥
4	刷涂基液	在清理干净的工作面上用刷子均匀涂刷一层环氧树脂基液，厚度约为1 mm，等候30～60 min，待基液中的气泡清除后，再涂抹环氧砂浆
5	配制环氧砂浆	①配制环氧浆液。按配合比先加环氧基液、邻苯二甲酸或二丁酯、丙酮，最后加乙二胺，并充分搅拌均匀 ②配制环氧砂浆。按配合比先把水泥、中砂混合搅拌后，再加入配制好的环氧浆液，并充分搅拌均匀。配制好的环氧砂浆应在2 h内用完
6	涂抹环氧砂浆 	涂抹环氧砂浆时用灰刀分层涂抹分层压实，每层厚度不宜超过15 mm，直至与原路面基本齐平并略高。用灰刀压实，使表面翻出浆液，如有气泡，必须刺破再压实
7	开放交通 	待环氧砂浆固化（约需6 h）后，即可逆着交通流的方向撤除路面安全设施，开放交通

工作任务中提到的水泥凝土路面K11＋380处的坑洞病害，因是个别坑洞，宜采用环氧砂浆修补法修补，可以参照表5—6—2中的机具和表5—6—3中的施工工艺步骤进行维修。

2. 薄层修补法

薄层修补作业施工工艺见表5—6—4。

表 5—6—4　　薄层修补作业施工工艺

序号	施工工序	工 艺 要 求
1	作业准备	①准备好施工所用材料 ②检查施工机械设备是否正常运行
2	布置养护维修作业控制区	顺着交通流的方向设置安全设施
3	切割	按损坏面积画一矩形并确保边线平行或垂直于路中心线，用切缝机沿画好的边线切割，切割深度在 60 mm 以上
4	凿除	凿除切割范围内的破碎混凝土，并将切割面内的光滑面凿毛
5	清扫	将槽内的混凝土碎屑清除干净
6	填补混凝土	将混凝土拌和物填入槽内，振捣密实，并保持与原混凝土面板齐平
7	养生	在修补面上喷洒养护剂
8	开放交通	待混凝土达到通车强度后，即可逆着交通流的方向撤除路面安全设施，开放交通

三、施工质量标准

修复后的坑洞处路面比原路面略高。

一、填空题

1. 坑洞的主要维修方法有__________和__________。

2. 薄层修补法中切割深度应在______mm 以上。

二、简答题

1. 环氧砂浆的配比为多少？

2. 简述环氧砂浆修补法的施工工序。

三、实训题

实训项目：修补水泥混凝土路面坑洞。

实训实施条件：

1. 校园内实训场地的水泥混凝土道路。

2. 水泥混凝土路面坑洞维修的机具设备一套。

3. 设置安全作业控制区所需的安全设施一套。

4. 反光工作服若干套（视分组人数定）。

任务七　水泥混凝土路面面板翻修

学习目标

◆ 熟悉水泥混凝土路面面板翻修方法。

工作任务

某养护中心在进行路况调查时发现管养的水泥混凝土路面路段左幅 K18 + 200 处出现断板碎板病害，请采用全厚式现浇修补法实施维修。

相关理论

一、面板翻修方法

水泥路面破损较为严重，尤其是出现断板破碎时，需对面板进行翻修。面板翻修方法主要包括全厚式现浇修补法和大块预制拼装修复法。

全厚式现浇修补法是指当水泥混凝土路面板块破损严重时，将破碎板挖除浇筑新水泥混凝土板块。

大块预制拼装修复法一般是指采用面积为 2.5 m×2 m 及以上的水泥混凝土预制块对面板进行更换及部分修补的技术，该技术目前在广西、河北等地均有应用。

二、全厚式现浇修补法

1. 材料要求

换板处治断板碎板作业采用厂拌水泥混凝土，禁止在施工现场架设小型搅拌机生产混凝土。水泥混凝土 28 天抗折强度必须达到 5.0 MPa 以上，运到施工现场的坍落度应为 50 ~ 70 mm。原材料应满足以下要求：

(1) 水泥

应采用强度高、收缩性小、耐磨性强的水泥。可采用 42.5R 及以上的硅酸盐水泥和普通硅酸盐水泥。

（2）细集料

应采用洁净、坚硬、细度模数在 2.5 以上的中、粗砂，含泥量应小于 1%。

（3）粗集料

应采用坚硬并符合规定级配要求的碎石，最大粒径不应超过 37.5 cm，含泥量应小于 0.5%。

（4）水

洁净饮用水。

（5）外加剂

可掺入 FN－Ⅱ型等型号的减水剂；也可掺入 JK－72 型等型号的早强剂；为保证混凝土的耐磨性，不掺或少掺粉煤灰（掺入量控制在水泥用量的 3% 以内）。

所有原材料均应符合现行相关规范要求。

2. 机具设备配备要求

全厚式现浇修补法作业、需要的机具设备配备见表 5—7—1。

表 5—7—1　　全厚式现浇修补法作业机具设备配备表

序号	机具设备	序号	机具设备
1	挖掘机	9	自卸汽车
2	插入式振动棒	10	滚筒
3	平板振动器	11	刻槽机
4	高压吹风机	12	钻孔机
5	钢模板	13	切缝机
6	发电机	14	洒水车
7	铝合金尺	15	扫把
8	小型工具	16	人货两用工具车

3. 施工工艺

全厚式现浇修补法作业施工工艺见表 5—7—2。

表 5—7—2　　全厚式现浇修补法作业施工工艺

序号	施工工序	工艺要求
1	作业准备	①准备好施工所用材料 ②检查施工机械设备是否正常运行
2	布置养护维修作业控制区	顺着交通流的方向设置安全设施
3	凿除旧路面 	①在凿除过程中应避免伤及相邻好板和传力杆、拉杆，混凝土板边缘部分应用人工配合风镐凿除 ②用挖掘机从板块破碎最严重的部位开始凿除，液压锤施力点与相邻好板的距离不小于 0.3 m ③为便于清除废渣，混凝土块破碎成边长 0.3 ~ 0.5 m
4	钻孔设传力杆拉杆 	①新旧路面横向接缝设置传力杆。用钻孔机在旧混凝土板1/2板厚位置钻孔，再用鼓风机清除孔内粉尘，向孔内压入 35 号以上的高强水泥砂浆，将直径为 25 mm、长为 45 cm 的光圆钢筋的一半插入孔中，插入端涂抹一层沥青。混凝土浇筑前，需在旧混凝土板侧壁涂刷一层沥青 ②新旧混凝土板纵向接缝拉杆损坏时，应补齐拉杆。用钻孔机在原拉杆位置附近钻孔，再用鼓风机清除孔内粉尘，向孔内压入高强水泥砂浆，将直径为 14 mm、长为 70 cm 的螺纹钢筋的一半插入孔中
5	模板制作 	靠路肩一侧主车道换板时，若路肩为沥青混凝土面层，则在路肩一侧设置模板。模板平面位置的高度与原路面相符，支撑稳固，接缝紧密平顺，并在模板内侧涂刷隔离剂（废机油）

续表

序号	施工工序	工艺要求
6	混凝土运输 	用混凝土搅拌运输车运输，运输至现场的混凝土坍落度应控制在50～70 mm范围内
7	混凝土摊铺 	混凝土从输送车上直接卸落至路槽，人工用锹反扣铲料，严禁抛掷和楼耙，防止混凝土离析。摊铺时应依次分段进行，松铺高度比原路面略高
8	混凝土振捣 	采用插入式振动棒加平板振动器组合捣实混凝土。路槽边角部分用插入式振捣棒振捣，再用功率不小于2.2 kW的平板振动器全面振捣。平板振动器施工时每次应重叠0.1～0.2 m宽，振捣器在每一位置振捣的持续时间，以拌和物不再下沉、不再冒泡并泛出水泥浆为准。振捣时对缺料部位进行人工铲补新料
9	混凝土整型 	①粗平：用滚筒来回滚动对混凝土表面进行滚动粗平。人工配合找平，对较高的部位挖低，较低的部位则填补新料 ②精平：先人工用铝合金刮尺沿纵向来回刮平，进行第一次精平。然后用3 m直尺检查混凝土面的平整度，用木刮或塑料刮进行第二次精平，禁止使用铁刮抹平 ③在混凝土整型过程中，禁止在混凝土面洒水和撒水泥，同时混凝土表面不得提浆过多，以免影响混凝土的表面强度和产生收缩裂纹

续表

序号	施工工序	工艺要求
10	混凝土养生 	可采用棉毡等洒水覆盖养生，养生时间不宜少于7天
11	切缝 	当混凝土强度达到设计强度的25%～30%时，采用切缝机切缝。接缝位置与旧路面相同，切缝深度应不小于1/4板厚。切缝后冲洗路面并恢复养生
12	刻槽 	在水泥混凝土达到设计强度的40%后开始刻槽，刻槽后冲洗路面并恢复养生
13	灌缝 	混凝土养生结束后，再对接缝进行清理并灌缝
14	开放交通	养生结束和灌缝完毕后，即可逆着交通流的方向撤除路面安全设施，开放交通

工作任务中提到的左幅 K18 +200 处出现的断板碎板病害，可以参照表 5—7—1 中的机具和表 5—7—2 中的施工工艺步骤进行维修。

4. 施工质量标准

（1）水泥混凝土 28 天抗折强度不小于 5.0 MPa。

（2）水泥混凝土表面平整度用 3 m 直尺测量最大间隙不超过 5 mm，构造深度不小于 0.6 mm，相邻板高度差不超过 3 mm。

三、大块预制拼装修复法

1. 材料要求

混凝土预制块的抗压强度不宜低于 5.0 MPa。其外观质量、尺寸偏差和物理性能应符合《混凝土路面砖》（JC/T 446—2000）中优等品或一等品的规定。

2. 机具设备配备要求

大块预制拼装修复法作业需要的机具设备配备见表 5—7—3。

表 5—7—3　　大块预制拼装修复法作业机具设备配备表

序号	机具设备	序号	机具设备
1	插入式振动棒	5	滚筒
2	刻槽机	6	切缝机
3	风镐	7	挖掘机
4	吊车	8	人货两用工具车

3. 施工工艺

大块预制拼装修复法作业施工工艺见表 5—7—4。

表 5—7—4　　大块预制拼装修复法作业施工工艺

序号	施工工序	工 艺 要 求
1	作业准备	①准备好施工所用材料 ②检查施工机械设备是否正常运行
2	布置养护维修作业控制区	顺着交通流的方向设置安全设施
3	板块预制	预制板块厚度为原路面厚度。预制时采用插入式振捣棒振捣，滚筒抹平，塑料薄膜养生并刻纹。在两端各预留一个吊装孔，吊环做得稍低于混凝土表面高度，待板块拼装后用快硬水泥砂浆填充平整
4	清除破碎板	用切缝机沿破碎板四周进行全厚切割，破碎锤作业点严格控制在距板边 0.3 m 以上的板内，边缘的剩余部分用液压镐或风镐破除

续表

序号	施工工序	工艺要求
5	基层修复	采用干拌砂浆对破损或强度不足的基层进行修复补强
6	预制板吊装	采用吊车通过预留的吊装孔将预制块吊装就位
7	接缝处理	接缝处理分为集料嵌锁和设置传力杆。 集料嵌锁适用于无筋混凝土路面的接触面交错的接缝，在相邻板接缝的间隔中布设略小于缝宽的砾石用于嵌锁接缝的荷载传递。 设置传力杆适用于寒冷气候条件下和承受重型交通荷载的混凝土路面，安装传力杆之前，在相邻板块 1/2 板厚处钻出比传力杆直径大 6 mm 的孔。插入传力杆后，用环氧树脂或砂浆固定，预制板块在传力杆安装对应位置应预留安装槽孔，相邻板块的传力杆安装后，预制板块在吊装时应使预留安装槽与之对应安放。吊装完毕后，通过预留孔注入水泥浆将预留安装槽孔填充密实
8	开放交通	作业完毕即可逆着交通流的方向撤除路面安全设施，开放交通

4. 施工质量标准

预制块路面养护标准，应符合表 5—7—5 的规定，并应满足《连锁型路面砖路面施工及验收规程》的要求。

表 5—7—5　　水泥预制块路面养护质量标准

项目	允许值	备注
平整度（mm）	8	3 m 直尺量测
相邻块顶面高度（mm）	5	钢尺量测，取大值
最大缝宽（mm）	10	塞尺量测，取大值
横坡度（%）	±0.5	水准仪测量
破损率（%）	≤5	量测每 1 000 m^2 中破损块的面积

一、填空题

1. 水泥混凝土路面面板翻修方法主要包括＿＿＿＿＿＿和＿＿＿＿＿＿。

2. 运输至现场的混凝土坍落度应控制在＿＿＿＿mm 范围内。

3. 混凝土摊铺时，应人工用锹＿＿＿＿铲料。

4. 全厚式现浇修补法施工过程中，当混凝土强度达到设计强度＿＿＿＿后开始切缝。

5. 全厚式现浇修补法施工过程中，当水泥混凝土达到设计强度＿＿＿＿后开始刻槽。

二、简答题

1. 什么叫大块预制拼装修复法？

2. 简述全厚式现浇修补法的施工工序。

模块六

桥涵养护

任务一　桥梁的检查

学习目标

- 了解桥梁检查的内容与分类。
- 能识别桥梁典型病害。

工作任务

某位桥梁工程师对某座桥进行检查，发现的病害如图 6—1—1 所示，请判断其病害类型。

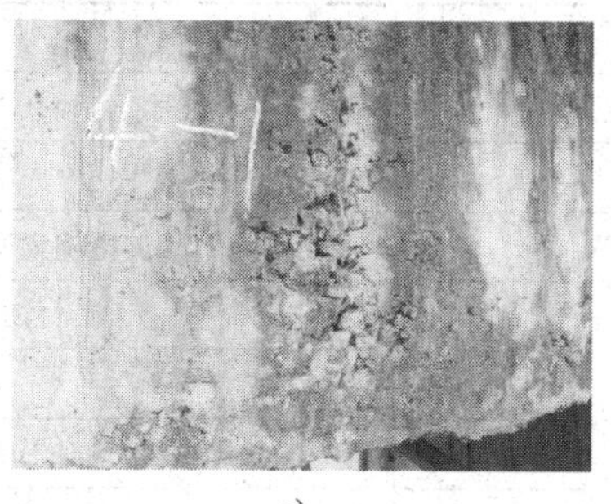

a)

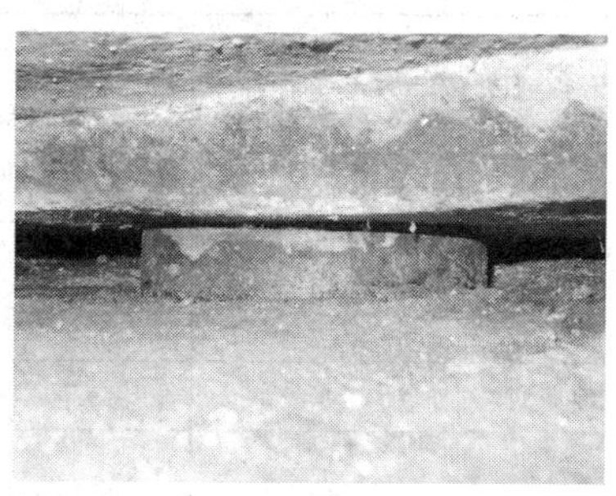

b)

c)

d)

图 6—1—1　桥梁病害

桥梁检查是桥梁养护工作的重要环节，也是桥梁养护的工作基础。桥梁检查能及早发现桥梁的缺陷和异常，同时也是桥梁技术状况评定的工作基础，为管养部门编制养护计划和维修养护决策提供依据。

一、桥梁检查

桥梁检查根据方便操作及节约成本的原则，从简单到复杂、从粗略到精确实行三级检查制度，分为经常性检查、定期检查和特殊检查。

1. 经常性检查

经常性检查是指对桥面设施、上部结构、下部结构及其附属结构物的技术状况进行检查。

经常性检查的周期根据桥梁技术状况而定，一般每季度不少于 1 次，汛期应加强不定期检查。检查以目测为主，检查从外表可见的病害和缺陷等，当场填写桥梁经常性检查记录表，见表 6—1—1。

表 6—1—1　　桥梁经常性检查记录

管理单位					
路线编码		路线名称		桥位中心桩号	
桥梁编码		桥梁名称		养护单位	
部件名称	缺损类型	缺损范围		保养措施意见	
翼墙、耳墙					
锥坡、护坡					
桥台					
桥墩					
基础					

续表

部件名称	缺损类型	缺损范围		保养措施意见	
地基冲刷					
支座					
上部结构异常变形					
桥与路连接					
伸缩缝					
桥面铺装					
人行道、缘石					
栏杆、护栏					
标志、标线					
排水设施					
照明系统					
桥面清洁					
调治构造物					
（其他）					
负责人		记录人		检查日期	年 月 日

2. 定期检查

定期检查是指为了评定桥梁使用功能，制订管理养护计划提供基本数据，对桥梁主体结构及其附属结构物的技术状况而进行的全面检查，为桥梁养护管理系统搜集结构技术状态的动态数据。

定期检查的周期根据桥梁技术状况确定，最长不得超过 3 年，新建桥梁缺陷责任期满时，应进行一次全面检查，临时性桥梁每年检查不少于 1 次。在经常性检查中发现重要部（构）件的缺损明显达到 3、4、5 类技术状况时，应立即安排定期检查。

定期检查应填写桥梁定期检查记录表，并校核桥梁基本状况卡片。缺损原因的判断、维修范围的估定、改建和限制交通的建议工作应慎重进行。

3. 特殊检查

特殊检查是指为查清桥梁的病害原因、破损程度、承载能力、抗灾能力，确定桥梁技术状况的工作。

特殊检查分为专门检查和应急检查。

（1）专门检查

专门检查是指根据经常性检查和定期检查的结果，对需进一步判明损坏原因、缺损程度或使用功能的桥梁，针对病害进行专门的现场试验检测、验算与分析等鉴定工作。

有下列情况时应进行专门检查：

1）定期检查中难以判明损坏原因及程度的桥梁。

2）桥梁技术状况为4、5类的桥梁。

3）拟通过加固手段提高荷载等级的桥梁。

4）条件许可时，特别重要的桥梁在正常使用期间可周期性进行荷载试验。

（2）应急检查

应急检查是指当桥梁受到灾害性损伤后，为查明破损状况，采取应急措施，组织恢复交通，对结构进行详细的检查和鉴定工作。

当桥梁遭受洪水、流冰、滑坡、地震、风灾、漂流物或船舶撞击，因超重车辆通过或其他异常情况影响造成损害时，应进行应急检查。

二、桥梁检查的内容

桥梁检查包括桥梁上部结构、桥梁下部结构和桥面系三部分内容。混凝土梁式桥的上部承重构件和一般构件的检查项目见表6—1—2，其他桥型见《公路桥梁技术状况评定标准》（JTG/T H21—2011），支座的检查项目见表6—1—3。桥梁下部结构的检查项目见表6—1—4。桥面系的检查项目见表6—1—5。

表6—1—2　　混凝土梁式桥的上部承重构件和一般构件检查项目

检查评定项目、指标	标度	评定标准	
		定性描述	定量描述
蜂窝、麻面	1	完好，无蜂窝麻面	—
	2	较大面积蜂窝麻面	累计面积≤构件面积的50%
	3	大面积蜂窝麻面	累计面积＞构件面积的50%
剥落、掉角	1	完好，无剥落、掉角	—
	2	局部混凝土剥落或掉角	累计面积≤构件面积的5%，或单处面积≤0.5 m^2
	3	较大范围混凝土剥落或掉角	累计面积为构件面积的5%～10%，或单处面积为0.5～1.0 m^2
	4	大范围混凝土剥落或掉角	累计面积≥构件面积的10%，或单处面积≥1.0 m^2
空洞、孔洞	1	完好，无空洞、孔洞	—
	2	局部混凝土空洞、孔洞	累计面积≤构件面积的5%，或单处面积≤0.5 m^2
	3	较大范围混凝土空洞、孔洞	累计面积为构件面积的5%～10%，或单处面积为0.5～1.0 m^2
	4	大范围混凝土空洞、孔洞	累计面积≥构件面积的10%，或单处面积≥1.0 m^2

续表

检查评定项目、指标	标度	评定标准	
		定性描述	定量描述
混凝土保护层厚度	1	完好	
	2	承重构件混凝土保护层厚度符合要求，对钢筋耐久性有轻度影响	
	3	承重构件混凝土保护层厚度不足，对钢筋耐久性有较大影响，造成钢筋锈蚀	
	4	承重构件混凝土保护层厚度严重不足，对钢筋耐久性有很大影响，钢筋失去碱性保护，发生较严重锈蚀	
钢筋锈蚀	1	完好	承重构件钢筋锈蚀电位水平为0 ~ −200 mV，或电阻率 >20 000 Ω · cm
	2	承重构件有轻微锈蚀现象	承重构件钢筋锈蚀电位水平为 −200 ~ −300 mV，或电阻率为15 000 ~ 20 000 Ω · cm
	3	承重构件钢筋发生锈蚀，混凝土表面有沿着钢筋的裂缝或混凝土表面有锈迹	承重构件钢筋锈蚀电位水平为 −300 ~ −400 mV，或电阻率为10 000 ~ 15 000 Ω · cm
	4	承重构件钢筋锈蚀引起混凝土剥落，钢筋裸露，表面膨胀性锈层显著	承重构件钢筋锈蚀电位水平为 −400 ~ −500 mV，或电阻率为5 000 ~ 10 000 Ω · cm
	5	承重构件大量钢筋锈蚀引起混凝土剥落，部分钢筋屈服或锈断，混凝土表面严重开裂，影响结构安全	承重构件钢筋锈蚀电位水平 < −500 mV，或电阻率 <5 000 Ω · cm
混凝土碳化	1	完好	
	2	承重构件有少量碳化现象，且所有碳化深度均小于混凝土保护层厚度	
	3	承重构件的主要受力部位部分位置出现碳化现象，局部碳化深度大于混凝土保护层厚度，混凝土表面少量胶凝料松散粉化	
	4	承重构件的主要受力部位全部碳化且碳化深度大于混凝土保护层厚度，混凝土表面胶凝料大量松散粉化	
混凝土强度	1	承重构件混凝土强度处于良好状态	承重构件混凝土推定强度均质系数 $K_{bt} \geq 0.95$，平均强度均质系数 $K_{bm} \geq 1.00$

续表

检查评定项目、指标	标度	评定标准	
		定性描述	定量描述
混凝土强度	2	承重构件混凝土强度处于较好状态	承重构件混凝土推定强度均质系数 0.95 > K_{bt} ≥0.90，平均强度均质系数 K_{bm} ≥0.95
	3	承重构件混凝土强度处于较差状态，造成承重构件出现缺损现象	承重构件混凝土推定强度均质系数 0.90 > K_{bt} ≥0.80，平均强度均质系数 K_{bm} ≥0.90
	4	承重构件混凝土强度处于很差状态，造成承重构件出现较严重缺损或变形现象	承重构件混凝土推定强度均质系数 0.80 > K_{bt} ≥0.70，平均强度均质系数 K_{bm} ≥0.85
	5	承重构件混凝土强度处于非常差状态，造成承重构件严重变形、位移、失稳等，显著影响承载力和行车安全	承重构件混凝土推定强度均质系数 K_{bt} < 0.70，平均强度均质系数 K_{bm} <0.85
跨中挠度	1	完好	—
	2	较好，梁体无明显变形	—
	3	出现明显下挠，挠度小于限值，或个别构件出现弯曲变形，行车稍感振动或摇晃	跨中最大挠度≤计算跨径的 1/1 000；悬臂端最大挠度≤悬臂长度的 1/500
	4	出现显著下挠，挠度接近限值，或构件存在明显的永久变形，变形小于或等于规范值，梁板出现较严重病害	跨中最大挠度为计算跨径的 1/1 000 ~ 1/600；悬臂端最大挠度为悬臂长度的 1/500 ~ 1/300
	5	挠度或其他变形大于限值，造成结构出现明显的永久变形，梁板出现严重病害，显著影响承载力和行车安全	跨中最大挠度 > 计算跨径的 1/600；悬臂端最大挠度 > 悬臂长度的 1/300
结构变位	1	完好	
	2	较好，结构无明显位移	
	3	横向联结件松动，纵向接缝开裂较大	
	4	边梁有横移或外倾现象，行车振动或摇晃明显，有异常音	
	5	构件有严重的横向位移，存在失稳现象，结构振动或摇晃显著	
预应力构件损伤	1	完好	
	2	锚头、钢绞线等无明显缺陷	
	3	钢绞线裸露出现极个别断丝现象，或锚头出现开裂等现象，或齿板位置处出现部分裂缝，裂缝未超限	
	4	部分钢绞线断裂或失效，或锚头开裂较严重但未完全失效，或齿板位置处裂缝严重，裂缝超限	
	5	预应力钢绞线大量断裂，预应力损耗严重，或锚头损坏失效，梁板出现严重变形	

续表

检查评定项目、指标		标度	评定标准	
			定性描述	定量描述
裂缝	简支梁（板）桥、刚架桥裂缝	1	完好	—
		2	局部出现网状裂缝，或主梁出现少量轻微裂缝，裂缝缝宽未超限	网状裂缝累计面积≤构件面积的20%，单处面积≤1.0 m^2，或主梁裂缝长≤截面尺寸的1/3
		3	出现大面积网状裂缝，或主梁出现较多横向裂缝（钢筋混凝土梁、板），或顺主筋方向出现纵向裂缝，或出现斜裂缝、水平裂缝、竖向裂缝等，裂缝缝宽未超限	网状裂缝累计面积>构件面积的20%，单处面积>1.0 m^2，或主梁裂缝长为截面尺寸的1/3～2/3
		4	主梁控制截面出现较多横向裂缝（钢筋混凝土梁、板），或顺主筋方向出现严重纵向裂缝并伴有钢筋锈蚀等，或出现斜裂缝、水平裂缝、竖向裂缝等，裂缝缝宽超限	主梁裂缝长>截面尺寸的2/3，间距<20 cm
		5	主梁控制截面出现大量结构性裂缝，裂缝大多贯通，且裂缝缝宽超限，主梁出现变形	主梁裂缝宽>1.0 mm，间距≤10 cm
	连续梁桥、连续刚构桥、悬臂梁桥和T形刚构桥裂缝	1	无裂缝	—
		2	局部出现网状裂缝，或主梁出现少量轻微裂缝，裂缝缝宽未超限	网状裂缝累计面积≤构件面积的20%，单处面积≤1.0 m^2，或主梁裂缝长≤截面尺寸的1/3
		3	出现大面积网状裂缝，或主梁出现横向裂缝（钢筋混凝土梁），或顺主筋方向出现纵向裂缝，或出现斜裂缝、水平裂缝、竖向裂缝等，裂缝缝宽未超限	网状裂缝累计面积>构件面积的20%，单处面积>1.0 m^2，或主梁裂缝长为截面尺寸的1/3～1/2
		4	主梁控制截面出现较多横向裂缝（钢筋混凝土梁），或顺主筋方向出现严重纵向裂缝并伴有钢筋锈蚀等，或出现斜裂缝、水平裂缝、竖向裂缝等，裂缝缝宽超限	主梁裂缝长>截面尺寸的1/2，间距<30 cm
		5	主梁控制截面出现大量结构性裂缝，裂缝大多贯通，且裂缝缝宽严重超限，主梁出现变形	主梁裂缝宽>1.0 mm，间距≤20 cm

表6—1—3　支座检查项目

序号	支座类型	检查评定项目、指标
1	橡胶支座	板式支座老化变质、开裂，板式支座缺陷，板式支座位置窜动、脱空或剪切超限，盆式支座组件损坏，聚四氟乙烯滑板磨损，盆式支座位移、转角超限
2	钢支座	钢支座组件或功能缺陷，钢支座位移、转角超限，钢支座部件磨损、有裂缝
3	混凝土摆式支座	混凝土缺损，活动支座滑动面不平整、生锈咬死，轴承有裂纹、切口或偏移
4	悬索桥的横（竖）向支座	螺纹、螺母松动或锚杆剪切，上下座板（盆）锈蚀，纵横线扭转

表6—1—4　桥梁下部结构检查项目

<table>
<tr><th>序号</th><th>构件名称</th><th colspan="2">检查评定项目、指标</th></tr>
<tr><td rowspan="2">1</td><td rowspan="2">桥墩</td><td>墩身</td><td>蜂窝、麻面，剥落、露筋，空洞、孔洞，钢筋锈蚀，混凝土碳化、腐蚀，磨损，圬工砌体缺陷，位移，裂缝</td></tr>
<tr><td>盖梁和系梁</td><td>蜂窝、麻面，剥落、露筋，空洞、孔洞，钢筋锈蚀，混凝土碳化、腐蚀，裂缝</td></tr>
<tr><td rowspan="2">2</td><td rowspan="2">桥台</td><td>台身</td><td>剥落，空洞、孔洞，磨损，混凝土碳化、腐蚀，圬工砌体缺陷，桥头跳车，台背排水状况，位移，裂缝</td></tr>
<tr><td>台帽</td><td>破损，混凝土碳化、腐蚀，裂缝，空洞、孔洞</td></tr>
<tr><td>3</td><td>基础</td><td colspan="2">冲刷、淘空，剥落、露筋，冲蚀，河底铺砌损坏，沉降，滑移和倾斜，裂缝</td></tr>
<tr><td>4</td><td>翼墙、耳墙</td><td colspan="2">破损，位移，鼓肚、砌体松动，裂缝</td></tr>
<tr><td>5</td><td>锥坡、护坡</td><td colspan="2">缺陷，冲刷</td></tr>
<tr><td>6</td><td>河床</td><td colspan="2">堵塞，冲刷，河床变迁</td></tr>
<tr><td>7</td><td>调治构造物</td><td colspan="2">损坏，冲刷、变形</td></tr>
</table>

表6—1—5　桥面系检查项目

<table>
<tr><th>序号</th><th>构件名称</th><th colspan="2">检查评定项目、指标</th></tr>
<tr><td rowspan="2">1</td><td rowspan="2">桥面铺装</td><td>沥青混凝土桥面铺装</td><td>变形（车辙、拥包、高低不平等），泛油，破损，裂缝（龟裂、块裂、纵向裂缝、横向裂缝）</td></tr>
<tr><td>水泥混凝土桥面铺装</td><td>磨光、脱皮、露骨，错台，坑洞，剥落，拱起，接缝料损坏，裂缝（板角断裂、破碎板）</td></tr>
<tr><td>2</td><td>伸缩缝装置</td><td colspan="2">凹凸不平，锚固区缺陷，破损，失效</td></tr>
<tr><td>3</td><td>人行道</td><td colspan="2">破损，缺失</td></tr>
<tr><td>4</td><td>栏杆、护栏</td><td colspan="2">撞坏、缺失，破损</td></tr>
<tr><td>5</td><td>防排水系统</td><td colspan="2">排水不畅，泄水管、引水槽破损</td></tr>
<tr><td>6</td><td>照明、标志</td><td colspan="2">污损或损坏，照明设施缺失，标志脱落、缺失</td></tr>
</table>

三、桥梁典型病害

桥梁上部结构典型损坏见表 6—1—6，桥梁下部结构典型病害见表 6—1—7，桥面系典型病害见表 6—1—8。

表 6—1—6　　　　桥梁上部结构典型病害

上部承重构件	 梁体蜂窝、麻面	 梁体剥落、掉角、露筋
	 梁体竖向裂缝	 梁端混凝土碎裂
上部一般构件	 横隔板开裂剥落、露筋	 横隔板裂缝

续表

支座	 支座老化变质	 支座开裂
	 支座脱空	 支座剪切变形

由表 6—1—6 可知，在工作任务的图 6—1—1 中，a 图是梁体蜂窝、麻面，b 图是支座脱空。

表 6—1—7　　　　桥梁下部结构典型病害

桥墩	 墩身立柱开裂	 盖梁竖向裂缝

续表

桥台	 台身竖向裂缝	 台帽竖向裂缝
基础	 桥墩基础严重冲刷	 桥墩基础冲刷、淘空
翼墙、耳墙	 翼墙推移	 耳墙推移

续表

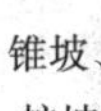 锥坡、护坡	 护坡开裂	 锥坡沉陷
河床	 河床堵塞	 河床冲刷、变迁
调治构造物	 拦河坝破损	

由表6—1—7可知，在工作任务的图6—1—1中，c图是桥墩基础冲刷、淘空、损坏。

表6—1—8　　桥面系典型病害

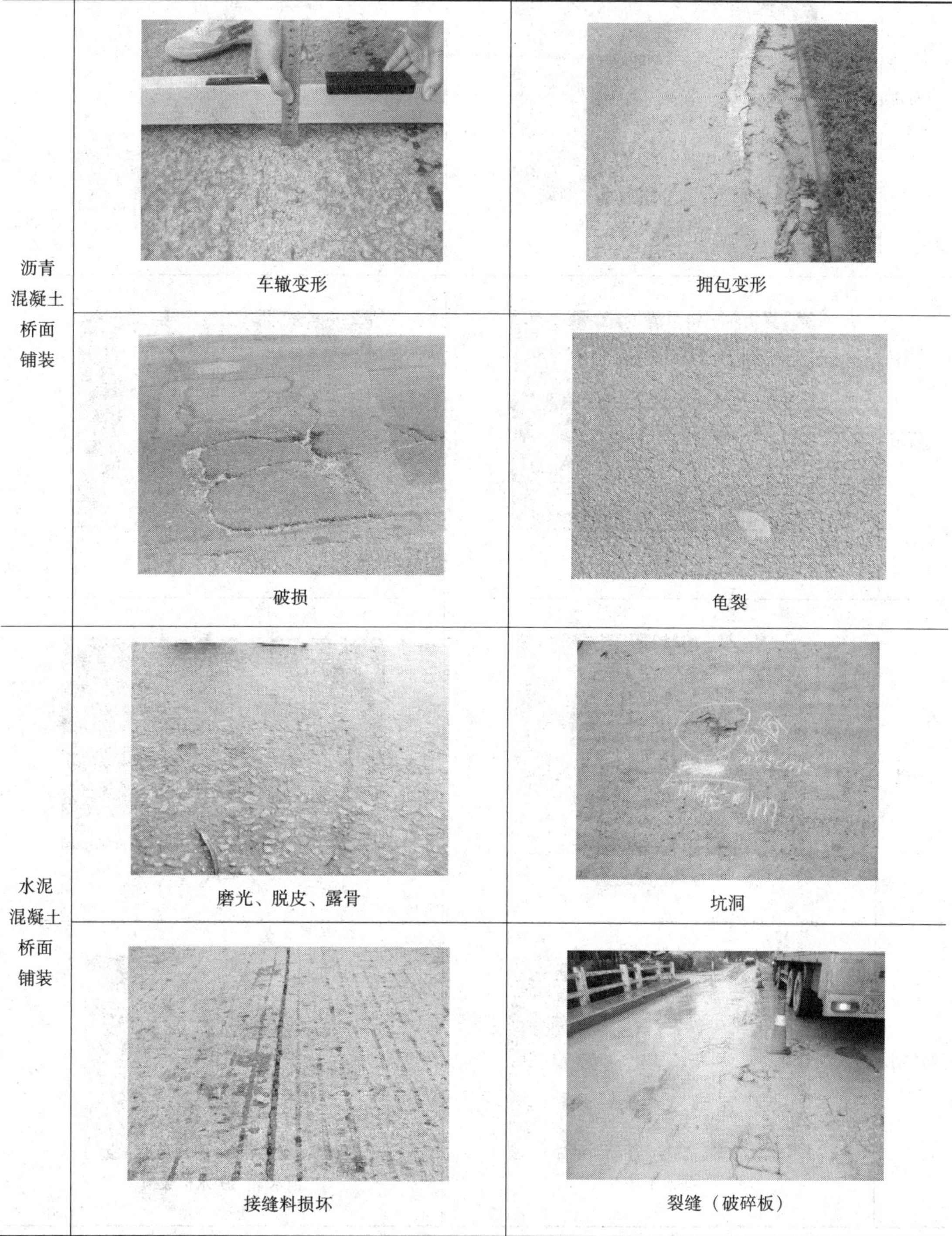

沥青混凝土桥面铺装	车辙变形	拥包变形
	破损	龟裂
水泥混凝土桥面铺装	磨光、脱皮、露骨	坑洞
	接缝料损坏	裂缝（破碎板）

续表

伸缩缝装置	 锚固区缺陷	 破损、失效
人行道	 破损	 缺失
栏杆、护栏	 撞坏、缺失	 破损
防排水系统	 排水不畅	 泄水管、引水槽破损

由表6—1—8可知，在工作任务的图6—1—1中，d图是栏杆、护栏的撞坏、缺失。

思考与练习

一、简答题

1. 桥梁检查分为哪几类?
2. 简述混凝土梁式桥上部承重构件的检查项目。
3. 简述台身的检查项目。
4. 简述伸缩缝装置的检查项目。

二、实训题

实训项目：分组上路辨识桥梁病害，并用相机将各种类型的病害拍摄下来制成图册。

实训实施条件：

1. 有一定病害的中小桥梁。
2. 反光工作服若干套（视分组人数定）。

任务二　桥梁技术状况的评定

学习目标

- 了解桥梁技术状况评定指标。
- 能够对桥梁技术状况进行评定。

工作任务

某位桥梁工程师对某座桥的检查情况见表6—2—1，请对该桥进行技术状况评定。

表6—2—1　　某桥梁外观检查情况汇总表

部件名称		检查情况
上部结构	T梁	共5片梁。其中1-1号梁有蜂窝、麻面（累计面积<20%），剥落、掉角（累计面积<5%）；其余各梁均完好
	湿接缝、横隔板	完好
	支座	完好

续表

部件名称		检查情况
下部结构	翼墙、耳墙	完好
	锥坡、护坡	完好
	桥墩	未设
	桥台	完好
	墩台基础	完好
	河床	完好
	调治构造物	未设
桥面系	桥面铺装	在左幅桥面中间有一道纵向裂缝，缝长 5 m，缝宽 0.2 mm（水泥混凝土路面）
	伸缩缝	0#台、1#台两道伸缩缝完全脱落
	人行道	未设
	栏杆、护栏	完好
	防排水系统	完好
	照明、标志	完好

桥梁技术状况评定的目的是通过全面描述桥梁各部件的缺陷，评价桥梁技术状况，记录桥梁基本特征，建立健全桥梁技术档案，对桥梁养护、维修和加固的决策提供支持，使桥梁长期处于良好的工作状态，最终对运营的桥梁进行有效管理和状况监控。

一、桥梁技术状况评定指标

公路桥梁技术状况评定内容包括对桥梁构件、部件、桥面系、上部构件、下部构件和全桥的评定。公路桥梁技术状况评定应采用分层综合评定与 5 类桥梁单项控制指标相结合的方法。评定指标如图 6—2—1 所示，各指标的值域为 0～100。

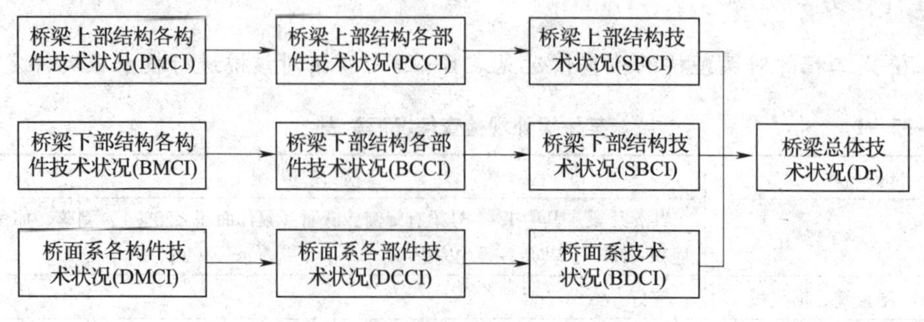

图 6—2—1　桥梁技术状况评定指标

二、桥梁技术状况等级分类

1. 桥梁总体技术状况评定等级分类

桥梁总体技术状况评定等级分为1类、2类、3类、4类、5类，见表6—2—2。

表6—2—2　桥梁总体技术状况评定等级

技术状况评定	桥梁技术状况描述
1类	全新状态，功能完好
2类	有轻微缺损，对桥梁使用功能无影响
3类	有中等缺损，尚能维持正常使用功能
4类	主要构件有大的缺陷，严重影响桥梁使用功能；或影响桥梁的承载能力，不能保证正常使用
5类	主要构件存在严重缺损，不能正常使用，危及桥梁安全，桥梁处于危险状态

2. 桥梁部件技术状况评定标度分类

由于不同的桥梁构件对桥梁技术状况的影响程度不同，可将桥梁结构分成主要部件和次要部件两大部分。桥梁主要部件见表6—2—3，表中未列出的为次要部件。

桥梁主要部件技术状况评定标度分为1类、2类、3类、4类、5类，见表6—2—4。

桥梁次要部件技术状况评定标度分为1类、2类、3类、4类，见表6—2—5。

表6—2—3　各结构类型桥梁主要部件

序号	结构类型	主要部件
1	梁式桥	上部承重构件、桥墩、桥台、基础、支座
2	板拱桥（圬工、混凝土）、肋拱桥、箱形拱桥、双曲拱桥	主拱圈、拱上结构、桥面板、桥墩、桥台、基础
3	刚架拱桥、桁架拱桥	刚架（桁架）拱片、横向联结系、桥面板、桥墩、桥台、基础
4	钢—混凝土组合拱桥	拱肋、横向联结系、立柱、吊杆、系杆、行车道板（梁）、支座、桥墩、桥台、基础
5	悬索桥	主缆、吊索、加劲梁、索塔、锚碇、桥墩、桥台、基础、支座
6	斜拉桥	斜拉索（包括锚具）、主梁、索塔、桥墩、桥台、基础、支座

表 6—2—4　　桥梁主要部件技术状况评定标度

技术状况评定标度	桥梁技术状况描述
1 类	全新状态，功能完好
2 类	功能良好，材料局部有轻度缺损或污染
3 类	材料有中等缺损；或出现轻度功能性病害，发展缓慢，尚能维持正常使用功能
4 类	材料有严重缺损；或出现中等功能性病害，且发展较快；结构变形小于或等于规范值，功能明显降低
5 类	材料严重缺损，出现严重的功能性病害，且有继续扩展的趋势；关键部位的部分材料强度达到极限，变形大于规范值，结构的强度、刚度、稳定性不能达到安全通行的要求

表 6—2—5　　桥梁次要部件技术状况评定标度

技术状况评定标度	桥梁技术状况描述
1 类	全新状态，功能完好；或功能良好，材料有轻度缺损、污染等
2 类	有中等缺损或污染
3 类	材料有严重缺损，出现功能降低，进一步恶化对主要部件不利，影响正常交通
4 类	材料有严重缺损，失去应有功能，严重影响正常交通；或缺少设置，而调查需要补设

3. 桥梁技术状况分类界限

桥梁技术状况分类界限见表 6—2—6。

表 6—2—6　　桥梁技术状况分类界限

技术状况评分	技术状况等级				
	1 类	2 类	3 类	4 类	5 类
Dr （SPCI、SBCI、BDCI） （PCCI、BCCI、DCCI）	[95，100]	[80，95)	[60，80)	[40，60)	[0，40)

三、桥梁技术状况评定流程

首先根据制订的桥梁检查计划进行桥梁现场检查，对各构件检测指标的技术状况进行现场评定（1～5 类），并根据各检测指标的技术状况评定结果按照桥梁评定模型计算桥梁构件的技术状况，然后依次计算桥梁各部件、上部结构、下部结构、桥面系的技术状况，最后，根据上部结构、下部结构、桥面系的技术状况计算全桥技术状况。如果在现场评定时，桥梁符合5类桥单项控制指标则桥梁总体技术状况直接可以评定为5类，评定工作流程如图6—2—2所示。

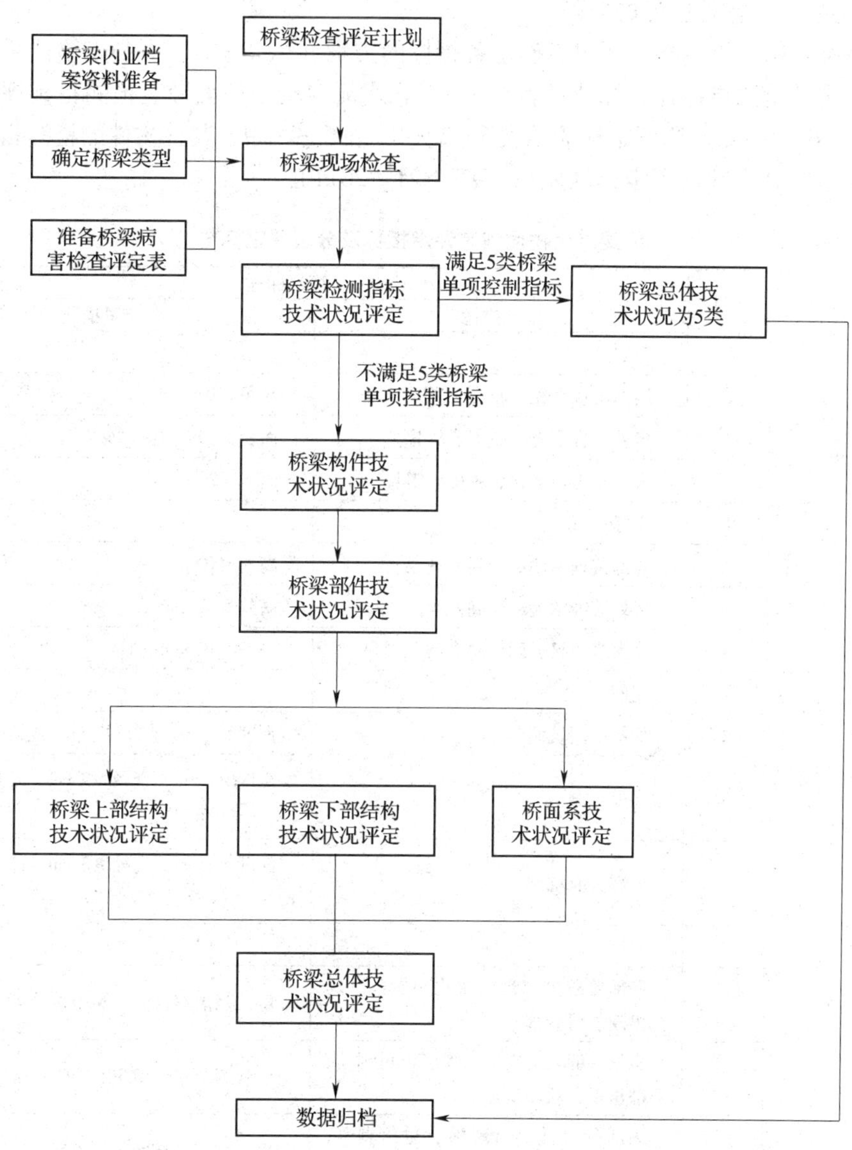

图6—2—2　桥梁技术状况评定工作流程图

当单个桥梁既有梁桥又有拱桥或者其他桥型，或者主桥和引桥结构形式不同等情况时，可根据结构形式的分布情况采用划分评定单元的方式，逐一对各评定单元进行桥梁技术状况的等级评定，然后以技术状况等级评定结果最差的一个评定单元作为全桥的评定结果。

四、桥梁技术状况评定

1. 确定桥梁各构件指标的类别

根据桥梁各构件检测指标评定表确定各指标的类别（1~5类）。混凝土梁式桥上部承重构件和一般构件检测指标评定标准见表6—1—2，水泥混凝土桥面铺装检测指标评定标准见表6—2—7，桥台检测指标评定标准见表6—2—8、表6—2—9，其他构件的检测指标评定标准见《公路桥梁技术状况评定标准》（JTG/T H21—2011）。

表6—2—7　　水泥混凝土桥面铺装评定指标及分级评定标准

评定指标	标度	评定标准	
		定性描述	定量描述
磨光、脱皮、露骨	1	完好	—
	2	局部出现磨光、脱皮、露骨	面积≤10%
	3	多处出现磨光、脱皮、露骨	面积>10%且≤20%
	4	大面积出现磨光、脱皮、露骨	面积>20%
错台	1	完好	—
	2	局部接缝两侧出现高差现象	高差≤10 mm
	3	多处接缝两侧出现高差现象	高差>10 mm
	4	绝大多数接缝两侧出现高差现象	高差>10 mm
坑洞	1	完好	—
	2	局部出现坑洞	深度≤1 cm，直径≤3 cm，或累计面积≤3%
	3	多处坑洞	深度>1 cm，直径>3 cm，或累计面积>3%且≤10%
	4	大部分有坑洞	深度>1 cm，直径>3 cm，或累计面积>10%
剥落	1	完好	—
	2	局部接缝处出现浅层边角剥落，局部出现层状剥落	层状剥落累计面积≤10%
	3	多处接缝处出现中、深层边角剥落，局部出现层状剥落	层状剥落累计面积>10%且≤20%
	4	大部分接缝处出现深层边角剥落，局部出现层状剥落	层状剥落累计面积>20%
拱起	1	完好	—
	2	接缝两侧出现轻微抬高	接缝拱起条数≤总数的10%
	3	接缝两侧出现较大抬高	接缝拱起条数>总数的10%且≤总数的20%
	4	接缝两侧出现明显抬高	接缝拱起条数>总数的20%

续表

评定指标	标度	评定标准	
		定性描述	定量描述
接缝料损坏	1	完好	—
	2	接缝处填料老化、漏水，但尚未出现剥落、脱空，或被杂物填塞现象	填料老化、漏水≤整条缝的10%
	3	接缝处填料老化、漏水，部分填料脱空，或被杂物填塞	填料老化、漏水>整条缝的10%且≤整条缝的20%，或脱空、填塞长度≤接缝长的1/3
	4	接缝处填料老化、漏水，多处填料脱空，或被杂物填塞	填料老化、漏水>整条缝的20%，或脱空、填塞长度>接缝长的1/3
裂缝	1	完好	—
	2	局部存在横向裂缝、纵向裂缝或斜裂缝，但未贯通	裂缝缝宽<3 mm
		或板角处裂缝与纵横接缝相交	交点距角点≤1/2板块边长，裂缝缝宽<3 mm
		或局部出现破碎板，但未发生松动、沉陷等病害	每块板被分成2~3块
	3	多数存在横向裂缝、纵向裂缝或斜裂缝，边缘有碎裂	裂缝缝宽≥3 mm且≤10 mm
		或板角处裂缝与纵横向接缝相交，边缘存在破裂	交点距角点≤1/2板块边长，裂缝缝宽≥3 mm且≤10 mm
		或出现较多破碎板，板块伴有松动、沉陷、唧泥等现象	每块板被分成3~4块
	4	大部分存在横向裂缝、纵向裂缝或斜裂缝，边缘有碎裂，并伴有错台出现	裂缝缝宽>10 mm
		或板角处裂缝与纵横向接缝相交，断角有松动	交点距角点≤1/2板块边长，裂缝缝宽>10 mm
		或出现大量破碎板，板块伴有松动、沉陷、唧泥等现象	每块板被分成4块以上

表6—2—8　　桥台台身评定指标及分级评定标准

评定指标	标度	评定标准	
		定性描述	定量描述
剥落	1	完好	—
	2	局部混凝土剥落	累计面积≤构件面积的5%，单处面积≤0.5 m^2
	3	较大范围混凝土剥落	累计面积>构件面积的5%且≤构件面积的20%，单处面积≤1.0 m^2
	4	大范围混凝土剥落	累计面积>构件面积的20%，单处面积>1.0 m^2

续表

评定指标	标度	评定标准	
		定性描述	定量描述
空洞、孔洞	1	完好	—
	2	局部空洞、孔洞	累计面积≤构件面积的5%，单处面积≤0.5 m^2
	3	较大范围空洞、孔洞	累计面积>构件面积的5%且≤构件面积的20%，单处面积≤1.0 m^2或深度≤25 mm
	4	大范围空洞、孔洞	累计面积>构件面积的20%，单处面积>1.0 m^2或深度>25 mm
磨损	1	完好	—
	2	出现磨损，个别部位表面磨耗，粗集料显露	累计面积≤构件面积的10%
	3	大范围有磨损，粗集料显露	累计面积>构件面积的10%
混凝土碳化、腐蚀	1	完好	
	2	有局部碳化或腐蚀现象，且所有碳化深度均小于混凝土保护层厚度	
	3	大部分出现碳化或腐蚀现象，局部碳化深度大于混凝土保护层厚度，混凝土表面有少量胶凝料松散粉化	
圬工砌体缺陷	1	完好	—
	2	砌体局部出现灰缝脱落现象，或砌体局部出现破损、剥落等现象	灰缝脱落累计长度≤构件截面长度的10%，或破损、剥落累计面积<构件面积的3%
	3	砌体大范围出现灰缝脱落现象，或砌体较大范围出现破损、剥落、局部变形等现象	灰缝脱落累计长度>构件截面长度的10%，或破损、剥落、局部变形等累计面积>构件面积的3%且≤构件面积的10%
	4	砌体大范围出现破损、剥落、松动、变形等现象	破损、剥落、松动、变形等现象累计面积>构件面积的10%
桥头跳车	1	完好	—
	2	台背路面轻微沉降，有轻度跳车现象	沉降值≤2 cm
	3	台背路面沉降较大，桥头跳车明显	沉降值>2 cm且≤5 cm
	4	台背路面明显沉降，桥头跳车严重	沉降值>5 cm

续表

评定指标	标度	评定标准	
		定性描述	定量描述
台背排水状况	1	完好	
	2	台背排水不良，造成桥台被渗水污染	
	3	台背排水不畅，填土出现膨胀或冻胀现象，造成挤压隆起，变形发展较快	
	4	台背填土排水不畅，填土出现膨胀或冻胀现象，造成台身、翼墙等构件出现大面积鼓肚或砌体松动，甚至出现严重变形	
位移	1	完好	
	2	—	
	3	出现轻微下沉、倾斜滑动，发展缓慢或趋向稳定	
	4	桥台出现滑动、下沉、倾斜、冻拔等，台背填土有沉降裂缝或挤压隆起，变形发展较快，变形小于或等于规范值	
	5	桥台不稳定，出现严重滑动、下沉、位移、倾斜、冻拔等，造成结构和桥面变形过大，变形大于规范值或不能正常行车	
裂缝	1	完好，无裂缝	—
	2	网状裂缝：局部网状开裂	网状裂缝：累计面积≤构件面积的20%，单处面积≤1.0 m^2
		从基础向上发展至台身的裂缝：裂缝缝宽未超限	从基础向上发展至台身的裂缝：裂缝缝长≤截面尺寸1/5
		台身的水平裂缝：裂缝缝宽未超限	台身的水平裂缝：裂缝缝长≤台身宽的1/8
		竖向裂缝：裂缝缝宽未超限	竖向裂缝：裂缝缝长≤截面尺寸的1/3
		翼墙和前墙断裂的裂缝：出现开裂，裂缝缝宽未超限	翼墙和前墙断裂的裂缝：裂缝缝长≤截面尺寸的1/3
		镶面石突出的裂缝：局部开裂	镶面石突出的裂缝：累计面积≤构件面积的10%，单处面积≤0.5 m^2

续表

评定指标	标度	评定标准	
		定性描述	定量描述
裂缝	3	网状裂缝：局部网状裂缝	网状裂缝：累计面积＞构件面积的20%，单处面积＞1.0 m^2
		从基础向上发展至台身的裂缝：裂缝缝宽未超限	从基础向上发展至台身的裂缝：裂缝缝长＞截面尺寸1/5且≤截面尺寸的1/3，间距≥20 cm
		台身的水平裂缝：裂缝缝宽未超限	台身的水平裂缝：裂缝缝长＞台身宽的1/8且≤台身宽的1/2
		竖向裂缝：裂缝缝宽未超限	竖向裂缝：裂缝缝长＞截面尺寸的1/3且≤截面尺寸的1/2，间距≥20 cm
		翼墙和前墙断裂的裂缝：出现开裂，裂缝缝宽超限	翼墙和前墙断裂的裂缝：裂缝缝长＞截面尺寸的1/3且≤截面尺寸的2/3
		镶面石凸出的裂缝：局部开裂	镶面石突出的裂缝：累计面积＞构件面积的10%，单处面积＞1.0 m^2
	4	从基础向上发展至台身的裂缝：重点部位缝宽超限	从基础向上发展至台身的裂缝：裂缝缝长＞截面尺寸的1/3，间距＜20 cm
		台身的水平裂缝：重点部位缝宽超限	台身的水平裂缝：裂缝缝长＞台身宽的1/2
		竖向裂缝：重点部位缝宽超限	竖向裂缝：裂缝缝长＞截面尺寸的1/2，间距＜20 cm
		翼墙和前墙断裂的裂缝：出现开裂，裂缝缝宽超限	翼墙和前墙断裂的裂缝：裂缝缝长＞截面尺寸的2/3，裂缝缝宽＞1.0 mm
	5	桥台出现结构性裂缝，桥台变形失稳	裂缝缝宽＞1.0 mm，裂缝缝长＞台身宽的2/3

表6—2—9　　桥台台帽评定指标及分级评定标准

评定指标	标度	评定标准	
		定性描述	定量描述
破损	1	完好	—
	2	局部混凝土剥落、磨损等	累计面积≤构件面积的10%，单处面积≤0.5 m^2
	3	较大范围混凝土剥落、磨损等	累计面积＞构件面积的10%且≤构件面积的20%，单处面积≤1.0 m^2
	4	大范围混凝土剥落、磨损等	累计面积≥构件面积的20%，单处面积＞1.0 m^2

续表

评定指标	标度	评定标准	
		定性描述	定量描述
混凝土碳化、腐蚀	1	无碳化现象	
	2	有局部碳化或腐蚀现象，且所有碳化深度均小于混凝土保护层厚度	
	3	大范围出现碳化或腐蚀现象，局部碳化深度大于混凝土保护层厚度，混凝土表面松散粉化	
裂缝	1	完好，无裂缝	—
	2	由支撑垫石从下向上发展的裂缝：裂缝缝宽未超限	由支撑垫石从下向上发展的裂缝：裂缝缝长≤截面尺寸的2/3
		台帽自上而下的垂直裂缝：裂缝缝宽未超限	台帽自上而下的垂直裂缝：裂缝缝长≤截面尺寸2/3，间距≥20 cm
	3	由支撑垫石从下向上发展的裂缝：裂缝缝宽超限	由支撑垫石从下向上发展的裂缝：裂缝缝长＞截面尺寸的2/3
		台帽自上而下的垂直裂缝：裂缝缝宽超限	台帽自上而下的垂直裂缝：裂缝缝宽＞限值且≤1.0 mm，裂缝缝长＞截面尺寸2/3，间距＜20 cm
	4	台帽自上而下的垂直裂缝：裂缝缝宽超限	台帽自上而下的垂直裂缝：裂缝缝宽＞1.0 mm，裂缝缝长＞截面尺寸2/3，间距＜20 cm

注：台帽空洞、孔洞评定标准同表6—2—8。

2. 桥梁构件的技术状况评定

桥梁构件的技术状况评分，按式（6—2—1）计算。

$$PMCI_l(BMCI_l \text{ 或 } DMCI_l) = 100 - \sum_{x=1}^{k} U_x \qquad (6—2—1)$$

当 $x=1$ 时

$$U_1 = DP_{i1}$$

当 $x \geqslant 2$ 时

$$U_x = \frac{DP_{ij}}{100 \times \sqrt{x}} \times \left(100 - \sum_{y=1}^{x-1} U_y\right) \qquad (\text{其中 } j = x, x \text{ 取 } 2,3,\cdots,k)$$

当 $k \geqslant 2$ 时，U_1，…，U_x计算公式中的扣分值 DP_{ij}按照从大到小的顺序排列。

当 $DP_{ij}=100$ 时

$$PMCI_l(BMCI_l \text{ 或 } DMCI_l) = 0$$

式中 $PMCI_l$——上部结构第 i 类部件 l 构件的得分，值域为 0～100 分；

$BMCI_l$——下部结构第 i 类部件 l 构件的得分，值域为 0～100 分；

$DMCI_l$——桥面系第 i 类部件 l 构件的得分，值域为 0～100 分；

k——第 i 类部件 l 构件出现扣分的指标的种类数；

U、x、y——引入的中间变量；

i——部件类别，例如 i 表示上部承重构件、支座、桥墩等；

j——第 i 类部件 l 构件的第 j 类检测指标；

DP_{ij}——第 i 类部件 l 构件的第 j 类检测指标的扣分值；根据构件各种检测指标扣分值进行计算，扣分值按表 6—2—10 取值。

表 6—2—10　　构件各检测指标扣分值

检测指标所能达到的最高标度类别	指标标度				
	1 类	2 类	3 类	4 类	5 类
3 类	0	20	35	—	—
4 类	0	25	40	50	—
5 类	0	35	45	60	100

3．桥梁部件的技术状况评定

桥梁部件的技术状况评分，按式（6—2—2）计算。

$$PCCI_i = \overline{PMCI} - (100 - PMCI_{\min})/t \qquad (6—2—2)$$

或

$$BCCI_i = \overline{BMCI} - (100 - BMCI_{\min})/t$$

或

$$DCCI_i = \overline{DMCI} - (100 - DMCI_{\min})/t$$

式中　$PCCI_i$——上部结构第 i 类部件的得分，值域为 0～100 分；当上部结构中的主要部件某一构件评分值 $PMCI_l$ 在［0，40）区间时，其相应的部件评分值 $PCCI_i = PMCI_l$；

$\overline{PMCI}$——上部结构第 i 类部件各构件得分均值，值域 0～100 分；

$BCCI_i$——下部结构第 i 类部件的得分，值域为 0～100 分；当下部结构中的主要部件某一构件评分值 $BCCI_l$ 在［0，40）区间时，其相应的部件评分值 $BCCI_i = BMCI_l$；

$\overline{BMCI}$——下部结构第 i 类部件各构件得分均值，值域为 0～100 分；

$DCCI_i$——桥面系第 i 类部件的得分，值域为 0～100 分；

$\overline{DMCI}$——桥面系第 i 类部件各构件得分平均值，值域为 0～100 分；

$PCCI_{\min}$——上部结构第 i 类部件中分值最低的构件得分值；

$BCCI_{\min}$——下部结构第 i 类部件中分值最低的构件得分值；

$DCCI_{\min}$——桥面系第 i 类部件分值最低的构件得分值；

t——随构件的数量而变的系数，见表 6—2—11。

表 6—2—11　　t 值

n（构件数）	t	n（构件数）	t	n（构件数）	t	n（构件数）	t
1	∞	3	9.7	5	9.2	7	8.7
2	10	4	9.5	6	8.9	8	8.5

续表

n（构件数）	t	n（构件数）	t	n（构件数）	t	n（构件数）	t
9	8.3	17	6.96	25	6.00	60	4.0
10	8.1	18	6.84	26	5.88	70	3.6
11	7.9	19	6.72	27	5.76	80	3.2
12	7.7	20	6.6	28	5.64	90	2.8
13	7.5	21	6.48	29	5.52	100	2.5
14	7.3	22	6.36	30	5.4	≥200	2.3
15	7.2	23	6.24	40	4.9		
16	7.08	24	6.12	50	4.4		

注：①n 为第 i 类部件总数。

②表中未列出的 t 值采用内插法计算。

4. 桥梁上部结构、下部结构、桥面系的技术状况评定

桥梁上部结构、下部结构、桥面系的技术状况评分，按式（6—2—3）计算。

$$SPCI(SBCI\text{ 或 }BDCI) = \sum_{i=1}^{m} PCCI_i(BCCI_i\text{ 或 }DCCI_i) \times W_i \qquad (6—2—3)$$

式中 $SPCI$——桥梁上部结构技术状况评分，值域为 0 ~ 100 分；

$SBCI$——桥梁下部结构技术状况评分，值域为 0 ~ 100 分；

$BDCI$——桥面系技术状况评分，值域为 0 ~ 100 分；

m——上部结构（下部结构或桥面系）的部件种类数；

W_i——第 i 类部件的权重，按表 6—2—12 ~ 表 6—2—14 取值；对于桥梁中未设置的部件，应根据此部件的隶属关系，将其权重值分配给各既有部件，分配原则按照各既有部件权重在全部既有部件中权重所占比例进行分配。

表 6—2—12　　桥梁上部结构各部件权重值

结构类型	类别 i	评价部件	权重
梁式桥	1	上部承重构件（主梁、挂梁）	0.70
	2	上部一般构件（湿接缝、横隔板等）	0.18
	3	支座	0.12
板拱桥、肋拱桥、箱形拱桥、双曲拱桥	1	主拱圈	0.70
	2	拱上结构	0.20
	3	桥面板	0.10
刚架拱桥、桁架拱桥	1	刚架拱片（桁架拱片）	0.50
	2	横向联结系	0.25
	3	桥面板	0.25

续表

结构类型	类别 i	评价部件	权重
钢—混凝土组合拱桥	1	拱肋	0.28
	2	横向联结系	0.05
	3	立柱	0.13
	4	吊杆	0.13
	5	系杆（含锚具）	0.28
	6	桥面板（梁）	0.08
	7	支座	0.05
悬索桥	1	加劲梁	0.15
	2	索塔	0.20
	3	支座	0.05
	4	主鞍	0.04
	5	主缆	0.25
	6	索夹	0.04
	7	吊索及钢护筒	0.17
	8	锚杆	0.10
斜拉桥	1	斜拉索系统 （斜拉索、锚具、拉索护套、减振装置等）	0.40
	2	主梁	0.25
	3	索塔	0.25
	4	支座	0.10

表 6—2—13　　桥梁下部结构各部件权重值

结构类型	类别 i	评价部件	权重
悬索桥	1	锚碇	0.40
	2	索塔基础	0.30
	3	散索鞍	0.15
	4	河床	0.10
	5	调治构造物	0.05
其他	1	翼墙、耳墙	0.02
	2	锥坡、护坡	0.01
	3	桥墩	0.30
	4	桥台	0.30
	5	墩台基础	0.28
	6	河床	0.07
	7	调治构造物	0.02

表 6—2—14 桥面系各部件权重值

类别 i	评价部件	权重
1	桥面铺装	0.40
2	伸缩缝装置	0.25
3	人行道	0.10
4	栏杆、护栏	0.10
5	排水系统	0.10
6	照明、标志	0.05

权重重新分配的示例

当实际工作中存在某座桥没有设置某些部件时，需要依据此构件隶属的上部构件、下部构件或桥面系关系，将此缺失构件的权重值分配给其他部件。分配方法采用将缺失部件权重值按照既有部件权重在全部既有部件权重中所占比例进行分配的办法。

某梁式桥无人行道，其桥面系部件权重值分配见表 6—2—15。

表 6—2—15 某桥桥面系权重值分配表

类别 i	部件名称	权重	重新分配后权重	计算式
1	桥面铺装	0.40	0.44	$\frac{0.40}{0.40+0.25+0.10+0.10+0.05}\times 0.10+0.40$
2	伸缩缝装置	0.25	0.28	$\frac{0.25}{0.40+0.25+0.10+0.10+0.05}\times 0.10+0.25$
3	人行道	0.10	0.00	无
4	栏杆、护栏	0.10	0.11	$\frac{0.10}{0.40+0.25+0.10+0.10+0.05}\times 0.10+0.10$
5	排水系统	0.10	0.11	$\frac{0.10}{0.40+0.25+0.10+0.10+0.05}\times 0.10+0.10$
6	照明、标志	0.05	0.06	$\frac{0.05}{0.40+0.25+0.10+0.10+0.05}\times 0.10+0.05$

5. 桥梁总体的技术状况评定

桥梁总体的技术状况评分，按式（6—2—4）计算。

$$D_r = 0.4SPCI + 0.4SBCI + 0.2BDCI \qquad (6—2—4)$$

式中 D_r——桥梁总体技术状况评分，值域为 0 ~ 100 分。

在桥梁技术状况评定时，当满足 5 类桥梁技术状况单项控制指标中规定的任一情况时，桥梁总体技术状况就应评为 5 类。

5 类桥梁技术状况单项控制指标如下：

1）上部结构有落梁；或有梁、板断裂现象。

2）梁式桥上部承重构件控制截面出现全截面开裂；或组合结构上部承重构件结合面开裂贯通，严重降低截面组合的作用。

3）梁式桥上部承重构件有严重的异常位移，存在失稳现象。

4）结构出现明显的永久变形，变形大于规范值。

5）关键部位混凝土出现压碎或杆件失稳倾向；或桥面板出现严重塌陷。

6）拱式桥拱脚严重错台、位移，造成拱顶挠度大于限值；或拱圈严重变形。

7）圬工拱桥拱圈大范围砌体断裂，脱落现象严重。

8）腹拱、侧墙、立墙或立柱产生破坏造成桥面板严重塌落。

9）系杆或吊杆出现严重锈蚀或断裂现象。

10）悬索桥主缆或多根吊索出现严重锈蚀、断丝。

11）斜拉桥拉索钢丝出现严重锈蚀、断丝，主梁出现严重变形。

12）扩大基础冲刷深度大于设计值，冲空面积达20%以上。

13）桥墩（桥台或基础）不稳定，出现严重滑动、下沉、位移、倾斜等现象。

14）悬索桥、斜拉桥索塔基础出现严重沉降或位移；或悬索桥锚碇有水平位移或沉降。

5类桥梁技术状况单项控制指标

实践证明，桥梁主要部件和其他关键部件病害对桥梁的安全使用至关重要，一出现严重病害就足以危及桥梁安全，即使其他部位状况再好，也不能改善其总体安全状态。为了突出安全因素的影响，制定了各类桥梁5类技术状况单项控制指标，通过桥梁的关键病害确定桥梁的技术状况等级，以引起管理者的重视，及时、认真地进行养护维修，确保安全。

6. 评定注意事项

（1）在主要部件评分中，当主要部件的构件评分值在［0，40）时，主要部件的评分值等于此构件的评分值。

（2）为防止误判，当上部结构和下部结构技术状况等级为3类，桥面系技术状况为4类，且桥梁总体技术状况评分为$40 \leqslant D_r < 60$时，桥梁总体技术状况等级可评定为3类。

（3）在全桥总体技术状况等级评定时，当主要部件的评分达到4类或5类且影响到桥梁的安全时，按照桥梁主要部件最差的缺损状况评定。

（4）当存在某座桥没有设置某些部件时，需要依据此构件隶属的上部构件、下部构件或桥面系关系，将此缺失构件的权重值分配给其他部件。

（5）当满足5类桥梁技术状况单项控制指标中规定的任一情况时，桥梁总体技术状况评为5类。

一、桥梁构件、部件技术状况评定

1. 上部承重构件（T梁）

（1）确定桥梁各构件指标的类别

1）1—1 号梁。由题意及表 6—1—2 可知：

蜂窝、麻面（累计面积 $<20\%$）评定为 2 类；

剥落、掉角（累计面积 $<5\%$）评定为 2 类；

其他各评定项完好，评定为 1 类。

2）1—2、1—3、1—4、1—5 号梁。此 4 片梁均完好，所以各评定项评定为 1 类。

（2）桥梁构件的技术状况评定

1）1—1 号梁的得分 $PMCI_{(1-1)}$。查表 6—2—10 可得：

蜂窝、麻面（评定为 2 类）扣 20 分；

剥落、掉角（评定为 2 类）扣 25 分；

扣分值从大到小排序即 $DP_{11}=25$，$DP_{12}=20$。

所以 $U_1=DP_{11}=25$

$$
\begin{aligned}
U_2 &= \frac{DP_{ij}}{100\times\sqrt{x}}\times\left(100-\sum_{y=1}^{x-1}U_y\right)\\
&= \frac{DP_{12}}{100\times\sqrt{2}}\times(100-U_1)\\
&= \frac{20}{100\times\sqrt{2}}\times(100-25)\\
&= 10.6
\end{aligned}
$$

据式（6—2—1），得

$$PMCI_{(1-1)} = 100-\sum_{x=1}^{k}U_x = 100-(U_1+U_2) = 100-(25+10.6) = 64.4$$

2）1—2、1—3、1—4、1—5 号梁的得分。因为此 4 片梁完好，所以 $PMCI_{(1-2)}=PMCI_{(1-3)}=PMCI_{(1-4)}=PMCI_{(1-5)}=100$

（3）桥梁部件的技术状况评定

5 片 T 梁得分均值

$\overline{PMCI}=(64.4+100+100+100+100)/5=92.9$

构件数 $n=5$，查表 6—2—11 得 $t=9.2$。

据式（6—2—2），得

$$PCCI_1 = \overline{PMCI}-(100-PMCI_{\min})/t = 92.9-(100-64.4)/9.2 = 89.0$$

2. 桥面铺装

（1）确定桥梁各构件指标的类别

1）左幅桥面铺装。由题意及表 6—2—7 可知：

裂缝（缝长 5 m，缝宽 0.5 mm）评定为 2 类；

其他各评定项完好，评定为 1 类。

2）右幅桥面铺装。右幅桥面铺装完好，所以各评定项评定为 1 类。

（2）桥梁构件的技术状况评定

1）左幅桥面铺装的得分 $DMCI_{(\text{左幅})}$。查表 6—2—10 可得：

裂缝（评定为2类）扣25分。

$$U_1 = 25$$

据式（6—2—1），得

$$DMCI_{(左幅)} = 100 - \sum_{x=1}^{k} U_x = 100 - U_1 = 100 - 25 = 75$$

2）右幅桥面铺装的得分。因为右幅桥面铺装完好，所以 $DMCI_{(右幅)} = 100$。

（3）桥梁部件的技术状况评定

$$\overline{DMCI} = (DMCI_{(左幅)} + DMCI_{(右幅)})/2 = (75 + 100)/2 = 87.5$$

构件数 $n = 2$，查表6—2—11得 $t = 10$。

据式（6—2—2），得

$$DCCI_1 = \overline{DMCI} - (100 - DMCI_{\min})/t = 87.5 - (100 - 75)/10 = 85.0$$

3. 其他部件

其他部件均完好，所以其他部件得分为100分。

二、桥梁上部结构、下部结构、桥面系的技术状况评定

1. 桥梁上部结构

查表6—2—12可得各部件权重值，填入表6—2—16。因为没有未设置的部件，所以权重不需重新分配。

据式（6—2—3），得

$$\begin{aligned} SPCI &= \sum_{i=1}^{m} PCCI_i \times W_i \\ &= 89.0 \times 0.70 + 100 \times 0.18 + 100 \times 0.12 \\ &= 92.3 \end{aligned}$$

因上部结构 $SPCI = 92.3$，查表6—2—6可知该桥上部结构技术状况评定为2类。

2. 桥梁下部结构

查表6—2—13可得各部件权重值，填入表6—2—16。因为未设桥墩和调治构造物，所以需重新分配权重值。

$$翼墙耳墙重新分配的权重 = \frac{0.02}{0.02 + 0.01 + 0.30 + 0.28 + 0.07} \times 0.32 + 0.02 = 0.029$$

同理可算得其他部件重新分配的权重值，见表6—2—16。

因桥梁下部结构各构件都完好，不扣分，所以 $SBCI = 100$，查表6—2—6可知该桥下部结构技术状况评定为1类。

3. 桥面系

查表6—2—14可得各部件权重值，填入表6—2—16。因为未设人行道，所以需重新分配权重值。

$$桥面铺装重新分配的权重 = \frac{0.40}{0.40 + 0.25 + 0.10 + 0.10 + 0.05} \times 0.10 + 0.40 = 0.444$$

同理可算得其他部件重新分配的权重值，见表6—2—16。

据式（6—2—3），得

$$
\begin{aligned}
BDCI &= \sum_{i=1}^{m} DDCI_i \times W_i \\
&= 85.0 \times 0.444 + 100 \times 0.278 + 100 \times 0.111 + 100 \times 0.111 + 100 \times 0.056 \\
&= 93.3
\end{aligned}
$$

因桥面系 $BDCI=93.3$，查表6—2—6可知该桥桥面系技术状况评定为2类。

三、桥梁总体的技术状况评定

据式（6—2—4），得

$$
\begin{aligned}
D_r &= 0.4SPCI + 0.4SBCI + 0.2BDCI \\
&= 0.4 \times 92.3 + 0.4 \times 100 + 0.2 \times 93.3 \\
&= 95.6
\end{aligned}
$$

因桥梁总体技术状况 $D_r=95.6$，查表6—2—6可知该桥总体技术状况评定为1类。

表6—2—16　　技术状况综合评定表

序号	桥梁组成及评级		部件名称	部件得分	原有权重	分配权重	部件加权得分	桥梁组成得分
	桥梁组成	评定等级						
1	上部结构	2类	上部承重构件＊	89.0	0.70	0.700	62.30	92.3
2			上部一般构件	100.0	0.18	0.180	18.00	
3			支座＊	100.0	0.12	0.120	12.00	
4	下部结构	1类	翼墙、耳墙	100.0	0.02	0.029	2.90	100.0
5			锥坡、护坡	100.0	0.01	0.015	1.50	
6			桥墩＊	/	0.30	/	/	
7			桥台＊	100.0	0.30	0.441	44.10	
8			墩台基础＊	100.0	0.28	0.412	41.20	
9			河床	100.0	0.07	0.103	10.30	
10			调治构造物	/	0.02	/	/	
11	桥面系	2类	桥面铺装	85.0	0.40	0.444	37.74	93.3
12			伸缩缝装置	100.0	0.25	0.278	27.80	
13			人行道	/	0.10	/	/	
14			栏杆、护栏	100.0	0.10	0.111	11.10	
15			防排水系统	100.0	0.10	0.111	11.10	
16			照明、标志	100.0	0.05	0.056	5.60	
桥梁总体技术状况评定得分								95.6
桥梁总体技术状况评定等级								1类

一、问答题

1. 桥梁总体技术状况评定等级分为哪五类?

2. 当桥梁扩建加宽为不同结构形式时应如何综合评定?如旧桥为圬工石拱桥,扩建时在原桥两旁加宽为薄壁墩加实心板,如何评定?

3. 简述桥梁构件的划分方法。如桥面铺装是按左右幅划分、桥孔划分还是按伸缩缝划分?上部一般构件横隔板是按每道划分,还是按每孔划分为单一构件?

二、计算题

张三和李四对某座桥(2 m×16 m空心板桥,下部为桩柱式墩,薄壁台,水泥混凝土桥面铺装)进行现场检测,检测结果见表6—2—17,试对该桥进行评定。

表6—2—17　　检查情况汇总表

部件名称		检 查 情 况
上部结构	空心板	10片空心板。其中1—1号空心板有蜂窝、麻面(累计面积<10%),剥落、掉角(累计面积<5%);2—10号空心板底有顺主筋方向的一条纵向裂缝,裂缝宽度为0.18 mm;其余各梁均完好
	湿接缝、横隔板	完好
	支座	完好
下部结构	翼墙、耳墙	完好
	锥坡、护坡	完好
	桥墩	完好
	桥台	0#台完好;2#台(薄壁台)在左幅有一条从台帽向下发展的贯通裂缝,裂缝宽度为0.6 mm
	墩台基础	完好
	河床	完好
	调治构造物	未设
桥面系	桥面铺装	在左幅桥面1#墩顶有一道横向裂缝,缝长4.5 m,缝宽0.2 mm;右幅桥面在1#孔有脱皮、露骨约10 m^2(水泥混凝土)
	伸缩缝	完好
	人行道	未设
	栏杆、护栏	完好
	防排水系统	完好
	照明、标志	完好

任务三　桥涵的养护

- 了解桥涵养护的一般规定。
- 熟悉桥梁上部结构及桥面系养护的要求。
- 熟悉桥梁下部结构养护的要求。
- 熟悉涵洞养护的要求。

一、桥涵养护的一般规定

1. 桥涵养护工作应贯彻“预防为主，防治结合”的方针，应加强桥涵的日常巡查，发现隐患或病害应及时处治。

2. 桥涵养护应以桥梁结构安全为中心，首先应使原结构保持原设计汽车荷载等级的承载要求及设计交通量的通行要求。

3. 应加强桥涵档案管理工作。桥梁管养单位应对辖区内所有桥梁建立“桥梁基本状况卡片”，将有关信息输入数据库，建立信息化档案。

4. 为利于分析判断桥梁可能发生的病害的原因，应在结构正常的状况下设置永久性控制检测点。控制检测项目见表6—3—1。

表6—3—1　　桥梁永久性控制检测项目

检测项目		检测点	检测方法
1	墩、台身、索塔锚碇的高程	墩、台身底部（距地面或常水位0.5~2 m内），桥台侧墙尾部顶面和锚碇的上、下游两侧各1~2点	水准仪
2	墩、台身、索塔倾斜度	墩、台身底部（距地面或常水位0.5~2 m）的下、上游两侧各1~2点	垂线法或测斜仪

续表

检测项目		检测点	检测方法
3	桥面高程	沿行车道两边（近缘石处），按每孔跨中、L/4、支点等不少于5个位置（10个点），检测点应固着于桥面板上	水准仪
4	拱桥桥台、吊桥锚碇水平位移	在拱座、锚碇的上、下游两侧各1点	经纬仪
说明	①上下行分离式桥按两座桥分别设点 ②倾斜度检测点应用于上下相距0.5～1 m的两点标记检测 ③永久性检测点宜用统一规格的圆头锚钉并在铝板上用钢印编号，或靠地固着于被测部件上 ④所有检测点的位置和编号，以及检测数据必须在桥梁总体图和数据表中注明并归档		

（1）新建大、中桥和特大桥交付使用前，公路管理机构应事先要求在竣工测量时设置便于校验复测的永久性控制检测点。测点的编号、位置（表明距离、高程和地物特征）和竣工测量数据，均应在竣工图上标明，作为验收文件中必要的竣工资料予以归档。

（2）没有设置永久性控制检测点的既有大、中桥和特大桥，应在定期检查时按规定补设。检测点的布设和首次检测的时间及数据等，应按竣工资料的要求予以归档。

（3）桥梁主体结构在维修、加固或改建工程竣工后，应保持原有的永久性控制检测点，并且重新检测一次。

（4）桥梁的永久性控制检测点应牢固可靠，按永久性测量标准设定。当与国家大地测量网联网困难时可建立本桥相对独立的基准测量系统。

5. 桥涵养护应符合下列要求：

（1）桥涵外观整洁。

（2）桥面铺装坚实平整、横坡适度。

（3）桥头顺适。

（4）排水、伸缩缝、支座、护墙、栏杆、标志、标线等设施齐全良好。

（5）结构无损坏。

（6）基础无冲刷、淘空。

（7）与路基不同宽度的小桥，应逐步改建成与路基同宽。

二、桥梁上部结构及桥面系养护的要求

1. 钢筋混凝土及预应力混凝土桥养护的要求

（1）及时清除表面污垢，混凝土孔洞、破损、剥落、表面风化以及裂缝应及时进行修补。

（2）钢筋混凝土及预应力混凝土梁桥梁（板）端头、梁体底面、隔板表面应适时清扫，保持清洁，排除积土。

（3）箱形截面结构应保持箱内通风，减少因箱内外温差过大而引起的裂缝。

（4）构件裂缝宽度值在允许范围内时应进行封闭处理。

（5）当裂缝宽度大于限值时，应采用压力灌浆法灌注环氧树脂胶。裂缝宽度限值见表6—3—2。

表 6—3—2　　　　裂缝宽度限值

<table>
<tr><th>结构类型</th><th colspan="3">裂缝种类</th><th>允许最大缝宽（mm）</th><th>其他要求</th></tr>
<tr><td rowspan="5">钢筋混凝土梁</td><td colspan="3">主筋附近竖向裂缝</td><td>0.25</td><td></td></tr>
<tr><td colspan="3">腹板斜向裂缝</td><td>0.30</td><td></td></tr>
<tr><td colspan="3">组合梁结合面</td><td>0.50</td><td>不允许贯通结合面</td></tr>
<tr><td colspan="3">横隔板与梁体端部</td><td>0.30</td><td></td></tr>
<tr><td colspan="3">支座垫石</td><td>0.50</td><td></td></tr>
<tr><td rowspan="2">预应力混凝土梁</td><td colspan="3">梁体竖向裂缝</td><td>不允许</td><td></td></tr>
<tr><td colspan="3">梁体纵向裂缝</td><td>0.20</td><td></td></tr>
<tr><td rowspan="3">砖、石、混凝土拱</td><td colspan="3">拱圈横向</td><td>0.30</td><td>裂缝高度小于截面高度一半</td></tr>
<tr><td colspan="3">拱圈纵向</td><td>0.50</td><td>裂缝长度小于跨径的 1/8</td></tr>
<tr><td colspan="3">拱波与拱肋结合处</td><td>0.20</td><td></td></tr>
<tr><td rowspan="7">墩台</td><td colspan="3">墩台帽</td><td>0.30</td><td rowspan="7">不允许贯通墩身截面一半</td></tr>
<tr><td rowspan="5">墩台身</td><td rowspan="2">经常受侵蚀性水影响</td><td>有筋</td><td>0.20</td></tr>
<tr><td>无筋</td><td>0.30</td></tr>
<tr><td rowspan="2">常年有水，但无侵蚀性水影响</td><td>有筋</td><td>0.25</td></tr>
<tr><td>无筋</td><td>0.35</td></tr>
<tr><td colspan="2">干沟或季节性有水河流</td><td>0.40</td></tr>
<tr><td colspan="3">有冻结作用部分</td><td>0.20</td></tr>
</table>

注：表中所列条件除特指外适用于一般条件。对于潮湿环境和空气中含有较强腐蚀性气体条件下的缝宽限制，应比列表中更严格。预应力混凝土梁指全预应力或部分预应力 A 类构件。

（6）当裂缝发展严重时，应查明原因，采取加固措施。

（7）对梁（板）体混凝土的空洞、蜂窝、麻面、表面风化、剥落等应及时进行修补，并切实防止钢筋因混凝土碳化引起锈蚀。构件缺损严重时，应及时进行修复和加固。

（8）中、下承式的吊杆及系杆拱桥采用无混凝土包裹的预应力钢索系杆的养护，参见悬索桥的养护要求。

（9）当钢筋混凝土、预应力混凝土梁式桥主梁或拱桥的挠度超过规定的允许值（见表6—3—3）并有严重发展趋势时，应查明原因，通过设计计算进行加固或更换构件。

表 6—3—3　　桥梁允许挠度值表

桥梁结构类型		最大允许挠度值
钢筋混凝土桥及预应力混凝土桥	梁式桥，梁跨中	1/600 L
	梁式桥，梁悬臂端	1/300 L_1
	拱、桁架桥	1/800 L
混凝土、砖、石拱桥和双曲拱桥		1/1 000 L

注：L 为桥跨的计算跨径；L_1 为梁桥悬臂端长度。

2. 圬工拱桥养护的要求

（1）及时消除表面污垢及圬工砌体因渗水而在表面附着的游离物。

（2）及时疏通泄水管（孔），保持桥面及实腹拱拱腔排水畅通。如发现拱桥桥面漏水，应及时进行修补。主拱圈（肋）若发现渗水，应修补防水层，修理排水管道，堵塞渗水裂缝。

（3）主拱及拱式腹拱的拱铰及变形缝应保持正常工作状态，如有损坏应及时修复。

（4）当主拱圈（拱肋）或桁架拱、刚架拱、双曲拱构件由于各种原因引起开裂、劈裂、压碎、变形甚至失效时，应分别针对各种情况采取加大截面、粘贴钢板或复合纤维板、变更拱上建筑、更换填料等措施进行加固修复。

3. 钢桥养护的要求

（1）及时清除钢结构的表面污垢，保持杆件清洁。

（2）更换松动和损坏的铆钉或销子、螺栓。

（3）发现连接螺栓松动应及时拧紧，对于高强螺栓应施加设计的预拉应力。

（4）焊接连接的构件，焊缝处若发现裂纹、未熔合、夹渣、未填满、弧坑等缺陷时，应进行返修焊，焊后的焊缝应随即铲磨匀顺。

（5）钢杆件受到冲击造成局部弯曲时，应及时矫正。

（6）及时更换破损桥面板，加铺轨道板或加设辅助横梁。

（7）定期对钢桥构件进行防锈、油漆，一般应 1 ~ 2 年进行 1 次。如钢桥所处环境属严重污染区，则防锈、油漆间隔时间应适当缩短。

（8）钢桥杆件如有损坏应及时进行加固或更换。

（9）钢—混凝土组合梁桥应防止钢材与混凝土之间的联结因开裂或钢材锈蚀而失效。

4. 悬索桥养护的要求

（1）悬索桥的索塔视其结构形式可参照钢筋混凝土桥、预应力混凝土桥或钢桥进行日常养护。

（2）主缆各索股的受力应保持均匀，如出现明显偏差（松弛或过紧），应通过索端拉杆螺栓进行调整。

（3）防止主缆索股的锚头、锚杆、裸露索股、分索器、散索鞍等锈蚀，涂装防锈油漆的部分应定期涂刷，涂抹黄油的部分应定期加涂，发现剥落、锈蚀应及时处治。

（4）主缆索的防护层如有开裂、剥落应及时进行修复，以保持其良好状态。

（5）网格式悬索桥，肢杆拉索应保持正常的工作状态。若发现松弛，应调整端头拉杆螺母使其复位。

（6）应及时清扫和处治索鞍堆积的尘土杂物、积水（雪）及锈蚀。索鞍的辊轴或滑板应保持正常工作状态。

（7）锚室及封闭的索鞍罩内应保持干燥。有除湿设备的应保持设备正常工作，发现故障时应及时进行检修。

（8）索夹、索鞍、吊杆等的紧固螺栓应保持其原设计受力状态，视其工作情况，定期紧固，若发现松动应及时紧固，如有损坏应及时更换。

（9）若吊杆有明显摆动、倾斜或经检查发现其受力发生变化，应查明原因。若索夹松动，应使其复位并紧固锚栓；若拉杆螺栓松动，应予拧紧；若吊索锚头出现松动应予以更换；因锚具、钢索损坏而超出安全限值的吊杆、锚具、钢索应予以更换。吊杆复位后应进行索力检测。

（10）吊杆的保护套、止水密封圈、防雨罩等应保持良好的工作状态，若发现老化、开裂、破损应及时修补和更换。

（11）吊杆的减振装置应保持正常工作状态，发现异常或失效时应及时检修。

（12）未做衬砌的岩石锚室或锚洞，若有表面风化或表面裂纹，应用环氧树脂砂浆或钢丝网水泥砂浆进行处治。

5. 斜拉桥养护的要求

（1）斜拉桥梁体和索塔部分的养护，视其结构类型可参照钢筋混凝土桥、预应力混凝土桥及钢桥的相关规定进行。

（2）拉索

1）拉索两端的锚具及护筒应保持清洁和干燥。塔端锚头若出现漏水、渗水时，应及时用防水材料封堵；梁端锚头若出现漏水、积水时，应及时将水排出并封堵水源。

2）定期更换拉索两端锚具锚杯内的防护油。

3）定期更换钢护筒与套管连接处的防水垫圈及阻尼垫圈，做好搭接处的防水处理。

4）定期对索端钢护筒做涂漆防锈处治。

5）若拉索护套出现开裂、漏水、渗水时，应及时处治。

6）斜拉索的减振装置应保持正常工作状态，发现异常或失效时，应及时维修。

7）对因钢索、锚具损坏而超出设计安全限值的拉索应及时进行更换。

8）对索力偏离设计限值的拉索应进行索力调整。张拉的顺序、级次和量值应按设计规定进行，并同时对测定索力和延伸值进行控制。

9）拉索的更换按改建工程进行，应对各方案进行技术经济比选，确定安全、简便的施工方案。竣工后应对全桥斜拉索的索力和主梁高程进行测定，检验换索效果，并作为验收的依据。

（3）索塔

空心索塔的塔内应保持通风干燥。塔内通风、照明系统应每年至少检查保养一次，损坏的灯具应及时更换。

（4）加强对斜拉桥运营使用阶段的观测，并做好记录，进行数据对比、分析，及时发现问题，消除隐患。

6. 桥面系养护的要求

（1）桥面铺装

1）桥面应及时清扫，排除积水，清除泥土、杂物、冰凌和积雪。

2）桥面出现病害应及时处治。当损坏面积较小时，可采用局部修补；损坏面积较大时，有条件的可将整跨铺装层凿除，重铺新的铺装层。一般不应在原桥面上直接加铺，以免增加桥梁恒载。

3）桥面防水层如有损坏，应及时修复。

（2）排水系统

桥梁的敞开式或封闭式排水设施（排水管、泄水管、排水槽）应及时疏通，损坏的应及时更换，缺少的应及时补充。

（3）人行道、栏杆、护栏、防撞墙

1）人行道块件应牢固、完整，桥面路缘石应保持良好状态。若出现松动、缺损时，应及时进行修整或更换。

2）桥梁栏杆包括钢筋混凝土及钢质护栏、防撞护栏等，应保持良好的技术状态。如有缺损，应及时修复。因栏杆损坏而采取临时防护措施时，使用时间不得超过 3 个月。钢质栏杆应涂漆防锈，一般每年 1 次，或根据环境实际条件确定。

3）桥梁两端的栏杆柱或防撞墙端面，涂有立面标记或示警标志的，应定期涂刷，一般每年 1 次，使油漆颜色保持鲜明。

（4）桥上灯柱应保持良好状态，如有缺损和歪斜，应及时修理、扶正。灯具损坏应及时更换。

（5）伸缩装置应及时清除缝内沉积物，拧紧螺栓等。伸缩缝发生松动、翘裂、破损、老化或功能失效时，应及时进行修理、更换。

（6）桥头搭板脱空、断裂或枕梁下沉引起桥路连接不顺适，出现桥头跳车时，应进行维修处治，并检查桥台稳定等安全因素。

（7）交通安全设施

桥上的交通标志和标线、防眩板、防护隔离设施、航空灯、航道灯、供电线路、通信线路、避雷设施等应齐全、醒目、牢固，标志板应保持整洁、无裂纹和残缺。若有损坏应及时进行整修或更换。

7. 桥梁支座养护的要求

（1）支座各部位应保持完整、清洁。

（2）滚动支座的滚动面应定期涂润滑油（一般每年 1 次）。

（3）对钢支座应定期进行除锈防腐。除铰轴和滚动面外，其余部分均应涂刷防锈油漆。

（4）及时拧紧钢支座各部接合螺栓，使支撑垫板平整、牢固。

（5）应防止橡胶支座因接触油污而引起老化、变质。

（6）应及时维护滑板支座、盆式橡胶支座的防尘罩，防止尘埃落入或雨、雪渗入支座内。

（7）支座如有缺陷或发生故障不能正常工作时，应及时进行修整或更换。

（8）应防止支座脱空。

三、桥梁下部结构养护的要求

1. 墩台基础养护与加固的要求

（1）应采取措施保持桥梁墩台基础附近，即桥梁上下游各200 m的范围内（当桥长的1.5倍超过200 m时，范围应适当扩大）河床的稳定。

（2）若基础冲刷过深或基底局部淘空，应及时抛填块石、片石、钢丝石笼等进行维护。

（3）桥下河床铺砌出现局部损坏时应及时进行维修。

（4）对设置的防撞、导航、警示标志等附属设施应加强检查、维护，保持良好的技术状况。

（5）当重力式基础或桩基础的承载能力不足，出现超过允许值的沉降，以及基础局部被冲空、墩台周围河床被严重冲刷或因基础病害致使墩台滑移、倾斜时，应对基础进行加固。

2. 墩台养护与加固的要求

（1）保持墩台表面整洁，及时清除墩台表面杂物。

（2）当圬工砌体发生灰缝脱落，砌体表面风化剥落或损坏，砌体镶面部分严重风化和损坏，砌块出现裂缝，墩、台表面发生侵蚀剥落、蜂窝麻面、裂缝、露筋等病害，或墩、台混凝土裂缝宽度超过限值时（见表6—3—2），应根据损坏类型及程度，采取相应的技术措施进行维修处治。

3. 锥坡、翼墙（耳墙）养护的要求

（1）锥坡应保持良好的状态。锥坡开裂、沉陷、冲空时，应及时采取措施进行维修加固。

（2）翼墙（耳墙）出现下沉、断裂或其他损坏时，应及时进行维修加固。

四、涵洞养护的要求

1. 涵洞养护的基本要求

（1）定期进行检查，发现病害及时进行修复加固。

（2）建立健全完善的技术档案，准确掌握涵洞的技术状况。

（3）加强对涵洞的经常性保养、维修，对损坏严重的涵洞应及时进行加固或改建。

（4）洪水、冰雪前后及汛期应对涵洞进行1次全面检查，掌握其变化情况，及时采取正确的养护措施。涵洞经常性检查每季度不少于2次，定期检查每2～3年1次。

2. 涵洞日常养护的要求

（1）保持洞口清洁无杂物，洞内排水畅通，一旦发现淤塞或积雪、积冰应及时疏通和清除。经常积雪或积雪较深的涵洞，入冬前可在洞口外加设栅栏；易发生积冰的涵洞，宜用柴草封住洞口，融雪时及时拆除。

（2）涵底铺砌，洞口上下游路基护坡、引水沟、泄水槽发生变形或出现缺口，应及时修理或封塞填平。

（3）涵洞进水口的沉沙井和出水口的跌水构造，应适时检查其是否损坏、与洞口是否结合成整体，如有损坏或发现裂隙甚至脱离，应及时进行修复加固。

思考与练习

1. 桥涵养护应符合哪些要求？
2. 试述钢筋混凝土及预应力混凝土桥梁养护的要求。
3. 试述墩台基础养护与加固的要求。
4. 试述涵洞日常养护的要求。

模块七

交通安全设施养护

任务一　熟悉交通安全设施养护要求

学习目标

◆ 熟悉交通安全设施养护的内容及要求。

◆ 能识别各种交通安全设施。

工作任务

图 7—1—1 所示为何种交通安全设施？交通安全设施养护应达到什么要求？

a)

b)

图 7—1—1　交通安全设施

交通安全设施主要包括交通标志、交通标线、安全护栏、隔离栅、视线诱导设施、防眩设施以及其他交通安全设施（如里程碑、百米桩、道口标柱、公路界碑、防落网、锥形交通路标、公路防撞桶、减速垫、安全岛、平曲线反光镜、声屏障、示警标柱、示警灯等），见表 7—1—1。

交通安全设施应遵循“保障安全、提供服务、利于管理”的原则，保持完整、齐全和良好的工作状态，及时维修和更换损坏部件。设施不全或设施设备不合理的，应根据公路性质、技术等级和使用要求，有计划、有步骤地补充和完善。

一、交通安全设施养护内容

1. 检查

（1）经常性检查

经常性检查的频率不少于 1 次/月。

（2）定期检查

定期检查的频率不少 1 次/年。

（3）特殊检查

遭遇自然灾害、发生交通事故或出现其他异常情况时，应及时进行附加的特殊检查。

（4）专项检查

设施更新改造之后，应进行全面的专项检查。

2. 保养维护

保养维护是根据需要对设施进行的日常清洁保养和维护修理等工作。

3. 更新改造

更新改造是指对设施主要部件的整体更换或设施的补设、新增。

二、交通安全设施养护要求

1. 基本要求

（1）平时应加强日常检查。

（2）应结合设施特点，加强对交通安全设施的养护维修和更新改造。

（3）交通安全设施的养护应满足设施完整和外观质量、安装质量、技术性能等各项质量的要求。

（4）因交通事故、自然灾害或其他原因造成的设施损坏应及时进行修复。

（5）对于事故多发路段和一些特殊路段，应结合公路安全保障工程的技术内容，及时改造完善交通安全设施。

2. 各种交通安全设施的养护要求

各种交通安全设施的养护要求见表7—1—1。

表7—1—1　　各种交通安全设施的养护要求

主要交通安全设施名称		养护要求
交通标志	 警告标志  禁令标志  指示标志  指路标志  旅游区标志	1. 应保持交通标志设置合理、结构安全，版面内容整洁、清晰 2. 标志板、支柱、连接件、基础等标志部件应完整、无缺损且功能正常 3. 标志应无明显歪斜、变形，钢构件无明显剥落、锈蚀 4. 标志面应平整，无明显退色、污损、起泡、起皱、裂纹、剥落等病害 5. 标志的图案、字体、颜色等应符合相关标准要求 6. 反光交通标志应保持良好的夜间视认性
交通标线	路面标线 	1. 具有良好的可视性，边缘整齐、线形流畅，无大面积脱落 2. 颜色、线形等应符合相关标准要求 3. 反光标线应保持良好的夜间视认性 4. 重新画设的标线应与旧标线基本重合
	突起路标 	1. 突起路标无严重的缺损 2. 破损的突起路标不对车辆、人员等造成伤害 3. 突起路标应无明显的退色 4. 突起路标的光度性能应保持良好的夜间视认性
安全护栏	刚性护栏（水泥混凝土护栏） 	1. 保持护栏线形顺畅、结构合理 2. 护栏应无明显裂缝、掉角、破损等缺陷 3. 水泥混凝土护栏使用的水泥、砂、石、水、外加剂、钢筋等材料质量应符合相关标准、规范及设计的要求 4. 护栏的几何尺寸、地基强度、埋置深度，以及各块件之间、护栏与基础之间的连接应符合设计要求
	半刚性护栏（波形梁钢护栏） 	1. 保持波形梁钢护栏的结构合理、安全可靠 2. 护栏板、立柱、柱帽、防阻块（托架）、紧固件等部件应完整、无缺损 3. 护栏质量符合相关标准要求 4. 护栏的防腐层应无明显脱落，护栏无锈蚀 5. 护栏板搭接方向正确，螺栓紧固 6. 护栏安装线形顺畅，无明显变形、扭转、倾斜

续表

主要交通安全设施名称	养护要求
安全护栏 柔性护栏（缆索护栏） 	1. 缆索护栏各组成部件应无缺损 2. 护栏各组成部件应无明显变形、倾斜、松动、锈蚀等现象 3. 缆索护栏使用的缆索、立柱、锚具等材料质量应符合相关标准、规范及设计的要求
隔离栅 	1. 应保持隔离栅的完整无缺，功能正常 2. 隔离栅金属网片、立柱、斜撑、连接件、基础等部件无缺损 3. 隔离栅质量应符合相关标准的要求 4. 隔离栅应无明显倾斜、变形，各部件之间稳固连接 5. 隔离栅防腐涂层应无明显脱落、锈蚀现象
视线诱导设施（轮廓标）  柱式轮廓标  附着式轮廓标	1. 轮廓标应进行表面清洗 2. 轮廓标应无缺损 3. 轮廓标应无明显的退色 4. 轮廓标的光度性能应保持良好的夜间视认性
防眩设施 	1. 防眩板、防眩网等防眩设施应完整、清洁，具有良好的防眩效果 2. 防眩设施应安装牢固，无缺损 3. 防眩设施应无明显变形、退色或锈蚀 4. 防眩设施的质量应符合相关标准的要求
其他交通安全设施  里程碑  防落网	1. 应保持里程碑、百米桩、道口标柱、公路界碑、防落网、锥形交通路标、公路防撞桶、减速垫、安全岛、平曲线反光镜、声屏障、示警标柱等交通安全设施的清洁、完整和功能正常 2. 应选择恰当和可行的方法对交通安全设施进行养护

由表 7—1—1 可知，在工作任务图 7—1—1 中，a 图是波形梁钢护栏、b 图是防眩设施。波形梁钢护栏、防眩设施的养护要求见表 7—1—1。

思考与练习

1. 请将各种交通安全设施的名称填到表 7—1—2 中的空格内。

表 7—1—2　　　　交通安全设施

图	(图)	(图)	(图)	(图)
名称				

图	(图)	(图)
名称		

2. 试述交通标志的养护要求。
3. 试述突起路标的养护要求。

任务二　交通安全设施更换与修补

学习目标

- ◆ 掌握交通安全设施（护栏、标志牌等）的更换方法。
- ◆ 掌握路面标线的补画方法。

养护中心在巡查中发现 K47 +930 处有如图 7—2—1 所示的损坏，请对该处损坏实施修补。

图 7—2—1　交通安全设施的损坏

一、波形梁钢护栏更换作业

1. 适用范围

适用于公路波形梁钢护栏的局部损坏修复和增设作业。

2. 材料要求

波形梁钢护栏更换作业的材料有波形梁、立柱、立柱盖帽、连接螺柱、防阻块以及 C15 混凝土（水泥、集料和水）。所有材料应符合有关技术标准和规范的要求。

3. 机具设备配备要求

波形梁钢护栏更换作业需要的机具设备配备见表 7—2—1。

表 7—2—1　　波形梁钢护栏更换作业机具设备配备表

序号	机具设备	序号	机具设备	序号	机具设备
1	打桩机	3	扳手	5	氧焊
2	羊镐	4	铁铲、扫把	6	人货两用工具车

4. 施工工艺

波形梁钢护栏更换作业施工工艺见表7—2—2。

表7—2—2　　波形梁钢护栏更换作业施工工艺

序号	施工工序	工艺要求
1	作业准备	①准备好施工所用材料 ②检查施工机械设备是否正常运行
2	布置养护维修作业控制区	顺着交通流的方向设置安全设施
3	拆除损坏的波形梁钢护栏 	拆除已损坏的波形梁、防阻块、连接螺栓、立柱等，并现场分类堆放好
4	安装立柱 	①施工时立柱孔的位置应与原立柱错位（2 m或者4 m）放样，立柱线形与道路线形相协调，高度一致，垂直方向线形平顺 ②打桩机施工：用打桩机将立柱按照放样孔位打入路基中，若打入时立柱出现偏移，需将其全部拔出加以矫正，待基础压实后再重新打入 ③挖孔法施工：人工将孔位的路基填土挖除，再将立柱放入孔中，回填C15混凝土。孔的尺寸为600 mm×600 mm，深度不小于600 mm，靠近外侧水沟基础深度要大于水沟深度15 cm以上
5	安装波形梁 	①防阻块安装。防阻块通过连接螺栓固定于波形梁与立柱之间，在拧紧连接螺栓前应调整防阻块使其准确就位 ②波形梁安装。波形梁通过拼接螺栓相互拼接，并由连接螺栓固定于立柱或横梁上。波形梁的连接螺栓及拼接螺栓不宜过早拧紧，以便在安装过程中利用波形梁的长圆孔及时进行调整，使其形成平顺的线形，避免局部凹凸。当波形梁的线形符合要求后，再拧紧螺栓 ③波形梁拼接按行车方向顺压拼接，防止因交通事故波形梁插入车身
6	清理现场并开放交通	将作业现场的损坏件装车运走，并将垃圾清扫干净运离现场，即可逆着交通流的方向撤除路面安全设施，开放交通

从图7—2—1可知工作任务中路段K47+930处的损坏为波形梁钢护栏损坏，需更换，参照表7—2—1中的机具和表7—2—2的施工工序实施修补。

5. 施工质量标准

（1）波形梁钢护栏连接部件连接牢固。

（2）波形梁钢护栏线形平顺、美观，并与道路线形相协调。

二、交通标志牌更换作业

1. 适用范围

适用于公路交通标志牌的损坏更换和更新作业。

2. 机具设备配备要求

交通标志牌更换作业需要的机具设备配备见表7—2—3。

表7—2—3　　交通标志牌更换作业机具设备配备表

序号	机具设备	序号	机具设备	序号	机具设备
1	移动升降机或高空作业车 	4	电焊机 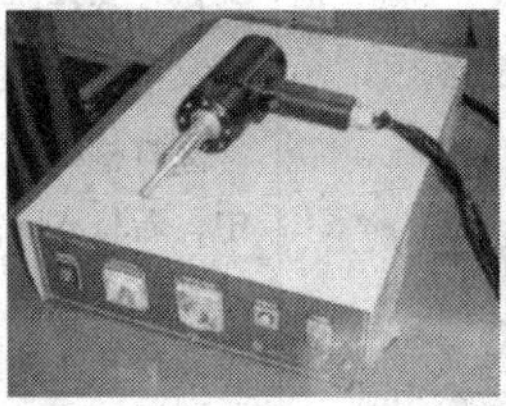	7	冲击钻 
2	铁钳 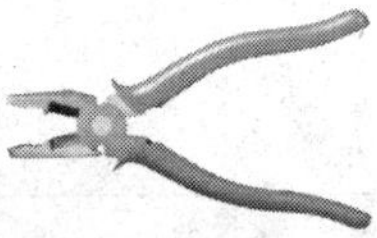	5	小型手电钻 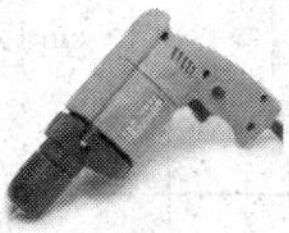	8	旋具 
3	扳手、扫把	6	发电机	9	人货两用工具车

3. 施工工艺

交通标志牌更换作业施工工艺见表7—2—4。

表7—2—4　　交通标志牌更换作业施工工艺

序号	施工工序	工艺要求
1	作业准备	①准备好施工所用材料 ②检查施工机械设备是否正常运行
2	布置养护维修作业控制区	顺着交通流的方向设置安全设施

续表

序号	施工工序	工艺要求
3	拆除损坏的标志牌 	用扳手和铁钳把螺钉扭松，取下损坏的交通标志标牌，必要时需电焊机配合作业。如果标志标牌悬挂较高应配合移动升降机或高空作业车作业
4	安装新的标志牌 	①把新的标牌按原来的位置（新的标志牌按新的设计位置安装）复位，穿上螺栓并拧上螺钉（但不拧紧） ②用水平尺调校标志牌的倾斜度和方位角，要求标志牌水平、视觉符合行车要求 ③待标志标牌调校好后再拧紧螺钉固定
5	清理现场并开放交通	将作业现场的损坏件装车运走，并将垃圾清扫干净运离现场，即可逆着交通流的方向撤除路面安全设施，开放交通

4. 施工质量标准

（1）交通标志牌安装位置准确，角度符合要求，且安装牢固。

（2）标志标牌应清晰、反光效果明显。

三、标线补画作业

1. 适用范围

适用于公路原有标线翻新补画或增画标线的作业。

2. 材料要求

标线补画作业的材料主要是热熔涂料和底油，所有材料应符合有关技术标准和规范的要求。

3. 机具设备配备要求

标线补画作业需要的机具设备配备见表7—2—5。

表 7—2—5　　　　标线补画作业机具设备配备表

序号	机具设备	序号	机具设备
1	画线机 	4	凿除旧标线设备 
2	涂洒底油设备	5	扫把
3	人货两用工具车		

4. 施工工艺

标线补画作业施工工艺见表 7—2—6。

表 7—2—6　　　　标线补画作业施工工艺

序号	施工工序	工艺要求
1	作业准备 	①准备好施工所用材料 ②检查施工机械设备是否正常运行
2	布置养护维修作业控制区	顺着交通流的方向设置安全设施
3	凿除旧标线	当旧标线需翻新补画时，用凿除设备配合人工对旧标线进行凿除，凿除时应控制好力度，不得损坏原路面。凿除后的废弃料应及时清理干净
4	放线 	标线翻新补画时按原标线位置放线，新增标线应按设计图样要求放线，放线应准确、平顺

续表

序号	施工工序	工艺要求
5	涂刷底油	根据已放好的线形均匀地涂刷底油涂剂，涂布量为150～200 g/m^2，宽度为150 mm
6	喷涂热熔涂料 	根据放线位置将加热后的热熔涂料用画线机按宽150 mm、厚1.5～1.6 mm均匀地喷涂于路面，喷涂时应尽量保持匀速，控制好厚度和线形，不得出现凹凸不平或线形扭曲等现象
7	清理现场 	将作业处的垃圾和废料全部清扫干净，运离现场集中堆放
8	开放交通	待热熔涂料冷却至常温后，即可逆着交通流的方向撤除路面安全设施，开放交通

5. 施工质量标准

（1）标线平顺，间距、长度、宽度、厚度和线形符合要求。

（2）标线清晰，反光效果明显。

思考与练习

一、简答题

1. 简述波形梁钢护栏更换的施工工序。
2. 简述交通标志更换的施工工序。
3. 简述标线补画的施工工序。

二、实训题

实训项目：交通标志牌更换。

实训实施条件：

1. 交通标志牌更换作业的机具设备一套。
2. 设置安全作业控制区所需的安全设施一套。
3. 反光工作服若干套（视分组人数定）。

模块八

公路绿化与环境保护

- 了解公路绿化的一般规定。
- 熟悉行道树、花草的栽植与管护方法。
- 熟悉公路养护作业环境保护的要求。

2011 年 3 月 1 日，公路管理所召开工作会，要求对所管养公路行道树进行检查，对缺株进行及时补植。请完成该项公路绿化补植任务。

一、公路绿化

公路绿化就是利用绿色的乔木、灌木及花、草合理覆盖公路两侧边坡、分隔带及沿线空地等一切可绿化的公路用地，如图 8—1—1 所示。公路绿化是公路建设的一个重要组成部分，对于提高交通安全性和舒适性，保护自然环境和改善生活环境，美化路容、改善景观，降低噪声干扰和防止环境污染等都具有极其重要的意义。

1. 公路绿化的一般规定

（1）公路绿化应贯彻“因地制宜、因路制宜、适地适树”的方针，科学规划，合理选择绿化植物品种。

公路绿化规划，应根据公路等级、沿线地形、土质、气候环境和绿化植物的生物学特

图 8—1—1　公路绿化

性，以及对绿化的功能要求，结合地方绿化规划进行编制。

（2）新、改建公路的绿化工程应与公路主体工程设计、施工、验收同步进行，由公路养护部门一并接养。

（3）公路绿化栽植成活率、保存率指标，不同类型区应分别符合下列要求：

1）平原区。成活率达 90% 为合格，95%（含）以上为优良；保存率达 85% 为合格，90%（含）以上为优良。

2）山区。成活率达 85% 为合格，90%（含）以上为优良；保存率达 80% 为合格，85%（含）以上为优良。

3）寒冷草原区及沙、碱、干旱区。成活率达 75% 为合格，80%（含）以上为优良；保存率达 70% 为合格，75%（含）以上为优良。

（4）公路绿化植物应定期进行修剪、整形，加强病虫害防治。

（5）公路绿化植物的栽植应符合《公路工程技术标准（附条文说明）》（JTG B01—2003）关于公路建筑限界的规定，乔木和灌木的株行距可根据不同的树种、冠幅大小选择。

（6）绿化公路的乔木、灌木、花草及防护林、风景林等，不宜在较长路段内采用同一绿化植物品种，应分段轮换栽植不同品种，以减少病虫害的传播和蔓延。

（7）严格遵守《中华人民共和国森林法》，任何单位和个人不得擅自砍伐、破坏公路绿化。公路绿化采伐证须按有关规定办理。

（8）为了掌握公路绿化的发展变化情况，积累资料，应建立公路绿化档案。

2．不同等级和不同路段公路绿化要求

（1）高速公路、一级公路的中央分隔带宜种植灌木、花卉或草皮。服务区应结合当地环境、景观要求，另行设计，单独实施。

（2）二级及二级以下公路，宜采用乔木与灌木相结合的方式，并充分体现当地特色。

（3）在平面交叉口的设计视距影响范围以内，不得种植乔木；在不影响视线的前提下，可栽植常绿灌木、绿篱和花草。

（4）小半径平曲线内侧不得栽植影响视线的乔木或灌木，其外侧可栽植成行的乔木，以诱导汽车行驶，增加安全感。

（5）立体交叉形成的环岛，可选择栽植小乔木或灌木，实现丛林化。互通式立体交叉的匝道转变处构成的三角区内，应满足通视要求。

（6）隧道进出口两侧 30 ~ 50 m 范围内，宜栽植高大乔木，尽可能形成隧道内外光线的过渡段，以利车辆安全行驶。

（7）桥头或涵洞两头 5 ~ 10 m 范围内，不宜栽植乔木，以免根系破坏桥（涵）台。

3. 不同类型地区的公路绿化要求

（1）山区

应实施具有防护功能的绿化工程，如防护林带、灌木、草皮护坡等。

（2）平原区

应栽植单行或多行的防护林带。

（3）草原区

应在线路两侧栽植以防风、防雪为主的防护林带。

（4）风沙危害地区

以营造公路防风、固沙林带为主，栽植耐干旱、根系发达、固沙能力强的植物品种。

（5）盐碱区

应选择抗盐、耐水湿的乔木、灌木品种，搭配栽成多行绿化带。

（6）旅游区

通往名胜古迹、风景区、疗养休闲区、湖泊等地的公路，应注重美化，营造风景林带，可栽植有观赏价值的常绿乔木、灌木、花卉以及珍贵树种和果树类。

二、行道树、花草的栽植与管护

行道树是为了达到美化、遮阴和防护等目的，在公路路旁栽植的树木，如图 8—1—2 所示。

在公路沿线栽植树木、花草是为了保护和改善沿线的自然环境，为行车司机和乘客提供一个安全舒适、优美自然的行车环境，形成“人在车中坐，车在画中行”的优美景观。

1. 品种选择

（1）遵照适地适树、提高生态和经济效益的原则，在满足道路功能要求和周围生态环境协调的前提下，要选择便于管护、耐旱，既能诱导车辆又不影响行车视距的同时根据当地的气候、土壤及地貌条件选择经济合理的植物品种。

图 8—1—2　行道树

（2）两侧有整齐的农田路段，可适当栽植灌木，以乔木为陪衬，一般不采用乔木行列式种植。

（3）路肩上除草坪外，其他绿色植物一律不得种植。

（4）土质路堤、路堑坡面应种植花、草、藤木和小灌木；弯道外侧可利用乔木进行视线诱导性栽植，内侧只宜种不影响视距的低灌木或花、草。

2. 栽植

栽植行道树、花草，应按照公路绿化工程设计及任务大小，合理组织和安排劳力、机具，做好整地、画线、定点、挖坑；及时送苗，随起苗随运输，在春、秋适当时期进行栽植。

（1）栽植位置。乔木的株行距应根据不同树种、冠幅大小来确定。速生乔木，株距 4 ~ 6 m，行距 3 ~ 4 m；冠大慢生的树种，株距应适当加大，株距 8 ~ 10 m，行距 4 ~ 6 m 为宜。灌木株行距以 1 m 为宜，灌木球的株距 6 ~ 8 m 为宜。

（2）选苗时，应选择适合当地环境条件、观赏价值较高、发育正常的优壮苗木，具有良好的顶牙；根系发达、有较多的须根；没有病虫害和机械损伤等。

（3）乔木、灌木应采用明坑栽植，坑径比根幅大 0. 10 m，坑深比根号大 0. 20 m 以上，使苗根充分舒展，属于无性繁殖的树种，也可埋干栽植。

（4）移植较大或珍贵树种、果树等，应带土球栽植。土球直径为苗植径的 10 倍以上，并将土球包装整齐不松散，以保成活。

（5）栽植苗木时，在干旱季节应浇水洇坑，栽后立即浇透水，半个月之内再浇透水 2 ~ 3 次。

（6）乔木栽植后，应及时扶正，封土和刷白。

（7）当天栽不完的剩苗应假植好。

3. 管护技术要点

行道树、花草成活后到郁闭前，应加强抚育管理，及时检查、补植、浇水、除草、松土、施肥、整形等。绿化植物郁闭后，应及时修剪抚育。

（1）浇水

根据新植树及花、草生长的需要，以及气候条件，应适当、及时进行人工浇水，促其正常生长。

(2) 除草和松土

在春、夏植物生长旺盛季节，除草、松土应结合进行。松土深度随植物种类、大小而定，以50~60 mm为宜，应除掉杂草根系，注意不损伤绿化植物根系。风沙较大的地区，可不松土。

(3) 施肥

能提高土壤肥力、改良土壤结构、改善树木营养状况、维持树木正常发育生长。对土壤贫瘠、生长不良的绿化植物，尤其是果树和珍贵苗木种类，应予以施肥，促其生长。

(4) 防治病虫害

1) 加强公路绿化巡查，根据行道树、花草病虫害发生、发展和传播蔓延的规律，及时采取相应的防治措施，保障绿化植物正常生长。每年春季或秋季，宜在乔木树干上距地面1~1.5 m的高度范围内刷涂白剂。涂白剂配合比为生石灰5 kg、石硫合剂原液1.5 kg、盐0.5 kg、动物油0.1 kg、水20 kg。

2) 防治绿化植物病虫害应以预防为主，开展生物、化学防治与营林措施相结合进行综合防治，应贯彻“治早、治小、治了”的防治方针。严格执行苗木检疫制度，消灭越冬虫卵、蛹，烧毁落叶虫婴、虫茧，及时消除衰弱、病害植株。

(5) 修剪

为了促进植物生长和发育，形状优美、透光适度、通风良好，减少病虫害的发生，适时开花结果，应及时修剪抚育。修剪时期应在秋季植物落叶后或春季萌芽前进行，主要将乔木、灌木的枯枝、病枝、弯曲畸形枝、过密枝以及已侵入公路建筑界限、遮挡交通标志、影响视距、行车安全的枝条及时剪除。修剪切口应平滑，并与树干齐平，防止损伤树干、高枝突出和树冠大小不一。公路进行加宽改造、加铺路面厚度后都要进行修剪树枝。

(6) 补植

各种苗木如灾后枯死，或公路进行加宽改造、人为砍伐破坏、沿路修建人工构造物后造成行道树枯死、损坏，应及时补植。补植的苗木，应与原栽植苗木的种类相同，其规格应大于原植苗木规格。对于已基本成材的行道树，除株距大于20 m补植后不影响生长者外，可不补植。未成活的新植行道树，和车辆肇事、风害、雪害和水毁造成的倾倒木、折断木，及受毒气、污水危害致死的树木，要及时清除和补植。

三、环境保护

公路环境保护应贯彻“预防为主、防治结合、综合治理”的方针，保护和改善、提高公路环境质量。

1. 公路及沿线设施周围环境的保护要求

(1) 公路环境保护应与公路建设和养护相结合，开发和利用环境。

(2) 公路环境保护应体现经济效益、社会效益，各种环境保护设施应因地制宜，做到技术可行、经济合理。

（3）公路养护工程应以维护生态、降低污染、保护沿线环境为目标，对施工与运营期产生的污染采取相应的处治措施。

（4）位于自然保护区、水源保护地、森林、草原、湿地和野生生物及其栖息地的公路，养护作业时应妥善处理施工废料、废水。废弃物弃置时应注意保护自然水流形态，避免阻塞河道或造成水土流失。废水不得直接排入饮用水体和养殖水体中。

（5）增强生态保护和水土保持意识，保护生态资源，少占土（耕）地，做好公路用地范围内的水土保持工作；对边坡、荒地的水土流失，应做好治理工作。

2. 公路养护污染防治的内容

（1）养护施工作业噪声对声环境的污染。

（2）搅拌站（场）的烟尘、施工扬尘、路面清扫扬尘对环境空气的污染。

（3）公路服务区等的生活污水、路面径流、施工废水和废渣等对水环境的污染。

（4）养护施工中的废弃物对环境的污染。

3. 公路养护环境污染防治措施

（1）积极采用无污染或少污染环境的新工艺、新技术、新产品。在路面养护施工中，应积极推广再生、快速修补等环保工艺，减少工程废料。

（2）环境、空气污染防治应结合景观绿化，选择有吸附或净化能力的，适合当地气候、土壤条件的花草、灌木和乔木。在用地许可时，宜种植多层次的绿化林带。

（3）沥青混合料一般应集中在场站搅拌，其设备污染物排放应符合现行相关法律法规的有关规定。

（4）石灰、粉煤灰等路用粉状材料的运输和堆放应有遮盖，有条件时将其混合料集中拌和，减轻对空气、农田的污染。

（5）养护作业应考虑对施工路段及便道适时洒水，减轻扬尘污染。

（6）公路服务区、停车区等产生的废水排放应符合现行相关法律法规的有关规定。

一、施工机具准备

公路行道树补植施工需要的机具设备见表 8—1—1。

表 8—1—1　　公路绿化施工机具配备要求

序号	设备机具名称	数量
1	人货两用工具车	1 辆
2	挖掘机	1 台
3	送水车	1 辆
4	铁锹	2 把

续表

序号	设备机具名称	数量
5	十字镐	2把
6	锄头	2把
7	小铁桶	1个
8	油漆刷	2把
9	皮尺	1卷

二、施工要求

1. 新补植树木应与原有行道树对齐。
2. 栽植后应及时浇水管护。

三、施工过程

1. 补植定点

(1) 车辆肇事、风害、雪害和水毁造成的倾倒木、折断木，受毒气、污水危害致死的树木，应清除并补植。

(2) 对新植未成活的行道树应挖除补植。

(3) 对于已基本成材的行道树，株距大于20 m应补植。

2. 挖坑

行道树应采用明坑栽植，坑径比根幅大0.10 m，坑深比根号大0.20 m以上，使苗根能够充分舒展。

3. 选苗

(1) 补植的苗木，应选与原栽植苗木相同的种类，其规格应大于原植苗木规格。

(2) 应选用发育正常的优壮苗木。发育正常的优壮苗木具有良好的顶牙，根系发达、有较多的须根，没有病虫害和机械损伤等。

(3) 移植较大或珍贵树种、果树时，应带土球栽植。土球直径为苗植径的10倍以上，并将土球包装整齐不松散，以保成活。

4. 栽植

(1) 种树前应该按树根的长、宽及其根系顶端的长度情况，在坑内先回填部分熟土。一般情况下，回填熟土0.20~0.30 m。

(2) 放置树苗时要将根部扶正、枝要展开。树根放位时要与原有的行道树对齐。

(3) 分三次填土。第一次填土少许，在距坑顶一定距离的地方先停止填，在已填的土上绕树一周，用均力踩实，然后轻提树茎、抖松，以保证树根的呼吸畅通。第二次填土后，再绕树踩实。在第三次填土后，尽量保证与坑面平齐。然后，在坑面上围一个大圆盘，便于日后浇水养护。

5. 浇水

栽植苗木时，在干旱季节应浇水洇坑，栽后立即浇透水，半个月之内再浇透水2~3次。

6. 刷白

新植行道树应及时刷白（见图8—1—2），以防止病虫害发生。在苗木树干上距地面1~1.5 m高度范围内刷涂白剂。

涂白剂配合比为生石灰5 kg、石硫合剂原液1.5 kg、盐0.5 kg、动物油0.1 kg、水20 kg。

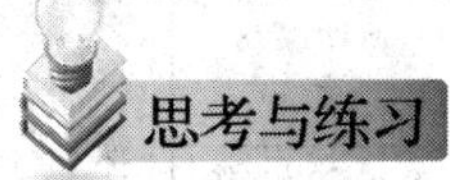

一、选择题

1. 土质路堤弯道内侧绿化时，适宜栽种（　　）。

A. 花、草和低灌木　　B. 乔木　　C. 乔木和花草　　D. 乔木和低灌木

2. 每年春季或秋季，宜在行道树树干上距地面高度（　　）m范围内刷涂白剂，防止病虫害发生。

A. 0.1~0.5　　B. 0.5~1.0　　C. 1.0~1.5　　D. 2.0~3.0

二、判断题

1. 绿化公路的乔木、灌木、花草及防护林、风景林等，应在较长路段内采用同一植物品种，以方便管理。（　　）

2. 公路土路肩上可种植草坪。（　　）

三、简答题

1. 公路绿化规划有哪些依据？

2. 简述公路行道树管护的技术要点。

附录

调查及汇总表

表 A—1　　沥青路面损坏调查表

路线名称：	调查方向：			调查时间：					调查人员：				
调查内容	程度	权重 W_i	单位	起点桩号：　终点桩号： 路段长度：　路面宽度：										累计损坏
				1	2	3	4	5	6	7	8	9	10	
龟裂	轻	0.6	m^2											
	中	0.8												
	重	1.0												
块状裂缝	轻	0.6	m^2											
	重	0.8												
纵向裂缝	轻	0.6	m											
	重	1.0												
横向裂缝	轻	0.6	m											
	重	1.0												
坑槽	轻	0.8	m^2											
	重	1.0												
松散	轻	0.6	m^2											
	重	1.0												
沉陷	轻	0.6	m^2											
	重	1.0												
车辙	轻	0.6	m											
	重	1.0												
波浪拥包	轻	0.6	m^2											
	重	1.0												
泛油		0.2	m^2											
修补		0.1	m^2											

评定结果：

$DR =$ 　　%

$PCI =$

计算方法：

$$PCI = 100 - a_0 DR^{a_1}$$

$$DR = 100 \times \frac{\sum_{i=1}^{i_0} w_i A_i}{A}$$

$a_0 = 15.00$

$a_1 = 0.412$

表 A—2　　　　水泥混凝土路面损坏调查表

路线名称：	调查方向：			调查时间：					调查人员：					
调查内容	程度	权重 W_i	单位	起点桩号： 路段长度：					终点桩号： 路面宽度：					累计损坏
				1	2	3	4	5	6	7	8	9	10	
破碎板	轻	0.8	m^2											
	重	1.0												
裂缝	轻	0.6	m											
	中	0.8												
	重	1.0												
板角断裂	轻	0.6	m^2											
	中	0.8												
	重	1.0												
错台	轻	0.6	m											
	重	1.0												
唧泥		1.0	m											
边角剥落	轻	0.6	m											
	中	0.8												
	重	1.0												
接缝料损坏	轻	0.4	m											
	重	0.6												
坑洞		1.0	m^2											
拱起		1.0	m^2											
露骨		0.3	m^2											
修补		0.1	m^2											

评定结果：

$DR =$ 　%

$PCI =$

计算方法：

$$PCI = 100 - a_0 DR^{a_1}$$

$$DR = 100 \times \frac{\sum_{i=1}^{i_0} w_i A_i}{A}$$

$a_0 = 10.66$

$a_1 = 0.461$

表 A—3　　砂石路面损坏调查表

<table>
<tr><td colspan="3">路线名称：</td><td colspan="11">调查时间：　　　　　　　调查人员：</td></tr>
<tr><td rowspan="2">调查内容</td><td rowspan="2">权重 W_i</td><td rowspan="2">单位</td><td colspan="10">起点桩号：　　　　　终点桩号：
路段长度：　　　　　路面宽度：</td><td rowspan="2">累计损坏</td></tr>
<tr><td>1</td><td>2</td><td>3</td><td>4</td><td>5</td><td>6</td><td>7</td><td>8</td><td>9</td><td>10</td></tr>
<tr><td>路拱不适</td><td>0.1</td><td>m</td><td></td><td></td><td></td><td></td><td></td><td></td><td></td><td></td><td></td><td></td><td></td></tr>
<tr><td>沉陷</td><td>0.8</td><td>m²</td><td></td><td></td><td></td><td></td><td></td><td></td><td></td><td></td><td></td><td></td><td></td></tr>
<tr><td>波浪搓板</td><td>1.0</td><td>m²</td><td></td><td></td><td></td><td></td><td></td><td></td><td></td><td></td><td></td><td></td><td></td></tr>
<tr><td>车辙</td><td>1.0</td><td>m</td><td></td><td></td><td></td><td></td><td></td><td></td><td></td><td></td><td></td><td></td><td></td></tr>
<tr><td>坑槽</td><td>1.0</td><td>m²</td><td></td><td></td><td></td><td></td><td></td><td></td><td></td><td></td><td></td><td></td><td></td></tr>
<tr><td>露骨</td><td>0.8</td><td>m²</td><td></td><td></td><td></td><td></td><td></td><td></td><td></td><td></td><td></td><td></td><td></td></tr>
</table>

评定结果：

$DR =$ 　　%

$PCI =$

计算方法：

$$PCI = 100 - a_0 DR^{a_1}$$

$$DR = 100 \times \frac{\sum_{i=1}^{i_0} w_i A_i}{A}$$

$a_0 = 10.10$

$a_1 = 0.487$

表 A—4　**路基损坏调查表**

路线名称：	调查方向：				调查时间：　　调查人员：										
调查内容	程度	单位扣分	权重 W_i	计量单位	起点桩号：　终点桩号： 路段长度：　路面宽度：										累计损坏
					1	2	3	4	5	6	7	8	9	10	
路肩边沟不洁		0.5	0.05	m											
路肩损坏	轻	1	0.10	m^2											
	重	2													
边坡坍塌	轻	20	0.25	处											
	中	30													
	重	50													
水毁冲沟	轻	20	0.25	处											
	中	30													
	重	50													
路基构造物损坏	轻	20	0.10	处											
	中	30													
	重	50													
路缘石缺损		4	0.05	m											
路基沉降	轻	20	0.10	处											
	中	30													
	重	50													
排水系统淤塞	轻	1	0.10	m											
	重	20		处											

评定结果：

$SCI =$

计算方法：

$$SCI = \sum_{i=1}^{8} w_i \left(100 - GD_{iSCI}\right)$$

表 A—5　　桥隧构造物损坏调查表

路线名称：	调查方向：			调查时间：					调查人员：					
项目	技术状况	单位扣分	计量单位	起点桩号： 路段长度：					终点桩号： 路面宽度：					累计损坏
				1	2	3	4	5	6	7	8	9	10	
桥梁	1 类、2 类	0	座											
	3 类	40												
	4 类	70												
	5 类	100												
隧道	S：无异常	0	座											
	B：有异常	50												
	A：有危险	100												
涵洞	好、较好	0	道											
	较差	40												
	差	70												
	危险	100												

评定结果：

$BCI=$

计算方法：

$BCI=\min(100-GD_{iBCI})$

表 A—6 **沿线设施损坏调查表**

<table>
<tr><td>路线名称：</td><td colspan="4">调查方向：</td><td colspan="11">调查时间：　　　　调查人员：</td></tr>
<tr><td rowspan="2">调查内容</td><td rowspan="2">程度</td><td rowspan="2">单位扣分</td><td rowspan="2">权重 W_i</td><td rowspan="2">计量单位</td><td colspan="10">起点桩号：　　　终点桩号：
路段长度：　　　路面宽度：</td><td rowspan="2">累计损坏</td></tr>
<tr><td>1</td><td>2</td><td>3</td><td>4</td><td>5</td><td>6</td><td>7</td><td>8</td><td>9</td><td>10</td></tr>
<tr><td rowspan="2">防护设施缺损</td><td>轻</td><td>10</td><td rowspan="2">0. 25</td><td rowspan="2">处</td><td></td><td></td><td></td><td></td><td></td><td></td><td></td><td></td><td></td><td></td><td></td></tr>
<tr><td>重</td><td>30</td><td></td><td></td><td></td><td></td><td></td><td></td><td></td><td></td><td></td><td></td><td></td></tr>
<tr><td>隔离栅损坏</td><td></td><td>20</td><td>0. 10</td><td>处</td><td></td><td></td><td></td><td></td><td></td><td></td><td></td><td></td><td></td><td></td><td></td></tr>
<tr><td>标志缺损</td><td></td><td>20</td><td>0. 25</td><td>处</td><td></td><td></td><td></td><td></td><td></td><td></td><td></td><td></td><td></td><td></td><td></td></tr>
<tr><td>标线缺损</td><td></td><td>0. 1</td><td>0. 20</td><td>m</td><td></td><td></td><td></td><td></td><td></td><td></td><td></td><td></td><td></td><td></td><td></td></tr>
<tr><td>绿化管护不善</td><td></td><td>0. 1</td><td>0. 20</td><td>m</td><td></td><td></td><td></td><td></td><td></td><td></td><td></td><td></td><td></td><td></td><td></td></tr>
<tr><td colspan="5">评定结果：
$TCI=$</td><td colspan="11">计算方法：
$TCI=\sum_{i=1}^{5} W_i\ (100-GD_{iTCI})$</td></tr>
</table>

表 A—7　　　　　　　　　　公路技术状况评定明细表

路线名称：　　　　　　技术等级：　　　　　　路面类型：　　　　　　检测方向：　　　　　　年　月　日

路段桩号	长度（m）	MQI	路面PQI	路面分项指标					路基SCI	桥隧构造物BCI	沿线设施TCI
				PCI	RQI	RDI	SRI	PSSI			
小计											

附注：表中 PSSI 为抽样评定指标。

表 A—8　　公路技术状况评定汇总表

基本信息			
所属省市			
路线名称（编码）			
技术等级			
路面类型			
评定长度（km）			
养管单位			
主管单位			
平均 MQI		评定等级	
平均 MQI（上行）		评定等级（上行）	
平均 MQI（下行）		评定等级（下行）	
上行评定长度（km）		下行评定长度（km）	

统计信息

	上下行		上行		下行	
	长度（km）	比例（%）	长度（km）	比例（%）	长度（km）	比例（%）
MQI（优、良）						
MQI（中）						
MQI（次、差）						
PQI（优、良）						
PQI（中）						
PQI（次、差）						
SCI（优、良）						
SCI（中）						
SCI（次、差）						
BCI（优、良）						
BCI（中）						
BCI（次、差）						
TCI（优、良）						
TCI（中）						
TCI（次、差）						

参 考 文 献

邝青梅．路基路面施工技术［M］．北京：人民交通出版社，2009.

王红霞．公路路基与路面养护［M］．北京：人民交通出版社，2009.

交通专业人员资格评价中心．公路养护工［M］．北京：人民交通出版社，2010.

四川省交通厅公路局．农村公路养护与管理［M］．成都：四川科学技术出版社，2009.

任振生．公路养护技术［M］．北京：人民交通出版社，2008.

黎明亮．公路工程养护技术［M］．北京：人民交通出版社，2007.

浙江省公路管理局．公路养护工程技术百问［M］．北京：人民交通出版社，2007.

郭忠印，李立寒．沥青路面施工与养护技术［M］．北京：人民交通出版社，2003.

《高速公路管理养护手册》编委会．高速公路管理养护手册［M］．北京：人民交通出版社，2002.